Irmgard Hülsemann
Ich will fühlen, daß ich lebe

 Fischer
Taschenbuch
Verlag

Geist und Psyche
Herausgegeben von Willi Köhler
Begründet von Nina Kindler 1964

Veröffentlicht im Fischer Taschenbuch Verlag GmbH,
Frankfurt am Main, November 1996

Lizenzausgabe mit freundlicher Genehmigung
des Hoffmann und Campe Verlags, Hamburg
Copyright © 1995 by Hoffmann und Campe Verlag, Hamburg
Druck und Bindung: Clausen & Bosse, Leck
Printed in Germany
ISBN 3-596-13152-9

Gedruckt auf chlor- und säurefreiem Papier

Editorische Vorbemerkung

Die meisten Menschen haben immer schon gewußt, mit Ausnahme von »vergeistigten« Wissenschaftlern, daß Gefühle genauso wichtig sind wie bewußte Verstandestätigkeit. Dazu bedurfte es keines Bestsellers über den »Emotionalquotienten« und auch nicht der neueren Erkenntnis, daß sich in den menschlichen Eingeweiden ein zweites intelligentes System verbirgt, das relativ autonom ist und dem Gehirn, dem Sitz von Seele und Geist, zuweilen gehörig dazwischenfunkt. Zur Einsicht in die Bedeutung menschlicher Gefühle bedurfte es möglicherweise nur der desaströsen Zustände, wie sie die technologische Intelligenz auf vielen Gebieten angerichtet hat. Inzwischen haben sich viele Menschen, sonderlich im »reichen Westen«, angewöhnt, ihre Gefühle zu vernachlässigen, sie entweder zu verdrängen oder ihnen ungehemmten Lauf zu lassen, je nach Familien- oder Gruppenvorbildern, denen man zufällig anhängt. Auch neigen viele dazu, sich für ihre Gefühle nicht verantwortlich zu fühlen, was immer dann brisante Fragen aufwirft, wenn Gefühlsstürme Unheil anrichten. Es ist also an der Zeit, sich intensiv mit den eigenen Gefühlen zu beschäftigen, sie gleichsam aus der Distanz auf sich wirken zu lassen und ihren Ursprüngen nachzugehen. Nur wer im »Besitz« seiner Gefühle ist, sie kennt und mit ihnen umzugehen gelernt hat, und wer sich nicht nur auf seinen »bewußten Geist« verläßt, ist ein »ganzer« Mensch, kann als Mensch bezeichnet werden, bei dem Geist und Bewußtsein, Gefühl und Emotion im Gleichgewicht sind und der wirklich fühlt, daß er lebt. Dieses Buch kann dazu verhelfen.

wk

Inhalt

Vorwort

Der Wunsch, mich mit dem Thema »Gefühle« intensiver befassen zu wollen, war lange vorhanden, bevor ich daran dachte, ein Buch darüber zu schreiben. Er entsprang einer inneren Notwendigkeit. Von einem bestimmten Zeitpunkt an konnte ich die Frage nicht mehr beiseite schieben, was mit unseren Gefühlen derzeit geschieht, welche schädigenden Folgen Übersättigung und Überreizung in uns anrichten und was die Diskrepanz zwischen Ablenkung und dem Hingelenktsein zu wirklichem, unvermitteltem Erleben bewirkt.

Ich ging dieser Frage nicht in erster Linie am Schreibtisch oder bei Lektüre nach, sondern während ich mein Leben lebte. Bei täglichen Verrichtungen und Erledigungen, bei U-Bahn- und Busfahrten, beim Einkaufen, beim Warten in den Schlangen vor den Kassen, im Kino, Theater, bei Konzerten und Ausstellungsbesuchen. Ich ließ das Klima auf mich wirken und forschte in den Gesichtern und den Bewegungen von Menschen, beobachtete bei meinen Streifzügen durch die Stadt Szenen zwischen Menschen, griff Gesprächsfetzen auf und ließ mich von in der Luft liegenden Stimmungen inspirieren.

Dem Glücksversprechen »Wenn du dieses oder jenes Produkt kaufst, dieses Kleidungsstück trägst, dieses Auto fährst, jene Reise buchst, beginnt das ›richtige Leben‹, ›wirst du etwas Besonderes sein‹, ›wirst du dich gut fühlen‹«, begegnete ich auf Schritt und Tritt.

Als ich im Januar 1994 mit dem Schreiben begann, griff ich bei der Strukturierung des Buches aus der Fülle des Materials die Aspekte heraus, die mir aufgrund der therapeutischen Arbeit besonders wichtig erschienen.

Die Erfahrung, daß viele Menschen die entscheidende Bedeutung von Kindheits- und Familiengefühlen in ihrem Erwachsenenleben am liebsten leugnen möchten, obgleich sie dadurch eine enorme Beeinträchtigung ihrer Beziehungsmöglichkeiten und Lebensqualität hinnehmen, bewog mich, auf diese komplizierten Zusammenhänge umfassender einzugehen.

Frauen und Männer, die therapeutische Hilfe in Anspruch nehmen, wünschen sich meist auch Unterstützung bei der Suche verschütteter und Wiederbelebung abgestorbener Emotionen. Dennoch haben fast alle Mühe und Widerstände, wenn es darum geht, sich der kindlichen Person, die sie einmal waren, zu nähern und deren Gefühlserfahrungen lebendig zu erinnern. Auf meine Anregung hin schrieben zahlreichen Frauen und einige Männer an »das kleine Mädchen« und »den kleinen Jungen«, die sie einmal waren. Von allen wurde der Versuch einer solchen Kontaktaufnahme mit der eigenen Gefühlsbiographie als sehr produktiv und bewegend, gleichwohl auch als anstrengend empfunden. Viele bringen ihre Ambivalenz zum Ausdruck zwischen dem Wunsch, sich selbst wieder intensiver spüren zu lernen, und der tiefliegenden Furcht vor dem Kontakt mit den eigenen Gefühlen, von denen wenig Gutes erwartet wird.

Dabei ist es verständlich, daß in einer Zeit, in der reibungsloses Funktionieren und *immer gut drauf sein* angesagt ist, Ängste, Zweifel, Mutlosigkeit, gedämpfte und stille Stimmungen zunächst als Störung bewertet werden und deshalb bedrohlich erscheinen.

Da viele Menschen ihre Gefühle für »Naturereignisse« halten, für angeboren und schicksalhaft, und sich so der Verantwortung für das, was sie an Gefühlen leben, entziehen, war es mir wichtig, in einem weiteren Teil aufzuzeigen, *daß* und *wie* wir *Gefühle erlernen* und damit auch *verlernen* können, falls diese keine Nahrung und Pflege erhalten.

Das Anliegen meiner anderen Bücher, den Blick und das Verständnis für die Auswirkungen patriarchalischer Verhältnisse auf die Entwicklung von Frauen und Männern zu lenken, ist zwar nicht zentrales Thema dieses Buches, aber den speziellen Fühlwelten beider Geschlechter ist ein Kapitel gewidmet. Denn es gibt leider noch nicht den geringsten Anlaß, auf den Hinweis verzichten zu können, daß diese Gesellschaft Frauen und Männern unterschiedliche Gefühle gestattet und verbietet und daß es immer noch eine emotionale Arbeitsteilung gibt.

Weiter möchte ich klarstellen, daß sich therapeutische Arbeit nicht auf die Aufdeckung von und die Beschäftigung mit Defiziten beschränkt, sondern wesentliches Anliegen die Freisetzung von ungelebten Potentialen, ihre Weckung und Förderung ist. Dies erscheint mir ganz besonders im Zusammenhang mit dem Thema »Gefühle« von wesentlicher Bedeutung. Die Menschen, von denen in vielen konkreten Beispielen die Rede sein wird, sind für mich *keine Fälle*, sie sind unverwechselbare Persönlichkeiten, Frauen und Männer, denen ich viel verdanke, weil ich auch von ihren besonderen Fähigkeiten und Erfahrungen lernen konnte und weil sie mir ihr Vertrauen schenkten, mich an ihren innersten Entwicklungen teilnehmen ließen.

Am Schluß des Buches möchte ich die Leserinnen und Leser dazu anregen, ihr eigenes Gefühlsspektrum zu überprüfen, und ihnen Mut machen, die eigenen Gefühle als verläßliche Orientierungsquelle betrachten zu lernen. Ich werde Möglichkeiten aufzeigen, die dabei helfen können, wieder klarer, mehr oder anders zu fühlen.

Was ein heranwachsender Mensch in seinen frühen Jahren von den erwachsenen Personen seiner Umgebung an *emotionalen Gaben* erfährt und geschenkt bekommt, wird sein eigenes Selbst- und Menschenbild entscheidend prägen.

Als ich mit fünfzehn Jahren mein Elternhaus verließ, war der wirksamste Schutz, der mir mitgegeben wurde, das Gefühl, daß meine Eltern mir absolut vertrauten und daß ich mich auf meine Wahrnehmung und Gefühle verlassen könne. Welcher Schatz das war, begriff ich erst viel später.

Ihre Haltung, die überwiegend liebevolle, fürsorgliche und respektvolle Resonanz auf meine Person, ermöglichte mir Gefühle, mit denen ich mich in neuen Situationen und unter anderen Menschen gut zurechtfinden konnte.

In Kontakten mußte ich nicht darüber nachdenken, sondern fühlte, wann ich meinen Empfindungen von Angezogensein und Vertrauen nachgeben durfte. Ebenso intuitiv spürte ich Gefahren, wußte, wann es besser für mich war, diese oder jene Person, aber auch Situation zu meiden. Aus der Beziehung zu den Eltern nahm ich Gefühle von Sicherheit und Geborgenheit mit, ihr Zutrauen, daß ich Schwierigkeiten und Probleme bewältigen oder mir rechtzeitig Hilfe holen würde.

Obwohl ich nicht besonders draufgängerisch war, sondern zunächst in typisch mädchenhafter Weise eher schüchtern, fühlte ich bei meinen Aufenthalten in verschiedenen Städten kaum Angst, sondern Lebensfreude und Entdeckungslust. Ich verhielt mich neugierig und offen. In Situationen von Unsicherheiten halfen mir fremde Menschen weiter.

Die Eltern hatten mir die Welt nicht als einen angstbesetzten Ort vermittelt und Menschen nicht als bedrohlich und feindselig nahegebracht. Als ich viel später in meinem Leben dann doch auf familiäre »Gefühlsverbote« aufmerksam wurde, entdeckte ich zumindest noch genügend Freiraum für mich, um nun eigenverantwortlich »verbotene Gefühle« zu lernen.

Der Paartherapeut Jürg Willi meint, daß Menschen zeitlebens den Wunsch nach fraglosem Aufgehobensein in der Beziehung zu einem anderen Menschen mit sich herumtragen. In diesem Gedanken finde ich ein wesentliches Anliegen meiner eigenen Arbeit wieder: Menschen dabei zu helfen, sich in sich selbst, bei anderen Menschen und in der Welt zu beheimaten. Wichtige Voraussetzungen für diese Erfahrungen sind der Mut und die Bereitschaft, sich auf eigene und fremde Gefühle *offen einzulassen*, sie kennen und verstehen, vielleicht sogar ändern zu lernen.

Meine eigenen Gefühlserfahrungen in der Zeit der Arbeit an diesem Buch umspannen sowohl freudig angenehme als auch schwierige Bewegungen.

Der Tod meiner Mutter fiel in diese Zeit. Und obwohl der Abschied in Ruhe vorbereitet war, mein Bruder und ich ihr Sterben über zwei Monate begleiteten, hatte ich anfangs Schwierigkeiten, den Verlust zu akzeptieren. Erst als ich das Unwiderrufliche wirklich aufnahm, half mir diese Erfahrung, mir einen Aspekt des Lebens anzueignen, der mich heute anders fühlen läßt. Fast zur gleichen Zeit bekamen meine Nichte Judith und ihr Mann Peter ihren ersten Sohn. Leben kam und Leben ging.

Während das Buch konkretere Formen annahm, erlebte ich, wie die Jugendlichen in meinem Umfeld zu jungen Erwachsenen wurden, wie sie ihre erste Liebe fanden und bereits Enttäuschungen zu verarbeiten hatten. Mit anderen Worten, es fand nicht »bloßes Gefühlskino«, sondern bewegtes Leben statt. Mein Anliegen war es, etwas davon in das Buch hineinzutragen. Es geht mir nicht primär um theoretische Erörterungen, sondern vor allem um die Gestaltung von Lebenspraxis und um einen bewußteren Umgang mit Gefühlen.

I. Kapitel
Nur noch großes Gefühlskino?

»Nach diesem Gefühl habe ich mich immer gesehnt. Aber erlebt habe ich es nie. Es war mir ... fremd. So eine tiefe Berührung innen. Wie Angekommensein. Das verwirrt mich. Zumal gar nichts Besonderes passiert ist. Wie soll ich dir das bloß erklären? Eigentlich schäme ich mich, das zu erzählen.«

Während Rainer zögernd spricht, versucht er mit heftigen Kopfbewegungen – als ob er eine lästige Haarsträhne aus dem Gesicht schütteln will –, den leisen Tränenfluß zu unterbinden. Es gelingt ihm nicht.

»Eigentlich habe ich immer gedacht, daß es so ein Gefühl doch geben muß. Irgendwann, wenn ich etwas ganz Grandioses leiste oder der Frau etwas Sensationelles biete.« Längeres Schweigen.

»Ich weiß nicht, ob ich es wirklich beschreiben kann. Es war nämlich so, daß Kirsten und ich am letzten Wochenende ein bißchen aus Berlin rausgefahren sind. Es gibt noch unwahrscheinlich schöne Gebiete in der früheren DDR. Wir sind stundenlang durch Wälder und an Seen entlanggelaufen. Das war sehr schön. Einfach friedlich. Anschließend sind wir dann zu mir und haben geduscht, weil wir von der Wanderung ziemlich verschwitzt waren.

Nachdem ich schon fertig war, kam irgendwann Kirsten und setzte sich mit ihrem nackten Po auf meine bloßen Füße und blieb so ruhig an mich angelehnt. Wir saßen einfach da, und ... wie soll ich das sagen, in diesem

Moment... es ging überhaupt nicht um Sexualität oder darum, irgendwas zu wollen... alles war richtig. Plötzlich war das Gefühl da. Und ich wußte auf einmal im gleichen Augenblick, daß ich mich immer danach gesehnt habe, aber ich hätte nicht sagen können, wonach. Gibt's das überhaupt, daß man sich nach einem Gefühl sehnt, das man gar nicht kennt?

Das klingt doch irgendwie ziemlich verrückt. Aber es war wirklich da. Und wie habe ich mich immer abgemüht, Reisen, tolle Autos, schicke Hotels... und dann so ein Moment. Die Leere, die Einsamkeit, die ich oft spüre, selbst wenn ich mit Menschen zusammen bin, die war total weg. Ich bin wirklich ziemlich durcheinander. Eigentlich könnte ich glücklich sein, bin es auch, aber gleichzeitig ist da diese Angst. Ja, es ist leider so, das Gefühl macht mir auch angst.«

Während ich zuhöre und Rainer bei seiner mühsamen Suche nach Worten, die sein Erlebnis fassen könnten, innerlich folge, ahne ich, daß ihn am meisten beunruhigt, daß sein Gefühl *ohne Leistung* und *ohne Dinge* zustande kam. Etwas in ihm sträubt sich, begreifen zu müssen, daß nicht die aufwendige Suche, die fiebrige Jagd nach dem nächsten Kick und dem noch prickelnderen Reiz dieses Erlebnis bewirkte, sondern einfach innere Offenheit, die Bereitschaft, eine vertrauensvolle, spielerisch-zärtliche Berührung *wirklich* zuzulassen.

Und plötzlich stimmen seine Glücksstrategien nicht mehr. Aber ihn irritiert auch die Erfahrung, den Kontakt mit seinem inneren Selbst gespürt – und dabei nicht nur Freude, sondern auch Verunsicherung empfunden zu haben. Sein Kopf will ihm verbieten, das Ungewöhnliche und Besondere an seinem Erlebnis wahrzunehmen, wobei die spontane, emotionale Reaktion »klüger« ist als der Kopf. Denn sie spricht eine unbeirrbare, eindeutige Sprache und konfrontiert ihn mit der klaren Einsicht: »Es ist etwas Besonderes geschehen. Ich habe etwas Kostbares erlebt.«

Viele Menschen sind mit der Qualität ihrer Gefühlserfahrungen nicht mehr zufrieden, klagen über innere Leere und Langeweile und hoffen, daß der Mangel und die Farblosigkeit ihres Erlebens durch besondere äußere Reize zu beheben sind. Andere fürchten geradezu panisch, in echten Kontakt mit den eigenen Gefühlen zu geraten, und sind süchtig nach Betäubung und Ablenkung. Sie fühlen sich von der unbekannten Welt ihrer inneren Gefühle extrem bedroht, fürchten Kontrollverlust und Zusammenbrüche, sobald sie sich den »Gefahrenzonen« nähern.

4.12.96

So ist die Reaktion von Rainer nicht bloß aufschlußreich, weil sie charakteristische Unsicherheiten vieler Männer im Umgang mit Gefühlen widerspiegelt, sondern auch deshalb, weil sie symptomatisch ist für eine bedenkliche Entwicklung, die Männer *und* auch Frauen betrifft.

Es sieht fast so aus, als ob die Möglichkeiten authentischen Fühlens fast unmerklich aus unserem Dasein schwinden und unsere menschliche Fähigkeit, Gefühle lebendig zu erfahren, zunehmend *verstört* wird, während wir uns allmählich daran gewöhnen, uns mit »Secondhand-Gefühlen« in einer Welt einzurichten, die immer unsinnlicher und abstrakter wird.

Etwas geschieht mit unseren Gefühlen!

Während die Dingwelt um uns herum gigantisch weiterwächst, das Leben lauter, greller und hektischer wird, während sich unsere Seh- und Hörgewohnheiten durch schnelle Schnitte, Phonstärken und rasante Tempo verändert haben, sind unsere Fühlmöglichkeiten davon nicht unberührt geblieben.

Die Fähigkeit der emotionalen Verarbeitung ist nicht proportional mit der schrillen Überreizung gestiegen. Im Gegenteil, es scheint so zu sein, daß lebenswichtige emotionale und sinnliche Fähigkeiten abstumpfen und verarmen und es für viele Menschen immer schwieriger wird, aus sich selbst heraus befriedigende Lebendigkeit schöpfen zu können.

Zwischen äußerer und innerer Realität entsteht eine gefährliche Kluft. Dabei ist es für das menschliche Leben von grundlegender, entscheidender Bedeutung, Stimmungen, Gefühle und Affekte spüren und ausdrücken zu können. Da dies so selbstverständlich und natürlich erscheint wie der Vorgang des Atmens, machen wir uns meist wenig Gedanken darüber.

Die Entwicklung jedes einzelnen Menschen, der Einstieg ins Leben, geschieht in konkreten Zusammenhängen von Beziehungen und sozialen Bedingungen in einem vorbewußten Stadium, in dem wir zunächst durch sinnliche Wahrnehmungen menschliche Nähe erfahren, mittels Pflege- und Versorgungsvorgängen spüren können, daß wir existieren und nicht allein sind.

Bei diesen Erlebnissen wird die emotionale Grundhaltung einer Person geformt.

Ob dieses *individuelle Lebensgefühl* eher positive oder negative Färbungen enthält, Züge von Zuversicht, Vertrauen oder ängstlicher Abwehr trägt, hängt entscheidend davon ab, ob die ersten Erfahrungen von Berührung und Nähe mit liebevoller Zärtlichkeit und Respekt vor der Bedürftigkeit der sich entwickelnden Person verbunden waren oder derart, daß sie bereits Spuren von Ausgeliefertsein, Gewalt, Verletzung und Angst hinterließen. Eine Vielzahl von Eindrücken wirken zu einer Zeit auf uns ein, in der wir noch nicht denken und sprechen können, wohl aber bereits deutlich spüren und fühlen können, was uns angenehm oder unangenehm ist, was uns beruhigt und erfreut oder bedrohlich auf uns wirkt.

Im Lauf dieser vielschichtigen Lernerfahrungen bildet sich neben dem Basisgefühl auch jenes *Ichgefühl* heraus, welches die unverwechselbare Einmaligkeit einer Person ausmacht. In ihm sind die Einstellungen den Lebensaufgaben, anderen Menschen und Situationen gegenüber verankert.

Diese ersten vorbewußten Erfahrungen bahnen charakteristische Haltungen an, mit denen wir später unser Leben zu gestalten versuchen. Lebens- und Ichgefühle sind eng miteinander verwoben und beeinflussen einander wechselseitig, wobei das Ichgefühl noch in besonderer Weise von der jeweiligen Geschlechtlichkeit und den speziellen Erlebnissen geprägt wird, denen Mädchen und Jungen in einer patriarchalischen Gesellschaft auf dem Weg zur Frau und zum Mann ausgesetzt sind.

Für Menschen beider Geschlechter gilt, daß sie in einem weitaus höheren Maße, als es ihnen meist bewußt ist, ihr erwachsenes Dasein nicht nur mit der ihnen eigenen emotionalen Grundhaltung und dem spezifischen Identitätsgefühl gestalten, sondern auch mit *Wiederholungsgefühlen*, die aus frühen Beziehungs- und Erfahrungszusammenhängen stammen. Offenbar neigen Menschen dazu, unbewußt vertraute Erlebniskonstellationen wieder herzustellen, weil diese ihnen unter anderem ein Gefühl von Kontinuität und Sicherheit vermitteln, selbst wenn diese Grunderlebnisse schmerzlichen und schwierigen Charakter hatten.

Menschliches Leben *ohne Gefühle* ist nicht vorstellbar, so daß Taten und Handlungen, die auf Abwesenheit von Gefühlen und Empfindungslosigkeit schließen lassen, normalerweise Furcht auslösen und Assoziationen an bedrohliches Unlebendigsein, an Unmenschlichkeit wecken.

Aus dem nächtlichen Schlaf wachen wir morgens mit einer Stimmung für den Tag auf, und bereits bei dem Gedanken an das, was vor uns liegt, welche Aufgaben wir vielleicht zu bewältigen haben und welche Begegnungen auf uns warten, kristallisieren sich entsprechende Gefühle heraus, die angenehm stimulierend sein können, uns mit Vorfreude und Tatendrang erfüllen oder aber das Hineingehen in den Tag dämpfen und schwermachen.

Während wir allein oder im Kontakt mit anderen Menschen unsere morgendlichen, alltäglichen Verrichtungen begehen, Radio hören, Zeitung lesen, fühlen wir etwas. Wenn wir die Wohnung und das Haus verlassen, um zum Arbeitsplatz zu gehen, mit dem Auto oder in anderen Verkehrsmitteln unterwegs sind, tun wir dies nicht gefühlsneutral. Alle Ereignisse des Tages, Eindrücke und Gespräche lösen vielfältige emotionale Reaktionen in uns aus. Und je mehr uns etwas ganz persönlich und unmittelbar betrifft, wir mit eigenen Erwartungen, Zielen und Bedürfnissen beteiligt sind, um so klarer und deutlicher werden die Gefühle, Empfindungen oder Affekte sein, die wir spüren.

Wenn ein Tag ausklingt, nehmen wir je nach Verlauf Gefühlsreste mit in den Schlaf, eine emotionale Befindlichkeit, die uns hilft, zur Ruhe zu kommen, den Tag loszulassen, oder die uns angestrengt bleiben läßt und die nicht nur den Schlaf und die Träume, sondern bereits den nächsten Tag wieder beeinflußt, stimmungsmäßig einfärbt.

Aus dem Kontakt mit vielen Menschen, aber auch aus meinem eigenen Erleben weiß ich, daß die meisten Menschen – es sei denn, sie sind aufgrund massiver Ängste und anderer Probleme nur noch an Kontrolle und Sicherheit interessiert – einen starken Wunsch, zumindest aber die Sehnsucht nach Gefühlserlebnissen haben, die sie aus ihrer Alltäglichkeit herausreißen und das Fest des Lebens spüren lassen. Menschen wollen sich auch in Ekstase und Entzücken lebendig fühlen, nicht nur in Anstrengung und Lebensbewältigung verwickelt sein. Sie suchen Gemeinschaftserlebnisse und Verbundenheit mit anderem Leben, die kurzzeitige Aufhebung von Trennung und Vereinzelung in Akten des Hingerissen- und Mitgerissenseins.

Längst haben clevere Geschäftsleute auf diese tiefliegenden existentiellen Bedürfnisse reagiert und bieten »Erlebniseinkäufe«, »Erlebnisurlaube« und »Erlebnisparks« an, um nur einige wenige Angebote zu nennen. Ob festliche Glanzpunkte oder herausragende Ereignisse den Hunger nach Leben wirklich stillen, hängt allerdings nicht in erster Linie von den äußeren Bedingungen und der Vielfältigkeit von Reizen ab, sondern von der entwickelten Erlebnisfähigkeit des einzelnen. Es kann leicht passieren, daß derartige Erfahrungsmöglichkeiten mit der persönlichen Gefühlswirklichkeit gänzlich unverbunden bleiben, rasch verblassen und die Sucht nach immer neuen und stärkeren Eindrücken stimuliert.

Natürlich benötigen Menschen äußere Reize und Anregungen, um sich spüren und lebendig fühlen zu können, um die Sinne anzusprechen, unsere Fähigkeiten herauszufordern und Bedürfnisse zu befriedigen. Es ist bekannt, daß extreme Reizarmut schwere Störungen hervorrufen kann bis hin zum Wahnsinn. Es gibt jedoch auch eine andere Gefahrenquelle, der viele Menschen heute ausgesetzt sind. Die Frage ist, welche Folgen die permanente Reizüberflutung für unser geistig-seelisches Befinden haben kann.

Der Schweizer Psychotherapeut Arno Gruen schreibt zu diesem Problem in seinem Buch »Der Verrat am Selbst«: »Die Stimuli selber treiben uns nun auf einen Kurs, der uns an sie bindet, obwohl sie uns innerlich leer lassen. Da wir nun aber meinen, daß wir nur mehr von ihnen bräuchten, um die Leere zu füllen, steigert sich unser Bedarf für das, was im Grunde nur Leere bringt. Vielfältig ist die Art dieser Stimuli: laute Musik, große Autos, glitzernde Farben ohne Nuancen, schimmernde Geräte, irgend etwas, solange es nur Steigerung an Stimulation liefert. Schließlich ist das, was wir suchen, um uns als lebendig zu erfahren, bloß noch die Geschwindigkeit, mit der ein Wechsel sich vollzieht. Form oder Inhalt des Stimulus ist für uns kaum noch von Bedeutung. Überhaupt wird der Inhalt immer bedeutungsloser. Umgeben vom toten Besitz, vom Wechsel um seiner selbst willen, treten wir einfach auf derselben Stelle.

Je mehr Veränderungen wir in unserem Äußeren suchen, je öfter wir unsere Kleider, Orte, Autos, Apparätchen wechseln, desto intoleranter werden wir gegenüber der Ungewißheit, der wir täglich ausgesetzt sind. Scheinbar ein Paradox, bis man merkt, daß die Raserei für das Neue einer Furcht entspringt, jener Furcht nämlich, mit unseren inneren Gefühlen in Berührung zu kommen, von denen wir ferngehalten werden und die uns deswegen fremd und gefährlich vorkommen müssen.

Sie sind die neue Unsicherheit von heute, die uns zu erdrücken scheint. Jedoch: Nur wenn es uns gelingt, uns wieder mit unseren inneren Gefühlen zu verbinden, wird es für uns einen Ausweg geben.«

Die Abhängigkeit von äußeren Reizen wird häufig nicht mehr wirklich wahrgenommen. Statt dessen erzeugen Konsummöglichkeiten und die Bedürfnisbefriedigung *per Knopfdruck* die Illusion, daß wir frei sind, uns selbst besitzen und vieles steuern können, erzeugt die Vorstellung von umfassenden Fähigkeiten, während wir vielleicht bloß die Hand ausstrecken, um eine Taste zu betätigen.

Diese Haltung ermöglicht uns, die Tatsache zu leugnen, daß alles, was wir in uns selbst verändern, lernen und bewegen wollen, unendlich viel langsamer und widerständiger, mit anderen Worten, mühsamer ist. Da sind Vorsätze, Entschluß und Ergebnis nicht sofort sichtbar, nicht zeitgleich, sondern zwischen dem Impuls und dem anvisierten Ziel liegt oft ein langer Weg des Suchens, des Ausprobierens. Wir stellen dabei Zweifel fest, spüren Schwächegefühle und die Furcht zu versagen und müssen immer neu Mut und Kraft mobilisieren, um weitere Schritte zu machen.

Die Diskrepanz zwischen diesen unterschiedlichen Möglichkeiten, Lebendigkeit zu erzeugen, zwischen Stimulierung von außen und eigener, innerer Bemühung ist nicht so einfach zu verkraften und kann leicht zu Ärger, Enttäuschung und Wut führen, wenn keine Übung in geduldigen Lernprozessen besteht. In den Biographien von Menschen, die plötzlich mit dem Entzug äußerer Reize konfrontiert waren, die in Konzentrationslagern und Gulags überlebt haben, ist immer wieder davon die Rede, wie das Erlernte und Erlebte aus ihrer Vergangenheit, das, was sie in ihrem Herzen und Denken in sich trugen, zur lebenswichtigen Kraftquelle wurde.

Ruth Klüger, die als Kind mit ihrer Mutter von Wien nach Theresienstadt und Auschwitz deportiert wurde, schreibt in ihrem Buch »Weiter leben«: »Ich erzähle nichts Ungewöhnliches, wenn ich sage, ich hätte überall, wo ich war, Gedichte aufgesagt und verfaßt. Viele KZ-Insassen haben Trost in den Versen gefunden, die sie auswendig wußten.« Und an anderer Stelle: »Es ist erstaunlich, wie kreativ gesprächig die Menschen werden, wenn sie nur das Gespräch als Ablenkung aus einer Not, die allerdings noch erträglich sein muß, haben.«

Die hier beschriebene Fähigkeit, aus sich selbst heraus in kreativer Weise Lebendigkeit schöpfen zu können, ist nicht einfach in jedem Menschen vorhanden. Sie muß im Lauf der Entwicklung geweckt, gefördert und gepflegt werden.

Es gibt Anzeichen dafür, daß der »moderne Lebensstil« eher zu einer Unterforderung von lebenswichtigen Fähigkeiten, Kreativität und Fühlmöglichkeiten beiträgt als zu ihrer Entfaltung. Sehr wahrscheinlich ist ein Resultat dieser Entwicklung ein enormer Anstieg von Aggression und Zerstörungslust, denn die – besonders von jungen Menschen – empfundene Leere macht wütend und destruktiv.

Ein sehr alltägliches Beispiel hierfür schildert Arno Gruen im Zusammenhang mit einem Kinobesuch. Dort wurde sowohl ein Film von den Marx Brothers als auch ein Film des neuen Typs gezeigt. Gruen beobachtete, wie die anwesenden Jugendlichen mit dem Filmklassiker nichts anzufangen wußten und sich demonstrativ langweilten, während der andere Film, in dem häufig Worte wie »Scheiße« und »Ficken« vorkamen, sie zu grölendem und brüllendem Lachen stimulierte. Gruen meinte, daß der Genuß eines Marx-Brothers-Films von den jungen Leuten eine eigene, schöpferische Reaktion erfordert hätte, ein inneres Lebendigsein, welches die Jugendlichen aggressiv verweigerten. Er sagt in diesem Zusammenhang, daß es nicht nur die Filme sind, die sich verändert haben, sondern die Menschen selbst in der Beziehung zu ihren Gefühlen.

Die Situation von jungen Menschen ist im Zusammenhang mit dem Problem der Gefühlsveränderung, des Gefühlsverlustes tatsächlich von großer Brisanz.

Wir hören, sehen und lesen fast täglich von Kindern und Jugendlichen, die kaltblütig Menschen umbringen und Besitz zerstören. Die Reaktion auf derartige Ereignisse erschöpft sich häufig in Fassungslosigkeit und schaudernde Ungläubigkeit. Es wird so getan, als ob Menschen *Gefühle einfach haben müssen*, als ob Mitgefühl und Mitleid, überhaupt die Fähigkeit, fühlen zu können, angeboren ist und nicht erst geweckt und durch eigenes Erleben erlernt werden müßte.

Offenbar trifft die Tatsache, daß es bei entsprechenden Bedingungen nicht nur möglich, sondern sehr wahrscheinlich ist, daß Menschen *gefühllos agieren*, auf enorme Widerstände im Bewußtsein der Öffentlichkeit.

Die beiden elfjährigen Jungen, die am 12. Februar 1993 in England einen Zweijährigen aus einem Einkaufszentrum entführten und in der Nähe eines Eisenbahngleises steinigten, ihn noch auf andere Weise quälten und schließlich erschlugen, sagten während ihrer Verhandlung, daß das Leiden des kleinen James ihnen *bewußt* gewesen sei, sie aber nicht versucht hätten, dies zu ändern. Auch bei uns häufen sich die Fälle, in denen Jugendliche ihre Mitschüler brutal quälen und hilflose Menschen überfallen.

Zu einem Angriff auf amerikanische Rennrodler, der von jugendlichen Skins in Oberhof in Thüringen verübt wurde, sagen zwei von ihnen, die an den Überfällen beteiligt waren, in einem Interview einer Schülerzeitung: »Spaß am Leben haben bedeutet, seine Jugend auskosten und so richtig Mist bauen. Gewalt macht Spaß... ein bißchen Blut ist Spaß, und außerdem, was sollen wir auch sonst machen?« Tino, einer von ihnen, erzählt, daß seine Mutter nicht möchte, daß Dreck in die Wohnung kommt. Seine Bomberstiefel muß er zu Hause ausziehen.

Auf einer U-Bahnfahrt sitzen mir zwei etwa sechzehnjährige Jungen gegenüber. Beide tragen schwarze Bomberjacken aus Fliegerseide und Doc-Martens-Stiefel. Die Gesichter der beiden sind noch kindlich weich, dem einen fällt das Haar auf die Schultern, das des anderen ist ganz kurz geschnitten, an einer Seite völlig ausrasiert. Gelangweilt spielen sie mit Feuerzeugen an sich herum, halten die kleine Flamme an ihre Jeans, an die Jacken und an das Leder der Schuhe. Dabei entstehen zwar keine richtigen Brandlöcher (offensichtlich zu ihrer Enttäuschung), aber schwarze, versengte Stellen. Die beiden werden noch kein eigenes Geld verdienen, es ist also klar, daß die Kleidung von den Eltern bezahlt wurde.

Unübersehbar wird Zerstörung immer mehr *die* Möglichkeit, Spaß zu haben, etwas Bewegendes zu erleben, wenn man sich sonst kaum spürt. Es ist nicht abzusehen, daß sich an der zunehmenden Zerstörungslust (vor allem von männlichen Kindern und Jugendlichen) so bald etwas ändern wird. In dem Ursachenkatalog, der als Erklärung für Gewaltbereitschaft angeboten wird, findet man nichts über die Gefühlsgefährdung duch die »ganz normalen Lebensbedingungen«.

Wer behauptet, daß Kinder und Jugendliche von heute doch alles haben, lebt entweder schon zu lange mit abgespaltenen Gefühlen oder lügt, um sich selbst der Verantwortung entziehen zu können.

Zwar häufen sich in vielen Kinderzimmern Video-spiele, Designerkleidung und Besitz aller Art, da kind-liche Konsumenten längst als profitable Käuferschicht für Millionengeschäfte geködert wurden, aber für die Gefühle, die sie angesichts jener Wirklichkeit empfinden müssen, die die Erwachsenen ihnen als Lebensraum an-bieten, für ihre Sorgen, Ängste und Nöte gibt es so gut wie kein Interesse. Ihnen wird in fast allen Zusammen-hängen nur noch *Ersatz* angeboten. Sie sind mit einer Welt konfrontiert, in der vieles bereits zerstört wurde, in der alles verdinglichter, künstlicher und emotionsloser wird.

Wo sind die Beziehungs-, Zeit- und Bewegungsräume, in denen sie sich erproben, bewähren und im Kontakt mit sich selbst entdecken können? Keiner wird ernsthaft behaupten können, daß sie in einer Gesellschaft leben, die differenzierte Gefühlsentwicklung erlaubt.

Es ist ein Mißverhältnis entstanden, indem Kinder und Jugendliche auf der einen Seite, zum Beispiel als Konsu-mentenmasse, mit allen Mitteln umworben werden, sie ein enormes Maß an Aufmerksamkeit und Beachtung finden – die Erwachsenen aufgrund eigener Desorien-tiertheit und Bequemlichkeit nicht mehr imstande sind, *Grenzen zu setzen*, an denen sich Kinder reiben und Beziehung spüren könnten. Statt dessen entwickeln sie unrealistische Größengefühle, während sie auf der ande-ren Seite in ihrer emotionalen Bedürftigkeit im Stich gelassen werden und mit ihren Angst- und Ohnmachts-gefühlen allein bleiben, Trost nur noch vom Haustier oder vom Fernseher bekommen.

Für die zunehmende Schwierigkeit von Menschen, Zugang zur Realität der eigenen Gefühlswelt herzustel-len, gibt es noch einen anderen Zusammenhang als den der Überreizung und Übersättigung. Es sind die Folgen abstrakten Denkens, welches in der Ideologie, daß »alles Machbare auch gemacht werden sollte«, seinen Niederschlag findet und alle technischen Entwicklungen als »Fortschritt« anzupreisen versteht, ohne daß die Vertreter dieser Ideologie sich eingestehen müßten, daß diese Art »Fortschritt« das Leben von Menschen und die Umwelt zerstören könnte. Abgespaltene Gefühle erlauben ihnen, ihre Ziele, losgelöst vom *lebendigen Ganzen*, zu betrachten. Sie ersparen sich die schmerzlichen Gefühlskonsequenzen ihrer eigenen Destruktivität und sind unfähig, ihre Entfremdung vom Leben zu realisieren.

Man muß nicht unbedingt Feministin sein, um erkennen zu können, daß besonders Männer von diesem Denken fasziniert und in entsprechende Produktionsprozesse involviert sind, Männer, die in ihren Gedanken und Handlungen danach trachten, den anstrengenden *weiblichen Gefühlswelten* – überhaupt der Kompliziertheit lebendiger Gefühle – zu entkommen.

In der jüngsten Zeit ist die Erfindung einer elektronischen Cyberwelt beispielhaft dafür. Hier konstruierten Männer ein Spielzeug für sich, eine Welt, in der sie endlich alle Macht- und infantilen Verwöhnungsphantasien ungestört ausleben können. Den Konsumenten dieser »Errungenschaft« werden überwältigende Erlebnisse versprochen. Das »Spiegel-Magazin« berichtete in einem Artikel (Nr. 46/1993): »Aus tausend Bildpunkten bauen moderne VR-Simulatoren ihre Szenarien auf. Mit stereoskopischen Brillen bewehrt, steigen die Betrachter in eine Welt grenzenloser Sinnestäuschung.

Umrauscht von digitalen Stimmen und Klängen aus Spezialkopfhörern, versinken sie in einen dreidimensionalen, wie gegenständlich wirkenden Illusionsraum, die Cyberwelt... Doch der Cyberspace birgt größere Verlockungen. Entsprechend optimiert, können ihm chipgesteuerte Wunschpartner entsteigen: fühlbar, hörbar, betörend schön, immer willig und auf alle heimlichen Wünsche programmierbar... Die New York Times diskutierte die möglichen Vorzüge: Cybererotik erlaube ›Sex‹ ohne die verwickelten Komplikationen mühsamer Pflichtkonversation, ohne ansteckende Krankheiten und ohne das Frühstück danach.«

Vor einiger Zeit traf ich Julia, die vierundzwanzigjährige Tochter meiner Freundin, und ihren Partner Max, nachdem sie gerade eine High-Tech-Ausstellung besucht hatten. Sie erzählten von ihrem Erlebnis mit dem Cyberspace, und während Max ganz offensichtlich begeistert war, meinte Julia: »Weißt du, erst fand ich das ganz lustig, aber wenn du dann die Leute beobachtest, die sind alle weggetreten. Jeder ist nur noch für sich, und es ist doch alles künstlich. Den Max konnte ich kaum loseisen. Ich glaube, daß Männer darauf total abfahren. Für Frauen ist das nicht so toll.«

Der Maschinen- und Apparatepark um uns herum wächst weiter, und mit ihm die Unverhältnismäßigkeit, mit der Energien, Kreativität und Geld sehr einseitig auf die Neuschaffung und Perfektionierung technischer Errungenschaften verwandt werden, ohne daß ein Interesse erkennbar wäre, für die Dimensionen menschlichen Wachstums ebensolche Potentiale einzusetzen.

Statt dessen wird über Gefühlskälte und Abstumpfung lamentiert und beklagt, daß die Befriedigung emotionaler Bedürfnisse beim Verschlingen romantischer Schmöker oder im Kino möglich ist statt in zwischenmenschlichen Beziehungen. Im schützenden Dunkel des Kinos ist es erlaubt zu weinen, hier darf das Herz für zwei Stunden schneller schlagen, darf mit weiblichen und männlichen Leinwandgrößen deren gespielte Ekstase, Glück und Leid, Freude, Schmerz, Angst, Verzweiflung und Hoffnung »erlebt« werden. Dort läßt sich, Popcorn und Gummibärchen kauend, gefahrlos jede Gefühlsbewegung mitvollziehen. Erst wenn das Licht wieder angeht und die Betäubung nachläßt, mögen Menschen sich vielleicht fragen, warum in ihrem Leben so wenig von dieser Skala der Gefühle und Intensität vorhanden ist.

Nach- und Nebenwirkungen auf den eigenen nüchternen Alltag können leicht frustrieren, weil jener oft vor allem mit der *Organisation von Leben* randvoll gefüllt ist, mit der Vorbereitung zu leben, statt mit wirklichem Leben.

Angesichts der verheißungsvollen Illusionen, welche die Bilder aus dem Kino, Fernsehen und anderen Medien erzeugen, verblassen die eigenen alltäglichen Empfindungen, wirken grau und langweilig oder werden als zu schwierig und »falsch« wahrgenommen.

Mitunter scheint es so zu sein, daß die Sehnsucht nach mehr Gefühl sich im Sehnen selbst erschöpft beziehungsweise Gefühle ohne Schmerzrisiko, ohne Gefahr von Komplikationen erwünscht sind. Die Erfahrung, daß so viele Bedürfnisse mühelos per Knopfdruck befriedigt werden können, suggeriert vielleicht bei manchen Menschen die Vorstellung, daß auch die schwierigen Aspekte des Fühlens einfach auszublenden, per Tastendruck ein anderes »Gefühlsprogramm« wählbar sein müßte.

In meiner Arbeit als Psychotherapeutin spielt der bewußte Umgang mit Gefühlen eine besondere Rolle. Ich betrachte es als meine Aufgabe, vom ersten Kontakt an einen Zugang zu der emotionalen Persönlichkeit der Frauen und Männer zu suchen, die sich an mich wenden. Die Gefühlssprache meines Gegenübers kennen und verstehen zu lernen, ihre Eigenheiten wahrzunehmen, ist bereits Teil des Therapiegeschehens. Auch wenn das Anliegen einer Person die Behebung von Arbeits- und Beziehungsstörungen, von psychosomatischen oder sexuellen Schwierigkeiten ist, geht es doch immer auch um die Empfindungen und Gefühle, die in diesen Zusammenhängen auftreten und eine Rolle spielen. Häufig werden sie als Behinderungsfaktor erlebt, aber auch die Unklarheit und Abwesenheit von Emotionen bereitet Probleme.

»Ich möchte mich anders fühlen« oder »Ich will diese Gefühle nicht mehr haben« sind Sätze, die in therapeutischen Gesprächen häufiger fallen. Dabei geht es keineswegs immer nur um den verständlichen Wunsch, quälende, das Leben und die Entwicklung hemmende Gefühle loswerden zu wollen, sondern mitunter gerade um emotionale Stärken der Personen, die ihnen zur Last werden, weil ihr soziales Umfeld damit nicht umgehen kann und ihnen einzureden versucht, daß sie *zu gefühlsbetont, zu spontan, zu lebendig* oder *zu kritisch* seien.

Um Frauen und Männern dabei helfen zu können, neugierig auf ihr inneres Selbst zu werden, den Kontakt zu ihren Gefühlen nicht primär als Bedrohung, sondern als eine Quelle kennenzulernen, die Fähigkeiten zu einer bewußteren, intensiveren Teilhabe am Leben erschließt, muß ich selbst einen wachen Umgang mit den eigenen Gefühlen pflegen und dafür Sorge tragen, offen, berührbar und bewegbar zu bleiben. Wie andere Menschen beobachte ich in meinem Lebensalltag die Schwierigkeit, *Leerräume* und *Stille* zu schaffen, um Eindrücke und Erlebnisse in Ruhe ordnen und auf ihre Wichtigkeit oder ihren Bedeutungsgehalt hin prüfen zu können.

Dabei wird die beunruhigende Entdeckung unvermeidbar, daß die infolge moderner Technologie übliche Art der Informations- und Nachrichtenübermittlung, die tägliche Flut von Meldungen aus aller Welt, quasi zwangsläufig und nebenbei – statt das emotionale Fassungsvermögen zu erweitern und zu differenzieren – enger wird und abstumpfen läßt.

Da keine gesellschaftliche Instanz für die Moral, Psychohygiene und den Zustand der Gefühle ihrer Mitglieder Sorge tragen kann, liegt es in der Verantwortung jedes einzelnen, auszuwählen und die Balance zu finden zwischen der Haltung, sich abzuschotten, sich für nichts mehr zuständig fühlen zu wollen, was außerhalb der eigenen vier Wände geschieht und über den privaten Lebensrahmen hinausweist – und einem lebendigen, aber nicht ungeschützten Offenhalten für die Wirklichkeit, die Bereitschaft zu echter Teilhabe am Leben.

Zum bewußten Umgang mit den eigenen Gefühlen zählt neben der konkreten Lebensführung, dem Konsum- und Freizeitverhalten auch die Frage des Umgangs mit anderen Menschen.

Denn obwohl wir für unsere Gefühle verantwortlich sind, *machen* Menschen sich auch gegenseitig Gefühle. Da das so ist, kann es für unser Leben nicht bedeutungslos sein, darauf zu achten, *welche Gefühlsabdrücke* und Stimmungen andere Menschen in uns hinterlassen.

Fast jeder kennt mehr oder weniger bewußt die Erfahrung, daß schon während oder nach der Begegnung mit Menschen, dem Zusammensein mit Freunden und Familienangehörigen, in der Zusammenarbeit mit Kollegen, aber natürlich besonders in einer Partnerschaft die Gefühle der anderen Person auf das eigene emotionale Befinden abfärben und Einfluß nehmen.

So kann es sein, daß wir nach solchen Zusammenkünften positive Gefühle von Aufgehobensein, von Helle, Weite, und eine angenehme Belebung mitnehmen, die über Stunden oder Tage nachwirken kann.

Aber es ist natürlich auch möglich, daß aus solchen Kontakten Unangenehmes zurückbleibt, daß Gefühle von Anstrengung, Festgehaltensein, Enge und Mißgestimmtheit uns schwer machen und dämpfen. Vielleicht spüren wir unklar, daß es eigentlich nicht *unsere Gefühle* sind, die wir so aufgenommen haben – von denen wir uns anstecken ließen, und trotzdem bereitet es meist einige Mühe, sie wieder loszuwerden.

Tatsächlich ist die Lebensstimmung einer Person, die emotionale Grundbefindlichkeit, eine Art »Visitenkarte« oder wie ein Parfüm, welches seinen Duft an die Umgebung abgibt. Dieses »Grundgefühl« kommt in der Sprache zum Ausdruck, in Gesten, Mimik, in den Themen und Ereignissen, mit denen sich die Person beschäftigt. Wenn zum Beispiel das Basisgefühl eines Menschen überwiegend negativ, von Ärger geprägt ist, gelingt es ihm in allen Situationen – die äußeren Bedingungen mögen noch so angenehm und erfreulich sein –, mit seiner individuellen Wahrnehmung seine Gefühlsreaktionen auf das Erlebte zu verdunkeln, bis der Ärger zum dominanten Gefühl wird. Es liegt auf der Hand, daß das Zusammenleben mit einem solchen Menschen anstrengend ist, da eine solche Haltung meist die Bemühung provoziert, den anderen zu einer positiveren Sichtweise umstimmen zu wollen, was auf Dauer kräftezehrend und ermüdend ist.

Oder es gelingt dem Betreffenden, die Gefühle seines Gegenübers so herabzuziehen und zu verstören, daß bei diesem der bittere Nachgeschmack bleibt, mit dieser Person keine guten Stimmungen und freudige Ereignisse teilen zu können, sondern im Gegenteil der Wunsch entsteht, Schutzmaßnahmen vor dem Einbruch dieses Negativismus ergreifen zu müssen.

Wenn Menschen um die Phänomene positiver oder negativer Gefühlsansteckung wissen, Enteignung, Manipulation und Ausbeutung von Gefühlen erkennen und aufdecken lernen, besteht für sie in Beziehungssituationen weniger Anlaß zur Furcht vor destruktiven Verstrickungen und emotionalem Ausgeliefertsein. Häufig wissen auch Menschen, die dicht zusammen leben, in Ehen, Partnerschaften und Freundschaften verbunden sind, nicht wirklich, welche Empfindungen und Stimmungen sie in anderen bewirken.

Dabei kann hier ein einfaches Nachfragen ziemlich schnell Abhilfe schaffen und vielleicht sogar »klimatische Veränderungen« bewirken, wenn der Mut vorhanden ist, nicht nur Vorahnungen bestätigt finden zu wollen, sondern auch für Überraschungen offen zu sein.

II. Kapitel

Kindheitsspuren im Gefühl

1. Annäherung:
»Aber das ist doch alles längst vorbei...«

»Dieses Gerede und Getue um Kindheit und um das, was früher einmal war, ist doch wirklich maßlos übertrieben. Psychogequatsche von Spinnern. Das soll doch bloß ein Alibi sein, faule Ausrede für Leute, die ihr Leben nicht in den Griff kriegen. Die für alles, was ihnen mißlingt, einen Schuldigen suchen. Da muß die Kindheit dann herhalten. Diese Haltung ist doch abstoßend. Und überhaupt, was heißt schon Kindheit? Die hat schließlich jeder Mensch irgendwie. Was vorbei ist, ist vorbei. Mir soll man mit dieser Gefühlsduselei nicht auf die Nerven gehen.«

Solche und ähnliche Kommentare sind immer wieder zu hören, wenn es einmal um die Frage nach der Bedeutung von Kindheitserlebnissen geht. Neben der pauschalen Abwehr sind Bagatellisierung und Gleichgültigkeit weitere mögliche Varianten der Leugnung, daß die Eindrücke jener weit zurück liegenden Lebensphase, der mit ihr verbundenen Erlebnisse und Gefühle in unsere Gegenwart und Zukunft hineinreichen.

Einige Menschen ziehen es vor, sich auf andere Weise zu verbarrikadieren. Ihr Schutzschild ist der Satz: »Ich hatte eine glückliche Kindheit«, der jedem kategorisch verbietet, unerlaubtes Terrain zu betreten. Eventuelle Nachfragen prallen an ihm mühelos ab. Gleichzeitig erzeugt er Assoziationen, in denen sich beliebte Wunschbilder spiegeln können: ein kleiner Mensch in einem Meer von wonnigem Wohlbehagen. Das reine Glück in wachen, blanken Kinderaugen. Eingehüllt in Wärme, angstfrei und mit wundervollen Speisen genährt, von vertrauten Armen umfangen, in einen traumlosen, schwerelosen Schlaf gewiegt. Unbeschwertes Lachen beim Spiel in beschützender Nähe. Das Dasein als paradiesischer Zustand.

Der Wunsch, das Vergangene zu glorifizieren, blendet das innere Auge. Ebenso wie die übrigen Abwehrhaltungen verstellt er bloß den Blick auf die frühere Wirklichkeit und liefert Zerrbilder anderer Art.

Die Versuche von Menschen, so zu tun, als ob ihre Vergangenheit gänzlich ohne Bedeutung für die Gegenwart sei, mögen noch so entschlossen, demonstrativ oder aber kurios sein. Sie alle scheitern letztlich an der schlichten Tatsache, daß wir unsere Werdensgeschichte nicht einfach abstreifen können wie ein ungeliebtes oder unbequem gewordenes Kleidungsstück. Diese Geschichte liegt nicht auf, sondern unter unserer Haut. Sie ist in uns eingeschrieben, in den Körper ebenso wie in unser Fühlen, Denken und Wollen. Sobald es darum geht, sich selbst und andere Menschen verstehen zu wollen, hilft weder die Ablehnung der Bedeutung kindlicher Prägungen noch ein starres Festklammern an ihnen. Bei der Annäherung an die frühen Erfahrungs- und Beziehungsmuster, der Spurensuche und dem Ausloten der Folgen für den heranwachsenden Menschen ist mit Schuldzuweisungen wenig gewonnen.

Die Verantwortung für das, was hier und jetzt geschieht, ausschließlich an die Akteure der Vergangenheit zu delegieren, mag zwar vorübergehend ein Gefühl von Entlastung hervorrufen, aber letztlich ist diese bequeme Haltung eher dazu geeignet, kindliche Ohnmachtsgefühle festzuschreiben, anstatt sich von ihnen zu befreien.

Zweifellos finden auch in einem späteren Lebensalter, zum Beispiel in der Pubertät und in den folgenden Lebenszyklen, noch Ereignisse statt, die den Charakter und die Persönlichkeit eines Menschen beeinflussen und formen.

Mit diesen Reifungsprozessen in der Jugend und dem Erwachsenenalter hat sich besonders Erik H. Erikson beschäftigt. Die Sichtweise, daß Menschen im Lauf ihres Lebens durch neue Erfahrungen, Begegnungen, aber auch Krisen immer wieder eine Chance erhalten, die Weichen für ihre Lebensführung neu zu stellen, das Spektrum ihrer Fähigkeiten und Möglichkeiten zu erweitern und sogar Mangelerlebnisse aus der Kindheit zu korrigieren, ist außerordentlich befreiend und stimulierend.

Trotzdem verdient die Lebensperiode der Kindheit, was die Formung und auch das spätere Auf und Ab der Gefühle anbelangt, immer besondere Aufmerksamkeit.

Wenn Menschen wirklich an der Frage »Wie bin ich geworden?« interessiert sind, wird der Versuch der Wahrheitsfindung ein bewegender Prozeß, der einer abenteuerlichen Reise gleicht. Bei der Suche nach Antworten wird es immer schwierige Rätsel geben, die vielleicht durch geduldige Bemühung aufzulösen sind und dann Auskunft darüber geben können, wie menschliches Wachstum gefördert oder behindert wurde.

Nur im Kontakt mit der Vergangenheit und der kindlichen Person, die einmal existierte, können Menschen erkennen lernen, ob sie sich als Erwachsene in einem Kreis von Wiederholungen befinden oder zu eigenen

Bewegungen fähig wurden. Es ist der Weg, von anderen gesetzte, imaginäre Grenzen aufzuheben und zu überschreiten, Bedürfnisse, Zielvorstellungen und Lebensgestaltungen zu überprüfen. Es ist die Möglichkeit, Zugang zu den eigenen, unverfälschten Gefühlen zu finden, die eine Person lebendig und unverwechselbar machen.

Es lohnt daher, die Kindheit als eine Quelle zu betrachten, aus der wir lebenslänglich schöpfen können. Auch dann, wenn beim ersten Blick auf diese Quelle zunächst Erschrecken oder Trauer aufsteigen, weil wir schmerzlich erkennen müssen, daß das Wasser nicht klar sprudelt und schäumt, sondern eher spärlich tröpfelt, vielleicht sogar bitter und brackig schmeckt.

Wenn wir nicht entmutigt bei diesem Anblick verharren, sondern dem Weg zur Mündung folgen, könnte es sein, daß sich das Bild verändert. Wie, durch den Zulauf anderer Bäche gespeist, dennoch ein kräftiger, lebendiger Strom entstanden ist, der schließlich in einem üppigen Flußbett auf eigenwillige Weise dahinfließt. Eine andere tröstliche Vorstellung bietet sich an, wenn wir staunend vor besonders schönen Bäumen stehen. Bewundern, wie unbeirrt der Stamm seinen Weg aus der Erdkruste bricht, seine Zweige anmutig ausbreitet, hochgereckt, dem Licht entgegen. Es ist wie eine Botschaft des Lebens selbst, dabei nicht zu vergessen, daß nicht nur der Standort, Wind und Wetter über seine Lebensfähigkeit entscheiden. Ein Baum bezieht seine Nahrung von tief unten, da, wo er seine Wurzeln ins Erdreich schlagen konnte und alles Leben für ihn anfing.

Längst ist der Mythos von der »glücklichen Kindheit« Gegenstand von Untersuchungen geworden, bei denen Wahrheiten über diesen wichtigen Lebensabschnitt jedes Menschen aufgedeckt wurden, die im krassen Gegensatz stehen zu den heilen, harmonischen Wunschbildern und den Schwarzweiß-Klischees in den Köpfen. Versuche, diesen Mythos dennoch weiterzupflegen und aufrechtzu-erhalten, dienen vor allem der Selbst-Täuschung, der Beruhigung, daß doch alles »in Ordnung« sei. Zudem ist er Teil des bürgerlich-patriarchalen Arrangements, in dem mittels Ehe und Familie Rollen produziert und fest-geschrieben werden sollen.

Offensichtlich vermögen die hohen Scheidungsziffern, der Zerfall der Kleinfamilie und die Zunahme anderer Lebensformen an diesen klischeehaften Wunschvorstel-lungen nur wenig zu ändern. Daß der familiäre Nährbo-den häufig nicht dem Wachstum dient, sondern zur Ver- oder Zerstörung kindlicher Persönlichkeiten führt, hat Alice Miller in ihren Büchern »Am Anfang war Erzie-hung« und »Du sollst nicht merken« durch einen schmerzlich klaren Blick hinter die Kulissen aufgezeigt. Sie beschreibt, wie die endlose Kette von Opfern und Tätern geschmiedet wird, Opfern, die in der nächsten Generation Gefahr laufen, selbst wieder zu Tätern zu werden, weil sie nicht fühlen und damit begreifen durf-ten, was wirklich mit ihnen geschah. Weil ihre Erlebnisse von Angst, emotionalem Mangel, die Erfahrungen von Mißbrauch und Gewalt unter dem Deckmantel von »Liebe« geschahen und auf diese Weise verschleiert wur-den, nicht *wirklich existierten*.

Alice Miller hat sich besonders mit dem Typ des »bra-ven Kindes« befaßt, ein Typ, bei dessen Beschreibung sich viele Menschen angesprochen fühlen können. Es ist der Mensch, der, unabhängig von seinem Lebensalter, nicht aufhört, die Gefühle anderer zu haben, was vor allem heißt, die Gefühle der Eltern anstelle seiner eigenen zu leben. Miller geht es in ihrer therapeutischen und analytischen Tätigkeit deshalb vor allem darum, Menschen zur Wahrnehmung eigener, von den Eltern abweichender Gefühle zu ermutigen. Dies bedeutet immer auch, die Illusion einer glücklichen Kindheit aufzugeben.

Nicht wenige Menschen glauben, ihr Leben als Erwachsene zu gestalten, während sie es in Wahrheit nach den Wünschen, Vorstellungen und Bedürfnissen ihrer Eltern ausrichten. Davon können Berufs- und Partnerwahl ebenso betroffen sein wie die Nachfrage nach Enkeln, Einflußnahme auf den Lebensstil, Rituale bei Familienfeiern und die Erwartung von Dankbarkeitsbekundungen. In meiner eigenen Entwicklung wurde die kritische Auseinandersetzung mit dem »braven Kind« in mir zu einer entscheidenden Herausforderung. Ich habe inzwischen längst begriffen, daß trotz erfolgreicher Versuche, mich von ihm zu verabschieden, diese *Prägung* zeitlebens Material für neue Lernschritte bieten wird.

Dem Typ des »braven Kindes« begegne ich auch häufig in meiner therapeutischen Arbeit mit Frauen und Männern. Um anschaulich zu machen, wie dramatisch im Einzelfall der Verzicht auf gegensätzliche Gefühle und auf ein Leben nach eigenen Maßstäben sein kann, erzähle ich hier von einer Frau, die mit fünfundvierzig Jahren starb.

Ich lernte Lucia vor zwanzig Jahren kennen und half ihr damals, die Trennung von ihrem ersten Mann zu überwinden und sich das Leben neu einzurichten. Lucia war Einzelkind und berichtete, mehr am Rand, von der starken Anspruchshaltung ihrer Eltern, besonders der Mutter. Sie war ganz offensichtlich nach strengen, traditionellen Vorstellungen erzogen worden und wies all jene Charakterzüge auf, die man von einer »richtigen Frau« erwartet. In ihrem Beruf als Lehrerin war sie überdurchschnittlich engagiert, im Freundeskreis wegen ihrer zuverlässigen Hilfsbereitschaft, ihrem Einfühlungsvermögen und ihrer Bescheidenheit außerordentlich beliebt. Sie hatte größte Schwierigkeiten, sich von Erwartungen und Anforderungen anderer Personen abzugrenzen, ein klares »Nein« auszusprechen und Unkontrolliertheit und Schwäche zuzugestehen. An den Wochenenden, wenn sie ihre Zeit nach eigenem Gutdünken hätte gestalten können, litt sie unter massiven Migräneanfällen, die sie zur Untätigkeit zwangen.

Wir hörten viele Jahre nichts voneinander. Ab und zu wechselten freundliche Kartengrüße hin und her, und von einem Telefongespräch mit ihr wußte ich, daß sie bereits viele Jahre in einer neuen Partnerschaft lebte, in der sie deutlich glücklicher und zufriedener war als in ihrer ersten Ehe. Im April 1994 erhielt ich plötzlich einen Anruf von Lucia. Sie bat mich um ein Einzelgespräch, und ich hörte bereits am Telefon, daß sie in einer äußerst kritischen Lage sein mußte. Als ich sie nach wenigen Tagen sah und kaum wiedererkannte, erzählte sie mir, daß sie schwer an Krebs erkrankt sei und wahrscheinlich bald sterben werde. Die Krebserkrankung stellte sich nach dem Tod ihres Vaters ein, der ein Jahr zuvor gestorben war und nach dessen Tod die Mutter ihre Tochter wieder absolut in Beschlag zu nehmen versuchte. Wörtlich sagte Lucia unter starkem Weinen: »Es ist genau wie früher, als ich Kind war. Und ich kann mich nicht wehren. Ich kann ihr nicht ›nein‹ sagen, wenn sie etwas von mir will. Ich habe das Gefühl, sie frißt mich auf, und ich kann nichts machen.«

Auf meine Frage, ob sie denn ihr Leben kampflos aufgeben wolle, sagte sie: »Ich kann mit niemandem darüber sprechen. Deswegen komme ich zu dir. Mein Mann und die Freunde ermutigen mich und unterstützen mich alle. Sie sind sehr lieb, und sie wollen, daß ich lebe. Ich würde auch sehr gern noch leben, aber ich spüre, daß ich es nicht schaffe. Ich könnte gegen den Krebs kämpfen, aber nicht gegen meine Mutter.«

An dieser Stelle sagte ich: »Soll das heißen, du stirbst eher, als daß du dich gegen ihre Ansprüche an dich zur Wehr setzt?« Sie erwiderte leise: »Ich glaube, ja.«

Lucia wünschte sich weitere Gespräche, zu denen es nicht mehr kam. Wenige Tage nach unserer Begegnung kam sie erneut ins Krankenhaus. Dort besuchte ich sie und verabschiedete mich von ihr. Zwei Wochen später starb sie.

Die Folgen der Schonung und Rücksichtnahme auf die Eltern müssen nicht so verlaufen wie bei Lucia, und doch sind sie fast immer eine enorme Last und Beeinträchtigung der eigenen Lebensmöglichkeiten.

Viele Erwachsene berichten zum Beispiel von ihrer Furcht vor Heimfahrten oder Begegnungen mit den Eltern, weil sie festgestellt haben, daß sie in diesen Situationen fast unweigerlich in alte, kindliche Verhaltensmuster fallen. Sie sind verwirrt, ärgerlich oder wütend darüber, »daß sich scheinbar gar nichts verändert hat«. Manche höre ich sagen: »Von diesen Besuchen muß ich mich eine Woche erholen, bevor ich wieder bei mir selbst angekommen bin.«

Interessant ist, daß auch Menschen, die im Gewand von Aufsässigkeit und Rebellion daherkommen, zutiefst brave Kinder sein können. Ihre energieaufwendigen und provozierenden Versuche, dem elterlichen Umfeld zu entkommen, beschränken sich häufig auf bloße Äußerlichkeiten, während sie letztlich nicht wirklich imstande sind, ein eigenes Leben mit eigenen Gefühlen zu führen.

Die trotzige Entschlossenheit, in jedem Fall »anders werden zu wollen«, als das Elternhaus es vorgesehen hat, ist
noch kein Garant für echte Wahlmöglichkeiten. Es kann
leicht passieren, daß Menschen in ihrer zwanghaften
Fixierung auf Gegenentwürfe nicht wahrnehmen können, daß ihre »Fluchtversuche« nicht zu wirklicher
Befreiung führen, bei der sie sich selbst finden, sondern
in bloßer »Antihaltung« steckenbleiben, bei der andere
letztlich das innere Gesetz des Handelns diktieren.

Als ich den achtunddreißigjährigen Bruno kennenlernte, befand er sich in einer krisenhaft zugespitzten
Situation. Seine zweite Ehe stand auf dem Spiel. Zwischen ihm und seiner Frau, Annika, spielten sich erbar-
mungslose Kämpfe mit wüsten Beschimpfungen ab, die
zeitweise in tätlichen Angriffen von seiten der Frau gip-
felten, denen er sich dann hilflos ausgeliefert fühlte,
wobei seine Art, damit umzugehen – innerer Rückzug
und Schweigen – in der Regel den Zorn seiner Frau
steigerte.

Beide litten darunter und verstanden nicht, warum sie
immer wieder solche »Kriegszustände« produzierten,
obwohl sie einander unbedingt wollten und in ruhigen
Zeiten jeweils am anderen ein hohes Maß an schätzens-
und liebenswerten Eigenschaften und Fähigkeiten wahrnehmen konnten. Auch bei mir entstand der Eindruck,
daß diese beiden Menschen gut zueinander paßten und es
daher keinesfalls um Trennungsgespräche gehen konnte.
Da das Paar kurz vor einem Umzug stand, als sie den
Kontakt zu mir aufnahmen – ein gemeinsames berufliches Projekt im Ausland war anvisiert – blieb für die
Zusammenarbeit mit mir nur ein Zeitraum von zwei
Monaten, in denen wir uns häufig sowohl zu Einzel- als
auch zu Partnerschaftsgesprächen sahen. Leider fehlt

hier der Raum, um im einzelnen auf die ungemein intensiven und bewegenden Gespräche einzugehen, in denen wir herauszufinden versuchten, welche aktuellen Anlässe, aber auch unverarbeiteten Erlebnisse und Gefühlserfahrungen aus ihren Lebensgeschichten immer wieder Anlaß zu verzweifelten Kämpfen boten.

Obwohl Annika sich mit ihren maßlosen Wutausbrüchen, bei oberflächlicher Betrachtung, quasi als der »gestörtere Teil« von beiden anbot, verstand ich sehr bald (vor allem aufgrund meines feministischen Standpunktes in der Therapie), daß ihre Wut völlig »vernünftige und sinnvolle« Impulse enthielt, während der extrem ruhig und dadurch »normal« wirkende Bruno von lebenswichtigen Gefühlen wie abgeschnitten schien.

Bruno war als einziger Sohn eines Landwirts aufgewachsen. Seine frühesten Erinnerungen enthalten Bilder von bedrückenden und freudlosen Mahlzeiten mit einer traurigen, häufig weinenden Mutter, während der schwer arbeitende Vater, der es seiner Frau nie recht machen konnte, bei diesen Gelegenheiten zu verbalen Gewaltausbrüchen neigte.

Für die Mutter war Bruno »ihr lieber Sonnenschein«. Er war zuständig für Trost und Aufmerksamkeit, eine Symbiose, die es dem Jungen nicht erlaubte, den Vater anders als mit den unglücklichen Augen der Mutter zu sehen, und ihm auch sonst wenig Raum für eigene, von der Mutter nicht erlaubte Gefühle ließ. »Ich habe mich als Kind oft in Erdhöhlen eingegraben und versteckt. Da habe ich mich wohl gefühlt. Menschen haben mir meist angst gemacht.« Der Entschluß, niemals so zu werden wie der Vater, stand früh fest. Um der erstickenden Umklammerung durch die Mutter entgehen zu können, bewarb er sich sehr früh in einer weit entlegenen Stadt um einen Ausbildungsplatz. »Ich litt entsetzlich unter der Trennung. Nachts habe ich mich in den Schlaf geweint, aber ich wußte, daß ich nicht zurückgehen darf. Das wäre die Katastrophe gewesen. Dann wäre ich niemals mehr weggekommen.«

Irgendwann kam Bruno mit Meditationslehren in Kontakt und ließ sich selbst zum Lehrer ausbilden. Er verbrachte einige Zeit in Asien, und als er zurückkam, leitete er ein eigenes Meditationszentrum, in dem er viele Jahre arbeitete. »Das war eine schöne Zeit. Ich hatte Kontakt mit Leuten, ohne daß sie mir zu nahe kommen konnten. Da war zwar keine enge Beziehung, aber ich hatte meinen Frieden.«

Als er in unserem ersten Gespräch einerseits die Angriffe von Annika auf seine Person schildert und im gleichen Atemzug betont, daß er selber Pazifist sei, ist er erstaunt, als ich mit den Worten interveniere: »Ich habe Pazifismus bisher nicht so verstanden, daß er beinhaltet, einem anderen zu gestatten, seine Aggressionen auszuleben, mich sogar körperlich zu verletzen, während ich einfach nur stillhalte und keine deutlichen Grenzen setze.«

Im Verlauf der nächsten Gespräche kommen wir immer wieder auf diesen Punkt zurück, und allmählich kristallisiert sich heraus, daß Brunos pazifistischer Standpunkt keineswegs nur Ausdruck einer bewußten, weltanschaulichen Wahl ist. Im Gegenteil, er enthält eine scheinbar perfekte Lösung für sein verinnerlichtes Aggressionsverbot. Einerseits ermöglicht ihm diese Haltung die Aufrechterhaltung der Illusion, ganz anders geworden zu sein als der Vater, und andererseits kann er damit die unterdrückten Wutgefühle auf die Mutter unter Kontrolle halten und bleibt so in seinem Selbstgefühl »ihr lieber, sensibler Sohn«. Eine Lösung, die nicht einmal eine gute Notlösung ist, weil sein vermeintlicher Gegenentwurf zum Leben der Eltern im Grunde zur Festschreibung und Wiederholung seiner kindlichen Erfahrungen führte anstatt zu ihrer Auflösung.

Ich versuchte, Bruno dabei zu unterstützen, wieder in Kontakt zu kommen mit dem Jungen, der er einmal war und für dessen Empfindungen es so wenig Platz gab. Wir sahen und erfühlten seine Geschichte noch einmal von diesem kindlichen Standort aus, vergessene Erlebnisse tauchten auf, und manches konnte neu geordnet und bewertet werden. Vor allem aber fand er Ansätze, sich selbst Gefühle zu erlauben, die ihm verboten erschienen.

Bei unserem Abschied war Annika und auch Bruno klar, daß der Lernprozeß eigentlich erst begonnen hatte und die Umsetzung in den Alltag noch viel Mühe kosten würde, aber beide fühlten, daß es ihnen gelungen war, den Kreis von Wiederholungen und Verzerrungen zu durchbrechen, und in einem neuen Verständnis füreinander sahen sie ihre Chance.

»Es gibt Menschen, die in ihrem Leben ohne Korrektur immer die nämlichen Reaktionen zu ihrem Schaden wiederholen oder die selbst von einem unerbittlichen Schicksal verfolgt scheinen, während doch eine genauere Untersuchung lehrt, daß sie sich dieses Schicksal unwissentlich selbst bereiten«, meinte Sigmund Freud in einer seiner Vorlesungen. Ich bin davon überzeugt, daß nur eine vertiefte emotionale Kenntnis der eigenen Biographie dazu beitragen kann, daß derartig belastende und destruktive Wiederholungsmechanismen aufgegeben werden können.

Wahrscheinlich gibt es viele Menschen, die in bestimmten, wiederkehrenden Situationen ihres Lebens spüren, vielleicht nur dunkel ahnen, daß ihre jeweiligen

Gefühlsreaktionen nicht »passen«, daß irgend etwas nicht stimmt. Die äußeren Anlässe können vielfältig und ihrem emotionalen Gehalt nach grundverschieden sein. Zum Beispiel Momente des Erfolgs, in denen sich nicht Freude und Zufriedenheit einstellen, sondern Bangigkeit und Gedrücktsein, möglicherweise sogar Scham- und Schuldgefühle. Lang ersehnte und endlich erreichte Ziele, die nicht Glück, sondern Leere und Schalheit auslösen. Oder Momente des Verlustes, in denen nicht Trauer oder Schmerz wahrgenommen, sondern gar nichts empfunden wird.

Bei näherem Hinsehen ist fast immer ein lebensgeschichtlicher Zusammenhang zu erkennen.

Zu Beginn ihrer Therapie erzählt Jutta, eine Lehrerin, wie sie trotz langjähriger Berufserfahrung und unzweifelhafter Kompetenz bei sogenannten Vorführstunden in beängstigende Aufregungs- und Panikzustände gerät. Nächtelang vorher kann sie nicht schlafen, wird von Verfolgungsträumen geplagt und steigert sich in bedrohliche Zustände von Ohnmacht und Verzweiflung. Ist die Vorführstunde vorbei und wie immer gut gelungen, begreift sie ihre Aufregung nicht mehr und ist verständlicherweise froh, daß alles vorüber ist. Trotzdem findet sie es »merkwürdig«, daß die positiven Erfahrungen ihr nicht ein Gefühl von Zutrauen und Sicherheit geben, sondern die Angstgefühle unverändert bleiben.

Erst als wir im Lauf verschiedener Gespräche die aktuelle Situation mit der des kleinen Mädchens verknüpfen, das als Einzelkind inmitten einer großen Schar zerstrittener, konkurrierender Familienmitglieder (Großmutter, Mutter, Tanten) aufwächst, versteht sie, was sich in jenen Vorführstunden in der Schule wiederholt. Sie erwartet wie damals messerscharfe Kritik, Spott und Demütigung, die in ihr als Kind ein Gefühl von totalem Ausgeliefert-sein und Vernichtung bewirkten. Mit dem Bewußtsein und Verständnis für die Gefühle von damals gelingt es ihr allmählich, die aktuelle Situation »realer« anzuschauen und zu erleben. Der sie beängstigende Spießrutenlauf wird dadurch nach und nach zu einer Möglichkeit, Erfahrung und berufliches Können unter Beweis zu stellen und die Anerkennung der Kollegen aufzunehmen und innerlich festzuhalten.

Als ich auf einer Lesereise im Rheinland unterwegs war, gab es ein Erlebnis, das mich ebenfalls stark mit Kindheitsgefühlen in Berührung brachte. An einem dieser Abende begleitete mich meine Mutter. Wir saßen gemeinsam im Taxi und fuhren an dem Haus vorbei, in dem ich die ersten acht Jahre meines Lebens verbrachte. In diesem Augenblick war das ängstliche Mädchen von früher in mir sehr lebendig, welches etwas befremdet und erstaunt auf die erwachsene Person blickte, die sich scheinbar angstfrei und in freudiger Erwartung anschickte, vielen fremden Menschen etwas lesend mitzuteilen.

Dieses Verschmelzen von Vergangenheit und Gegenwart, die bis ins körperlich gehende Erfahrung, gleichzeitig beide Personen zu sein, das Kind und die Frau, bewegte mich sehr. Seit ich zurückdenken kann, spielt Angst in meinem Leben eine Rolle. Bereits in der frühesten Kindheitserinnerung, die aus der Zeit zwischen dem ersten und zweiten Lebensjahr datiert, ist sie da:

Ich bin in einem weißen Gitterbett damit beschäftigt, mich an den Stäben hochzuziehen. Wenn ich für einen Moment schwankend aufrecht stehe, lasse ich mich wieder hinfallen und beginne von vorn. Es macht Spaß, den Vorgang zu wiederholen. Ich strenge mich an. Zwischen dem weißen Bettzeug liegt etwas Buntes. Bemalte

Holzringe und ein Ball. Plötzlich fällt in das dämmrige Zimmer strahlendes Sonnenlicht, vom Blattwerk der Kastanien vor den Fenstern in viele Muster und Formen gebrochen. Völlig gebannt folge ich den auf- und abtanzenden Lichterkringeln. Nach einer Weile der Verzauberung und des Staunens versuche ich, mit meinen kleinen, dicken Fingern ein paar Glitzer zu greifen und festzuhalten. Es gelingt nicht. Das Licht ist noch schneller als die Augen, und meine Bewegungen sind viel zu tapsig und unbeholfen. Trotzdem versuche ich weiter, etwas zu fangen, und patsche mit einer Hand auf die Wand. Mitten in das vertiefte Spiel hinein wird leise die Zimmertür geöffnet. Ich wende den Kopf, ein Gesicht erscheint. Fremd. Nie gesehen. Angst. Brüllen. Laut schreiend falle ich auf den Po. Da kommt noch ein Mensch. Erleichterung. Vertrautheit. Keine Angst mehr. Mein Vater nimmt mich hoch auf seinen Arm, wiegt mich hin und her und spricht mit seiner dunklen Stimme sanft auf mich ein. In seiner Nähe geschützt, wage ich jetzt sogar, den Fremden anzuschauen. Meine Mutter kommt herein. Sie bleibt neben dem fremden Mann stehen. Sie reden und lachen. Ich bin beruhigt. Nach einer Weile werde ich in das Bett gesetzt. Die Tür wird geschlossen. Ich bin wieder allein und wende mich erneut meinem Spiel zu.

Noch heute, mit siebenundvierzig Jahren, finde ich in der winzigen Person von damals Teile meines Selbst wieder. Die Freude an Anstrengung und Spiel, an Farben und Licht, Bewegungen, die Abwechslung bringen, aber auch die Erfahrung von Angst, die durch vertraute menschliche Nähe aufgelöst werden kann. All das existiert, wenn auch erweitert und verändert, immer noch in mir. Ich habe eine Vielzahl sehr lebendiger Erinnerungen und Bilder aus den frühen Lebensjahren.

Dreiundzwanzig Jahre später bestätigte mir meine Mutter diese erste, früheste Erinnerung. Damals beschäftigte ich mich im Zusammenhang mit meinem Psychologiestudium mit der Bedeutung von Kindheitserinnerungen, und – da ich inzwischen unter anderem durch die Individualpsychologie Alfred Adlers gelernt hatte, daß sich unsere Erinnerungen im Lauf der Jahre verändern, sie umgedacht und neu geformt werden können wie ein Stoff, den wir uns zurechtschneidern für die Bedürfnisse der Gegenwart – ich fragte mich, ob mein Erlebnis real oder nur phantasiert war. Aber meine Mutter erinnerte sich lebhaft an diesen Vorfall. Sie kannte noch den Namen des Fremden, der ein Kriegskamerad meines Vaters und damals bei uns zu Besuch war.

Heute weiß ich, daß die Frische und Farbigkeit der Erinnerungen vor allem daher rühren, daß das Spektrum der Gefühle, welches gelebt werden durfte, erfreulich groß war und sehr unterschiedliche Regungen umfaßte. So waren zum Beispiel Gefühlsäußerungen von Trauer, Angst und Nähewünschen, von Ausgelassenheit und Fröhlichkeit, von Schwächen und Kranksein möglich. Weniger Raum und Akzeptanz waren dagegen zu erwarten, wenn es um Aufsässigkeit, Wut, Zorn und Aggressivität ging. Ein gravierender Mangel lag darin begründet, daß im familiären Klima Harmonie eine wesentliche Rolle spielte, die zeitweise nicht echt war, weil sie auf der Vermeidung von Konflikten und dem Aussparen von Gegensätzen beruhte. Daher habe ich mir die notwendigen und passenden Gefühle für Situationen von Auseinandersetzung und Streit erst sehr viel später mühsam und mit vielen inneren Widerständen als »erlaubt« aneignen müssen.

Die Kleinheits- und Unzulänglichkeitsgefühle, die ich

als jüngstes Kind in manchen Situationen im Spiel mit dem älteren Bruder und anderen Kindern, natürlich auch durch die Existenz von Erwachsenen erlebte, diese Gefühle von »Ich bin noch zu klein, ich kann das noch nicht, die anderen sind größer, in ihren Fähigkeiten weiter als ich«, tauchen auch heute in meinem Erwachsenenleben noch auf. Sie suggerieren mir alte Selbstzweifel, wenn ich vor neuen, selbstgewählten Aufgaben stehe und keineswegs sicher sein kann, daß ich diese bewältigen werde. Aber da ich ihre Herkunft kenne, sie nicht leugnen muß und quasi als alte Bekannte betrachte, können sie mitunter zwar noch lästig werden, mich aber nicht wirklich behindern.

Angesichts der zahllosen Wiederholungssituationen, wie sie in unserem alltäglichen Leben vorkommen können, ist es hilfreich zu wissen, in welchem emotionalen Dilemma wir uns dann befinden: Situationen und Szenen, die belastende und schmerzliche kindliche Gefühle wiederbeleben, bewirken die Aktivierung psychischer Abwehrenergie, um uns davor zu schützen, die alten Kränkungen zu fühlen. Dieser Schutzmechanismus macht dann Sinn, wenn es sich um ein Kind handelt, welches keine Hilfe hat und Macht- und Ohnmachtssituationen hilflos ausgesetzt ist. Für die kindliche Person ist Abwehr oft die einzige Überlebenshilfe. (Es gibt Not- und Ausnahmesituationen im Erwachsenenleben, in denen dieser Mechanismus ebenfalls höchst sinnvoll und notwendig ist.) Im »normalen«, durchschnittlichen Leben von Erwachsenen ist jedoch die Haltung des *Nichtmehrfühlenwollens* eine trügerische, gefährliche Lösung.

Durch die Verweigerung, nicht genau hinsehen und hinfühlen zu wollen, wird nicht nur die Möglichkeit versperrt, zu erkennen, daß die alten Gefühle in einer völlig veränderten Situation nicht mehr angemessen sind, sondern es wird erst gar nicht wahrgenommen, daß es tatsächlich *eine andere Situation ist.* Auf diese Weise können Beziehungen, Lebens- und Arbeitschancen zerstört werden, ohne daß die Betroffenen verstehen, warum dies geschieht. Darüber hinaus bleibt unbeachtet, daß die reale erwachsene Person, anders als das Kind, heute über Möglichkeiten verfügt bzw. verfügen könnte, die konkreten Lebensbedingungen mit- und umzugestalten. Der ständige Zwang, alte Muster wiederholen zu müssen, beruht daher vor allem auf einem Mangel an Verstehen.

Zu dieser steten Wiederkehr des Gleichen im Leben von Menschen schreibt Freud an einer Stelle: »So kennt man Personen, bei denen jede menschliche Beziehung den gleichen Ausgang nimmt: Wohltäter, die von jedem ihrer Schützlinge nach einiger Zeit im Groll verlassen werden, so verschieden diese sonst auch sein mögen, denen also bestimmt scheint, alle Bitterkeit des Undankes auszukosten; Männer, bei denen jede Freundschaft den Ausgang nimmt, daß der Freund sie verrät; andere, die es unbestimmt oft in ihrem Leben wiederholen, eine andere Person zur großen Autorität für sich oder auch für die Öffentlichkeit zu erheben, und diese Autorität dann nach angemessener Zeit selbst stürzen, um sie durch eine andere zu ersetzen; Liebende, bei denen jedes zärtliche Verhältnis zum Weibe dieselben Phasen durchmacht und zum gleichen Ende führt.«

Für das Hineinreichen kindlicher Gefühle in das Erwachsenenleben gibt es einen besonders eindrucksvollen Zusammenhang. Es ist der Wunsch fast aller Menschen, sei es bewußt oder mitunter verleugnet und ins Unklare verdrängt, irgendwann einmal doch die Liebe und Anerkennung eines oder beider Elternteile zu erlangen.

In der Literatur, und dort besonders in Biographien, ist von diesem Bedürfnis ganz offen oder zwischen den Zeilen die Rede. Es ist bewegend, mitunter erschütternd, nachzuvollziehen, wie zahllose Anstrengungen und Bemühungen im Leben erwachsener Frauen und Männer nicht wirklich auf sie selbst bezogen unternommen werden, sondern einzig und allein darauf abzielen, es der Mutter und dem Vater »zu beweisen«.

Auch inzwischen längst erfolgreiche, sogenannte berühmte Menschen leiden oft noch an einer derartigen Kränkung. So schreibt zum Beispiel der amerikanische Autor Paul Bowles, dessen Romanverfilmung »Himmel über der Wüste« vor wenigen Jahren in den Kinos zu sehen war, in seinen Lebenserinnerungen, wie er angesichts der unbarmherzigen Strenge seines Vaters, der sadistischen Erziehungsmethoden und emotionalen Kälte bereits als kleiner Junge schwört, daß er den haßerfüllten Kampf mit dem Vater gewinnen muß, um nicht unterzugehen. An einer Stelle schreibt er: »Das war das einzige Mal, daß mein Vater mich schlug. Damit hatten wir eine neue Ebene in der Entwicklung der Feindseligkeiten zwischen uns erreicht. Ich gelobte, mein Leben seinem Untergang zu weihen, und wenn es mein eigenes Verderben bedeuten sollte – eine kindliche Vorstellung, doch eine, die mich noch viele Jahre beschäftigen sollte.«

Der einst vielumschwärmte Hollywoodstar Kirk Douglas, »Held« vieler erfolgreicher Filme, erzählt in seinem Werdegang »Wege zum Ruhm« von seinen vergeblichen Versuchen, wenigstens einmal in seinem Leben Zärtlichkeit und Aufmerksamkeit von seinem Vater zu bekommen. Es gelang ihm nie. »Später erzählten mir viele Leute, wie stolz Pa auf mich gewesen ist. Aber es war zu spät für den liebevollen Klaps auf den Rücken. Pa war inzwischen tot. Ich war entschlossen, meinen Kindern diese Anerkennung früher zu zeigen. Aber häufig ist das, was wir unseren Kindern geben, nur das, was wir eigentlich selbst brauchen.«

In einem Gespräch mit dem Regisseur Wolfgang Petersen erzählt Nastassja Kinski, die Tochter des Egomanen Klaus Kinski: »Ich hatte unheimlich schwere Zeiten als Kind und in der Pubertät, und nur, wenn ich wirklich verliebt war oder wenn ich gespürt habe, jemand hat mich lieb, dann habe ich an meine Schönheit geglaubt ... Ich habe aber von meinem Aussehen nicht darauf geschlossen, daß ich wirklich gezählt hätte. Bei meinem Vater zum Beispiel habe ich ja überhaupt nicht gezählt, überhaupt nicht! ... Und dabei soll man seinen Selbstrespekt wahren. – Wenn dir von Kindheit an gefehlt hat, daß du zählst, *daß dein inneres Leben wichtig ist,* daß es jemanden interessiert, was du machst, was du erlebst, was du denkst und was du fühlst, dann ist es später im Leben unheimlich schwierig, zu glauben, daß du wichtig bist. Obwohl ich weiß, daß meine Mutter meint, sie habe immer das Beste für mich getan. Sie hat es auf ihre Weise. Sie sagte immer, ich sei ein sehr ruhiges Kind. Man muß als Mutter (und Vater) viel lernen – auch von Psychologen, auch von anderen Eltern und Kindern. Von unseren eigenen Kindern – wenn wir hören und sehen, zeigen sie uns den richtigen Weg. Wir müssen aus unserer Vergangenheit lernen. Jetzt sofort, und nicht warten, bis es zu spät ist« (Vogue, Dezember 1993).

In Wilfried Wiecks Buch »Söhne wollen Väter« ist immer wieder die Rede davon, wie stark die emotionale Abwesenheit des Vaters (und die spezifisch problematische Präsenz der Mutter) das Leben und Handeln vieler Männer bestimmt und zu folgenschweren, destruktiven

Haltungen führt. Die katastrophalen Auswirkungen auf die Töchter sind meist nicht weniger stark, wenn auch in Erscheinungsweise und Struktur anders.

Für diese unterschiedliche Wahrnehmung und Verarbeitung von Kindheits- und Familiensituationen bieten die Bücher von Jan Myrdal (»Kindheit in Schweden«) und seiner Schwester Kaj Fölster (»Sprich, die du noch Lippen hast«) ungewöhnlich aufschlußreiches und packendes Material.

In ihren Erinnerungen an das Zusammenleben mit und das häufige Getrenntsein von den berühmten, politisch und sozial aktiven Eltern, Alva und Gunnar Myrdal, die beide mit einem Nobelpreis ausgezeichnet wurden, werden zwei sehr verschiedene Kindheitsszenarien beschrieben.

Während zum Beispiel Jan Myrdal, der erstgeborene und einzige Sohn des Paares, in seinem Buch das Bild eines kleinen Jungen aufleben läßt, der »von Anfang an weggegeben wurde«, der sich unendlich einsam fühlt und schließlich in einer Phantasiewelt lebt, zu der die Eltern keinen Zugang mehr haben, »weil sie sowieso nicht verstehen«, beschreibt seine jüngste Schwester Kaj den Bruder als Lieblingskind der Mutter, als einen Jungen, der innerhalb der Familie unendlich viel Raum und Aufmerksamkeit erhielt und unter dessen Machtansprüchen sie als Kind schweigend litt.

Einem psychologisch ungeschulten Betrachter mag sich spätestens an diesen Stellen die Frage aufdrängen, welche Version denn der »Wahrheit« entspricht. Diese hilft allerdings nicht weiter, da es in diesen Zusammenhängen *keine objektive, eine Wahrheit* gibt, sondern nur die Möglichkeit besteht, Versuche zu unternehmen, die jeweils individuelle Sichtweise, in der einige Aspekte überdeutlich, andere ganz herausfallen mögen, näher kennenzulernen und zu verstehen.

Die Vorstellung, daß Kinder einer Familie wirklich dieselben Eltern erleben, ist trügerisch, da jedes Elternteil auf jedes Kind in ganz besonderer Weise reagiert, sich von ihm angezogen oder bedroht fühlen kann und daher Wesenszüge in ihm weckt und anspricht, die gefördert oder unterbunden werden und im Kind eigene Reaktionsweisen hervorrufen.

Deswegen ist es keineswegs ungewöhnlich, daß Geschwister einer Familie völlig unterschiedliche Elternfiguren schildern und Geschichten erzählen, die ihrer subjektiven Wahrheit entsprechen und insofern auch als real begriffen werden müssen.

So schreibt Jan Myrdal: »Was ich jedoch als Kind erlebte, war, daß man mich nicht nur absonderte und nichts von mir wissen wollte, sondern daß man mich wirklich nicht leiden konnte. Ich war ein Fehler.« Er schildert seine innere Emigration, nachdem er vergeblich versucht hat, sich den Eltern über seine eigene innere Welt mitzuteilen, und dabei spürt, daß sie »etwas anderes« von ihm hören wollen. Er hat das Gefühl, daß diese ihm Gefühle einreden, die er »nicht hat«, und seine wirklichen Empfindungen nicht annehmen. Bei den Annäherungen seiner Mutter Alva fühlt er sich mehr als wissenschaftlich-pädagogisches Objekt betrachtet denn als Sohn. Er weiß, daß sie ihn analysiert und seine kreativen, phantasievollen Erfindungen – Märchen, Figurenschöpfungen und Erzählungen – in ein Heft notiert, während er drauflos sprudelt.

»Sie war unempfänglich für Signale. Ihr fehlte die Intuition. Das Verhalten der Tiere war etwas, das man in Büchern nachlesen konnte, und sie deutete die Beschreibungen falsch. Es war mit Kindern wie mit Tieren. Sie konnte sie nicht anfassen und war unfähig, spontan auf Signale zu reagieren. Sie las sich das Wissen über Kinder an. Daß sie damals, als ich fünf, sechs Jahre alt war, Kurse in Kinderpsychologie und Familienkunde leitete, erschien mir, sobald ich alt genug war, um darüber nachzudenken, als Ausdruck von schwarzem und surrealistischem Humor.

Sie hatte keine glückliche Hand mit Kindern. Als ich erwachsen geworden war und eigene Kinder hatte, sah ich, wie unbeholfen sie sie anfaßte. Als ob ihre Hände nicht richtig zum Körper gehörten. Sie lachte schrill, und ihre Stimme war überdreht, wenn sie versuchte, mit ihnen in Babysprache zu reden. Die Kinder sahen sie an, fingen an zu schreien und wurden blau im Gesicht. Sie hatte kalte Finger.«

Jan Myrdal fühlt, wie er zum Problemkind gemacht wird, und er hört sogar die Leute in der Stadt Stockholm darüber tuscheln, als er einmal unterwegs ist. »Die arme Familie Myrdal, die so große Probleme mit ihrem Sohn Jan hat.«

Den Vater erlebt der Junge als Machtmenschen, der brillant ist und immer im Mittelpunkt der Aufmerksamkeit steht. Der Junge ist dick und wird vom Vater deswegen aufgezogen. »Gunnar knuffte mich in den Bauch. ›Kriegst du bald ein Kind?‹ fragte er. ›Du bist wohl jetzt im neunten Monat.‹ Dann lachte er. Ja, ich war dick geworden. Das sagte man zu mir, und das wußte ich. ›Schwabbelt dein Hintern nicht, wenn du gehst?‹ fragte Gunnar. Es gab nichts zu antworten. Es war immer das beste, so zu tun, als ob man nicht richtig verstanden hätte, wenn er so war wie jetzt.«

Als er einmal seiner Mutter sagt, daß der Vater ein

Sadist sei, verbietet diese ihm sofort, so über Gunnar zu sprechen. Jan empfindet die Eltern als scheinheilig.

Als sein Bericht über diese frühe Kindheit 1982 in Schweden veröffentlicht wird, ist er selbst längst ein bekannter Schriftsteller. Die Familie, seine beiden Schwestern Sissela und Kaj und die alten Eltern, sind schockiert und entsetzt. In ihren Augen sind die Erinnerungen von Jan der Versuch, den Mythos der Familie Myrdal zu zerstören.

Kaj, die jüngste Schwester, erinnert diese Situation: »Der öffentliche Ausverkauf der Familie Myrdal war jetzt im vollen Gange – *und es war auch meine Familie, meine Kindheit.*«

Aber erst nach dem Tod der Mutter 1986 beginnt für sie, durch die Provokation des Bruders zutiefst aufgeschreckt und bedroht, ein eigener Prozeß der Wahrheitsfindung. Sie, die schon viele Jahre in Deutschland verheiratet ist und im Hessischen Ministerium für Frauen, Arbeit und Sozialordnung engagierte Arbeit leistet, begibt sich fünf Jahre nach dem Tod der Mutter und vier Jahre nach dem Tod des Vaters mit vielen Aufzeichnungen, Briefen und Notizen in ein Hotel, um dort in Ruhe und ungestört die Vergangenheit hochkommen lassen zu können. Sie ist dabei voll innerer Spannung und Zweifel, wie sie diese schwierige Aufgabe bewältigen wird.

»Immer wieder fliehe ich aus meinem Zimmer und schwimme wie wild in dem großen, menschenleeren Bassin, rubbele mich ab, als könnte ich mir die Haut abziehen. In der Sauna drehe ich die Hitze so hoch, wie es irgend geht, um Hilfe zu bekommen, mein brodelndes, dampfendes Innere herauszulassen: In mir pocht die Erkenntnis, wie falsch es war, meine bebende Furcht abzuwehren, indem ich ›die liebe Kaj‹ war – als Kind, als

Erwachsene. Damit habe ich meine eigenen Gefühle, Reaktionen und Bedürfnisse verleugnet.«

Ihrem Nachspüren ist die Entschlossenheit anzumerken, die eigene Geschichte wiederzufinden, ihre Kindheit neben der Version des Bruders zu behaupten, sie von ihm nicht kaputtmachen zu lassen. In ihrem Erleben erscheint die Mutter als eine andere Person, eine, die Wärme und Geborgenheit geben konnte und Freiheit für eigene Bewegungen ließ.

Liebevoll trägt sie hierfür »Beweise« zusammen, Erinnerungen an gemeinsame Aktivitäten, an Spiele, Reisen und wichtige, lebensvolle Gespräche. Um dem Kind von damals begegnen zu können, tritt sie in einen inneren Dialog mit der Mutter ein, stellt dieser Fragen, wohl wissend, daß sie die Antworten heute als erwachsene Frau selbst finden muß. »Ich wurde deine Verbündete. Aber warum mußte ich dich schützen? Warum mußte ich so viel Kraft aufwenden, mir einzubilden, daß du nicht gesehen hast, was ich sah? Warum bildete ich mir ein, daß du wirklich nichts gesehen hast? Oder konnte ich nur nicht durchschauen, warum du dich nicht gewehrt hast? Warum hast du mich weiterkämpfen lassen?«

Diese und viele andere Fragen beziehen sich unter anderem darauf, daß Kaj die Familiensituation zeitweise als Schlachtfeld empfand, auf dem zwischen Vater und Bruder ein Krieg tobte, ein Kampf um die Mutter, die sich gegen die maßlosen Ansprüche und das Gezerre nicht zur Wehr setzte, sondern versuchte, auf die Bedürfnisse beider einzugehen. Die dabei zuließ, daß Jan seine jüngste Schwester überrollte, quälerische »Experimente« mit ihr durchführte und sie die Ichbezogenheit des Vaters, in der kein Platz für Aufmerksamkeit gegenüber der kleinen Tochter war, einfach hinnahm.

Die Suche nach dem Vater in ihrem Leben berührt tief-liegende Kränkungen und Verletzungen. »Unser Unver-mögen, miteinander zu reden, war erniedrigend. Ich spürte eine Wüste zwischen uns.« Sie ist erschrocken dar-über, wie wenige Erinnerungen sie an gemeinsame Situa-tionen mit ihm hat, und fragt, ob das überhaupt möglich sein kann, daß Menschen so viele Jahre zusammenleben und so wenig übrig bleibt. Der Vater wird für sie zu einer Person, in dessen Nähe sie stumm bleibt, nichts mehr aus sich herausbringt. An seiner Stelle schildert sie einen Besuch in Stockholm mit ihrem damals einjährigen Sohn, den der Großvater noch nie gesehen hatte. »Du, Avva (Alva wurde von ihren Kindern so genannt), hast ihm zugerufen, er solle seine Zeitung weglegen und seinem neuen Enkelkind guten Tag sagen. Ohne jede Wärme sah er auf und sagte: ›Ist er nicht ein bißchen O-beinig?‹ Dann vertiefte er sich wieder in seine Zeitung. Wut und Trauer tobten in mir, und ich nahm die Hand des Jungen und ging aus dem Zimmer, verzweifelt über diesen Fels erniedrigender Kälte. ›Er ist verrückt, er ist krank, er ist der Ärmste von allen‹, klopfte es in mir.«

Noch an seinem Sterbebett versucht die Tochter, sich »in ein Gefühl der Liebe zu ihm hineinzustreicheln«, aber sie spürt nur die schmerzhafte Leere, die zeitlebens dage-wesen war.

Ist es Zufall, daß die Erinnerungsarbeit, die Kaj Fölster leistet, andere Züge als die des Bruders trägt?

Daß diese nicht verurteilt, sondern fragend, zweifelnd, mitunter sogar schonend, selbst offensichtliche Verlet-zungen und Kränkungen betrachtet? Nach ihrem eigenen Anteil an diesen Geschehnissen forscht? Daß in ihrer Rückblende die Zusammenhänge umfassender und diffe-renzierter erscheinen?

Wohl kaum. Beim Lesen dieser Lebenszeugnisse kann nicht unberücksichtigt bleiben, daß wir es hier mit Erlebnisschilderungen eines Jungen und eines Mädchens zu tun haben, in deren Erfahrungen und Sichtweisen die Besonderheit ihrer Geschlechterrolle innerhalb der Familie eine wesentliche Rolle spielen.

So ist es nur folgerichtig, daß Kaj Fölster ihr Buch mit Überlegungen zum Thema Macht, Verantwortung und Geschlecht schließt und von der ungleichen Verteilung von Macht und Verantwortung in ihrer Familie auf die gesellschaftlichen Machtverhältnisse zu sprechen kommt.

Sie schreibt: »Woran liegt es, daß meine Fragen mich nicht nur zu den Ursachen meiner eigenen Sprachlosigkeit und Gespaltenheit hinführten, sondern auch messerscharf zu dem Zusammenhang, der zwischen weiblichem und männlichem Machtverhalten besteht, und zu der gesellschaftlichen Gußform dieser Machtverhältnisse?

Die Fragen führten weiter: Wieviel von diesen gesellschaftlich zementierten Machtverhältnissen lebt in unserer heutigen Kultur fort? ... Welchen gesellschaftlichen Sanktionen werden Frauen ausgesetzt, wenn sie heute nach Autonomie streben, und wie verteilt sich heute die Verantwortung? Ist es nach wie vor das zentrale moralische Problem der Frau, in dem Konflikt zwischen den Ansprüchen derer, für die sie Verantwortung trägt, eine moralisch tragbare Lösung zu finden? Und warum richtet sich bei diesem Lösungsversuch die Kritik nach wie vor ausschließlich gegen die Frauen? Und damit war für mich die Berechtigung zum Widerstand gegeben, das Schweigen zu brechen und – statt kulturell angepaßt zu schweigen – Stellung zu beziehen.«

Für die Entwicklung von Kaj Fölster spielt der Kampf ihrer Mutter, selbstbestimmte, eigene Lebenswünsche verwirklichen zu wollen, und dies zu einem Zeitpunkt, als es noch kaum weibliche Vorbilder dafür gab, eine wesentliche Rolle. Alva wollte eine produktive Zweisamkeit mit einem geliebten Mann, wollte mit Kindern ein Familienleben, aber auch als berufstätige und politisch aktive Frau in der Gesellschaft und Welt etwas bewirken und verändern.

Der Preis, den sie beim kräftezehrenden Ringen um die Balance zwischen diesen drei Wünschen zu zahlen hatte, war hoch.

Kaj schreibt: »Wann begann ich zu begreifen, was innerhalb der Familie vor sich ging? Alva verteidigte ihr Recht, die Welt außerhalb der Familie gestalten zu können, und versuchte, ihre und die Rechte anderer gegen eine alles verzehrende Dominanz zu verteidigen. Wann begann ich zu begreifen, daß sie die Hiebe und die Schläge dieser Dominanz in ihrem eigenen Heim zu spüren bekam, als sie eine neue Geschlechterrolle ausprobierte, als sie zu zeigen wagte, wozu eine Frau in der Lage ist – und es auch wagte, Zeit und Kraft dafür zu opfern –, als sie den Versuch wagte, die drei Blätter des Märchens zu vereinen, die für sie Liebe, Familie und Arbeit bedeuteten?«

Offenbar reichten ihre Kräfte nicht, um einen Kampf innerhalb der Familie gegen die Dominanz des »Männlichen« zu führen und die Töchter zu konfliktfähigem Verhalten zu ermutigen. Im Gegenteil, wie viele Mütter hielt sie Sissela und Kaj dazu an, lieb zu sein, Rücksicht zu nehmen und dem Vater seine »verschrobenen Gefühle«, seine Distanz und Machtansprüche zu verzeihen. »Nichts hören, nichts sehen, nichts sagen«, dies wurde die Haltung, mit der Kaj Fölster Konflikten zu begegnen versuchte, angesichts der Gefühlswogen in der Familie

und der Erörterungen weltpolitischer Ereignisse schrumpf-
ten ihre eigenen Gefühle, Nöte und Wünsche zur völligen
Bedeutungslosigkeit.

Dagegen nimmt Jan, der Bruder, den Kampf mit dem
machtvollen Vater auf eine männlichen Kindern erlaubte
Weise auf. Er streitet, provoziert, stört, fordert und bildet
in der Kontroverse mit ihm seine Intellektualität. Die
Mutter wertet er ab, kritisiert und bespöttelt sie, nimmt
aber gleichwohl alle denkbaren Versorgungs- und Hilfs-
dienste von ihr ganz selbstverständlich in Anspruch.

Trotzdem ist er in seinen aufsässigen Haltungen ähnlich gehorsam wie die Schwester. Denn er hat keine
andere Alternative, als sich mit der gesellschaftlich defi-
nierten Männlichkeit zu identifizieren, während Kaj
angehalten wird, sich die typischen Charakterzüge von
»richtiger Weiblichkeit« anzueignen.

Beide Kinder erlebten mit unterschiedlichen Konsequenzen eine Mutter, die aus der traditionellen Frauen-
rolle auszubrechen versuchte, während der Vater seine
männliche Position, mitsamt ihren Privilegien und emotionalen Begrenztheiten, ungestört ausbauen konnte und
deshalb an keiner Stelle hinterfragen mußte. Unter Einbeziehung dieser Aspekte sind beide Versionen der Kind-
heits- und Familiengeschichte dieser Geschwister einfühl-
bar und glaubhaft.

Als ich mit Wilfried und meiner Freundin Roswitha im
Mai 1994 in Stockholm bin, meint Roswitha, der ich die
Anregung zur Lektüre dieser Bücher verdanke, in einem
Gespräch darüber:

»Meinen vier Kindern wird es wahrscheinlich ähnlich
gehen, die haben in mir auch nicht immer die gleiche Person als Mutter erlebt. Wenn ich mit Stefanie, Julia und
Veronika spreche, hat jede von ihnen eine andere Version

von mir, in der ich mich auch nur teilweise gesehen fühle, obwohl ich akzeptiere, daß es für sie so war. Mit Sebastian ist es noch einmal ganz anders.«

Darüber hinaus entdecken wir in den Büchern Ähnlichkeiten mit unserer eigenen Geschwisterposition. Beide sind wir jüngere Schwestern eines älteren Bruders, der als einziger Sohn eine Sonderrolle in der Familie einnahm, die wir als kleine Mädchen neideten, und wir erst viel später die Belastungen und Schwierigkeiten erkennen konnten, die für die Brüder mit diesem Sonderstatus verbunden waren.

Ich erinnere mich noch genau, wie ich als Neunjährige eines Tages meine Mutter mit einer Mischung aus Trauer und Empörung ansprach und sagte: »Du hast den Erhard lieber als mich. Warum?« Meine Mutter reagierte überrascht und hilflos, als sie sagte: »Aber wie kommst du denn darauf? Ich habe euch doch beide gleich lieb.« Zum Glück tat sie das Gesagte nicht als Unsinn ab, aber selbst wenn es so gewesen wäre, hätte ich gewußt, daß mein Gefühl stimmte.

Viel später, als wir wieder einmal darüber sprachen, wie anders Mütter meist auf ihre Söhne und Töchter reagieren, und ich ihr quasi die Erlaubnis gab, dies sehen zu dürfen, ohne von mir mit Vorwürfen eingedeckt zu werden, seufzte sie und meinte: »Weißt du, Irmgard, du hast mir damals einen ziemlichen Schrecken eingejagt. Ich wußte gar nicht, was ich dir sagen sollte. Weil ich auch gemerkt habe, daß da was Wahres dran war. Aber ich wußte nicht, was. Glaube mir, ich habe euch beide sehr lieb gehabt, aber es stimmt, die Beziehung zu Erhard war irgendwie besonders.«

Sehr vielen Menschen ist auch im Erwachsenenalter der Blick auf die realen Elternfiguren unmöglich. Hier liegt der Ursprung für das zwanghafte Festhalten an dem (berechtigten) Wunsch eines jeden Menschen, daß die Eltern imstande sein mögen, zu sehen, daß ihr Kind »richtig« und liebenswert ist, daß es der Bejahung seines inneren *eigenen Wesens* bedarf, um sich wirklich lebensfähig fühlen zu können. Die Wunde, die durch diesbezüglichen Mangel oder gänzliches Versagen dem Kind zugefügt wird, scheint nur sehr schwer und mitunter niemals ganz zu heilen.

Die unerfüllten Liebeswünsche aus der Kindheit machen es vielen Menschen zeitlebens schwer, zu einer veränderten, differenzierten Sicht der »Götter ihrer Kindheit« zu gelangen, in der sie diese weder schonen noch verteufeln müssen, sondern zu einer annähernd realistischen Einschätzung der Elternpersönlichkeit, deren Schwächen, Stärken und Eigenheiten gelangen.

Dies liegt nicht zuletzt darin begründet, daß ein solcher Erkenntnisprozeß die Gefahr birgt, auf ein Unvermögen zu stoßen, welches die Erfüllung kindlicher Herzenswünsche nach liebevoller Akzeptanz und Respekt ausschließt und so auf illusionäre Hoffnungen verzichtet werden muß.

Die australische Autorin Germaine Greer, die bei uns als streitbare Feministin und als Verfasserin von »Der weibliche Eunuch« bekannt wurde, beschreibt in ihrem Buch »Daddy – Die Geschichte eines Fremden« ihre verzweifelten Bemühungen, die Geschichte ihres Vaters herauszufinden, um endlich zu wissen, als welche Person dieser existiert hat. Es ist das Ringen um einen Menschen, von dem sie sich nie geliebt, nie gesehen und akzeptiert gefühlt hat. Ein Mann, der nie eine Zeile seiner berühmten Tochter gelesen hat.

Mit kriminalistischem Spürsinn versucht sie, nach seinem Tod herauszufinden, woher er kam und wer er wirklich war. Bei dieser Spurensuche, die sie von England nach Australien, nach Indien und Malta führte, stellt sich schließlich heraus, daß dieser offenbar eine Identität erfunden hatte. Sein Name war falsch. Seine Geschichte war falsch. Germaine Greer führt zahllose Gespräche und nimmt quälende, strapaziöse behördliche Auseinandersetzungen auf sich, um den Vater zu finden. Wie ein roter Faden zieht sich ihre Bemühung durch das Buch, plausible Gründe und Erklärungen dafür zu finden, warum er sie nicht so lieben konnte, wie sie es sich gewünscht und vor allem gebraucht hat.

Ihre Gefühle schwanken ständig zwischen Hoffnung und deprimierender Desillusionierung. Irgendwann gesteht sie sich ein, an einem »Heldenbild« zu arbeiten und insgeheim doch zu wissen, daß die Wahrheit ganz anders ausgesehen haben muß.

»›Du bist verrückt‹, sagte ich zu mir, ›hast du denn wirklich geglaubt, du würdest herausfinden, daß dein Vater ein über die Maßen intelligenter, kultivierter junger Mann mit einer großartigen Zukunft und hervorragenden Beziehungen war, der nur leider die eigene Familie aus den Augen verloren hatte?‹«

In inneren Dialogen mit sich versucht sie immer wieder, ihre Gefühle für den Vater zu klären, und trifft dabei auf kontroverse Stimmen. Eine legt ihr nahe, sich einzugestehen, daß sie diese Spurensuche nicht um der Liebe willen, sondern aus Haß betreibt. Die andere erwidert: »Nein, nein. Wenn ich ihn gehaßt hätte, dann hätte es nicht so weh getan. Nichts hat mir je so furchtbar und so lange weh getan wie sein Tod.«

Und zu einem Zeitpunkt der Suche, als sie noch nicht bereit ist, sich dem Schmerz der Erkenntnis zu stellen, daß der Vater nicht fähig war, sie zu lieben, erklärt sie sich selbst zur Schuldigen: »Es war meine Schuld, daß er sich von mir ferngehalten hatte. Ich war eine Giftspritze ... Mit meiner Intelligenz habe ich ihn nur verschreckt. Ich hätte versuchen müssen, liebenswert zu sein.«

Germaine Greer findet im Lauf ihrer akribischen Recherche den Vater. »Ich habe ihn gefunden, aber ich habe ihn verloren«, was nichts anderes bedeutet, als daß sie lernen muß, damit zu leben, daß es zwar einen Mann gegeben hatte, der sich ihr Vater nannte, ihr aber keiner war.

»Mein Leben lang hatte ich um Liebe und Anerkennung gerungen, hatte es allen recht machen wollen, strampelte immer weiter, bis ich ganz oben war; und dann sah ich um mich und stellte fest, daß ich ganz alleine war. Meine Eltern waren zu ignorant, um das, was ich erreicht hatte, überhaupt würdigen zu können.«

Ihre aufrichtige Suche nach der Wahrheit, ihre Kraft, schließlich auf jede Beschönigung und Selbstbetrug zu verzichten, ist ein Beispiel dafür, daß es nicht unmöglich ist, die fest geschmiedete Eltern-Kind-Kette zu lösen. Aber auch dafür, daß dies ohne Bereitschaft zu der Trauer, dem Schmerz und der Wut über ungelebte Beziehungsmöglichkeiten kaum vorstellbar ist.

Erst das Loslassen der alten kindlichen Erwartungen eröffnet die Möglichkeit, sich von den Fesseln immer wiederkehrender Mangelgefühle zu befreien und die magische Kraft aufzuheben, die darin besteht, endlos auf das »erlösende Zauberwort«, die »heilende Geste« zu warten, während daneben alle anderen Erfahrungen von Zuneigung und Anerkennung farblos bleiben und wie *nicht richtig* sind.

Hände, die nicht mehr krampfhaft an der Kette klammern, werden frei, das aufzunehmen und ergreifen zu können, was die übrige Welt, was andere Menschen tröstlicherweise imstande und bereit sind zu geben.

2. Familiengefühle –
Erbschaftsangelegenheiten besonderer Art

»Angeblich soll schon mein Großvater bei Kleinigkeiten, die ihm gegen den Strich liefen, immer in fürchterliche Wut geraten sein. Jedenfalls war es bei meinem Vater genauso. Kein Wunder, daß ich heute öfter ausraste, wenn mir etwas nicht paßt. Das liegt eben in der Familie.«

»Meine Mutter war eine sehr ängstliche Frau. Wenn ich als Kind aus der Wohnung wollte, geriet sie meist in Panik. Am liebsten war ihr, wenn ich in Reichweite blieb und sie meine Sicherheit überwachen konnte. Ich durfte weder Radfahren lernen noch zum Schwimmen gehen wie die anderen Kinder. Heute bin ich selber in allem sehr vorsichtig und ängstlich, und obwohl mir das manchmal übertrieben vorkommt, kann ich daran nichts ändern. Ich habe mich so eingerichtet, daß ich einfach viele Situationen meide.«

»Das Schwermütige lag schon immer in unserer Familie. Ich kenne das gar nicht anders. Das ganze Klima war immer düster und gedrückt. Den Grund dafür weiß ich nicht. Wir sind wohl depressiv veranlagt, das ist eben so.«

Wenn Menschen in dieser und ähnlicher Weise über Gefühlsreaktionen von Familienangehörigen und über ihre eigenen Haltungen sprechen, liegt ihren Äußerungen häufig die Annahme zugrunde, diese Gefühle und die mit ihnen verbundenen Auswirkungen seien *biologisch vererbt.*

Ich werde im nächsten Kapitel noch genauer darauf eingehen, *wie wir Gefühle lernen,* und möchte an dieser Stelle nur bemerken, daß das Potential, überhaupt fühlen zu können, zwar zur genetischen Ausstattung des Menschen gehört, nicht jedoch ihre konkrete Ausformung, die besonderen Ausdrucksweisen, die wir für diese finden, und das Spektrum von Gefühlen, welches anzueignen möglich ist.

Trotzdem gibt es ein Phänomen, das ich als *Gefühlserbe* bezeichnen möchte und welches in den oben zitierten Aussagen zum Ausdruck kommt. Jene vermeintlich biologisch vererbten Gefühlshaltungen, die als unveränderbar, mitunter als Alibi, böser Fluch oder im positiven Sinne als Privileg bewertet werden, sind in Wirklichkeit Ausdruck von vorgelebten und weitergegebenen sozialen Beziehungs- und Gefühlsmustern.

Sie sind Ergebnis von Lernprozessen, von Moralvorstellungen, Weltanschauungen und Spielregeln, mit denen Menschen ihrem Zusammenleben eine Struktur geben wollen. Unser *familiäres Gefühlserbe* gibt Auskunft darüber, wie die elterliche Resonanz auf die Existenz unserer Person war, welche Gefühle sie uns auszudrücken erlaubten und welche verboten waren. Wobei das Klima einer Familie sowohl von den Gefühlen, die gelebt werden dürfen, geprägt wird, als auch von denen, die gegen die »Familienvereinbarung« verstoßen und daher nicht gestattet sind.

Es ist einleuchtend, daß Gefühle, für die kein Platz war, die verleugnet oder verdrängt werden mußten, die, falls sie sich doch einmal zeigten, auf Mißbilligung, vielleicht sogar Verachtung und Bestrafung stießen, im Lauf des Heranwachsens nicht mitgenommen werden dürfen und so Gefahr laufen, zu verkümmern und ungelebt zu bleiben.

Das Klima in einer Familie mag kalt, bedrückend und eng oder warm, heiter und weltoffen sein, ein Kind, welches heranwächst, nimmt die Gefühle bei all seinen

Lebensäußerungen auf, atmet sie quasi ein, verinnerlicht sie bewußt oder unbewußt und trainiert dabei ständig Haltungen, die ihm schließlich zum beklemmenden »Familienkorsett« oder zur hilfreichen Lebensorientierung werden.

Wie jedes Individuum hat auch jede Familie ihre unverwechselbaren Eigenheiten, Schwächen und Vorzüge, Bereiche, die sich einem Außenstehenden nicht leicht oder gar nicht erschließen.

Aber ebenso, wie sich im Vergleich einzelner Menschen mitunter gewisse Übereinstimmungen in Reaktionsmustern und Haltungen feststellen lassen, wie es zum Beispiel in sehr vielen Zusammenhängen geschlechtstypische Verhaltensweisen bei Frauen und Männern gibt, sind auch bei der Betrachtung unterschiedlicher Familientypen Merkmale und Muster zu erkennen, in denen diese einander ähneln. Eine solche Sicht, die Typisches zu erfassen versucht, birgt zwangsläufig die Gefahr von Einseitigkeit und Verzerrung und darf niemals für sich in Anspruch nehmen, in einem umfassenden Sinne wahr zu sein.

Wenn dies berücksichtigt wird, kann es trotzdem hilfreich sein, sich einer solchen Betrachtungsweise zu bedienen. So beschrieb beispielsweise der Psychotherapeut Horst Eberhard Richter in seinem 1970 veröffentlichten Buch »Patient Familie« bestimmte Typen von familiären Charakterneurosen und stellte diese unter den Stichwörtern »Familie als Sanatorium«, »Familie als Festung« und »Familie als Theater« mit anschaulichen Beispielen vor.

Die Ergebnisse seiner Forschungsarbeit sind sehr aufschlußreich, wenn es um den Versuch geht, die Eltern-Kind-Positionen, die Rollen- und Machtverteilung innerhalb von Familien und deren Umgang mit der Außenwelt zu verstehen. Als ich vor längerer Zeit damit begann, Familienstrukturen auch im Hinblick auf das Spektrum mit Gefühlen überhaupt zu betrachten, stellte ich fest, daß sich in diesem Zusammenhang interessante Muster erkennen lassen. Einige von ihnen, die mir im Verlauf vieler Gespräche mit Frauen und Männern immer wieder begegneten, möchte ich hier skizzieren:

Familiengefühle im Eisschrank

In solchen Familien wirken Gefühlsäußerungen stets geschmacklos, gefährlich und werden mitunter als Vorstufe von »Verrücktheit« deklariert. Kindliche Lebendigkeit ist anstößig und muß kontrolliert und unterbunden werden. Das Klima ist eisig kalt. Rituale und Formen bestimmen das Leben. Alles hat perfekt organisiert zu verlaufen, muß Sinn und Zweck haben. Die Menschen sind in dieser tiefgekühlten Atmosphäre nur zu starren, monotonen Bewegungen imstande. In der eingefrorenen Distanz zueinander bestehen keine wirklichen Berührungsmöglichkeiten.

»Auftauversuche« einzelner Mitglieder oder Außenstehender werden sabotiert und haben scharfe Sanktionen zur Folge. Erwünscht sind glattpolierte, makellose Fassaden und ein Höchstmaß an *Ausdruckslosigkeit*. Körperlichkeit, Sinnlichkeit und Sexualität gehören zu den Tatsachen des Lebens, die ständig in den Bereich von Nichtexistenz verbannt werden müssen. Derartige Lebensäußerungen lösen Abscheu und Ekel aus, wobei solche Reaktionen *nie durchblutet*, sondern *immer vereist* wirken.

Einem solchen familiären Gefühlsarrangement liegt

eine *tiefverwurzelte Furcht vor lebendiger Bewegung und wärmender Nähe* zugrunde, weil diese vermeintlich die Gefahr von unkontrollierbarem Chaos und dem Verlust von Ich-Grenzen bergen.

Familiengefühle von der Witzblattseite

Hier hat man seine wirklichen Gefühle hinter flotten Sprüchen zu verschanzen. Es gibt keine Lebensäußerung, die nicht komisch gefunden, ironisiert und ins Lächerliche gezogen werden kann. Nichts im Leben scheint wirklich von Gewicht, von echter Bedeutung zu sein. Kindliche Versuche von Selbstausdruck können Heiterkeitsausbrüche zur Folge haben, ernst genommen werden sie nicht.

Mitgeteilte Gefühlserlebnisse werden zwar aufgegriffen, aber nur, um sie zu karikieren, zu verdrehen, zu bespötteln und so lange zu übertreiben, bis von ihnen nichts übrig bleibt. Es besteht eine Art Vereinbarung, nach der alle »gut drauf« zu sein haben. Über Gekränktheit wird gelacht, Ärger und Schmerzen, die zugefügt werden, »sind doch nicht so gemeint. War doch bloß Spaß.«

Der Kontakt zwischen den Familienangehörigen findet auf einer oberflächlichen Ebene statt. Bedürfnisse nach Tiefe und Verbundenheit werden ängstlich vermieden. Dabei geht es fast nie um echten Humor, bei dem emotionales Verständnis mitschwingt und die Fähigkeit zum Tragen kommt, dem Leben und ernsten Dingen durch Heiterkeit etwas entgegenzusetzen.

Versuche von Menschen in derartigen Familien, in denen so gut wie alles witzig, lustig und zum Brüllen komisch gefunden wird, einander wirklich nahezukommen, scheitern an einem schwer zu durchdringenden Panzer, mit dem vor allem Gefühle von Trauer und Angst abgewehrt werden müssen.

Kinder, die in einer derart gestimmten Familie heranwachsen, spüren sehr bald, daß diese Gefühle nicht angenommen und akzeptiert werden. Sie bleiben mit Kränkungen, Verletzungen, Zweifeln und Unsicherheitsgefühlen zutiefst allein, ohne sich dieser eigenen Empfindungen je wirklich sicher sein zu können, da ihnen das Umfeld signalisiert, »das war doch keine Absicht«, »das sollte doch bloß ein Jux sein« und so weiter. Dies kann zu Verwirrungen und Wahrnehmungsstörungen führen, so daß sie nicht wirklich wissen, »was stimmt denn nun eigentlich?«.

Es kann sein, daß Menschen mit diesem Erfahrungshintergrund als Erwachsene sehr unterhaltsam wirken und sich großer Beliebtheit erfreuen, weil sie ständig in heiterer Verfassung zu sein scheinen. Sie bringen die Menschen in ihrer Umgebung zum Lachen, sie wirken unbekümmert in allen Lebenslagen. Aber es fällt schwer, ihnen wirklich nahezukommen und die Mauer aus Ironie und sarkastischem Witz zu durchbrechen.

Familiengefühle im Dauerwettbewerb

In diesen Familienbeziehungen dreht sich alles um Leistung und Erfolg. Zuwendung wird als Lob und »Streicheleinheit« für errungene Siege und gute Noten verabreicht. Die Familienmitglieder untereinander scheinen sich in einer ständigen Wettkampfsituation zu befinden und eifern untereinander darum, wer der Beste, der Stärkste, der Klügste, der Begabteste und der Erfolgreichste ist. Bei gemeinsamen Mahlzeiten werden Tischgespräche zu Prüfungssituationen, bei denen der Wissens- und Leistungsstand überprüft wird und Hinweise erteilt werden, wie die Resultate zu steigern sind.

Kindern vermittelt sich hierbei das Gefühl, daß Zuwendung, Freude und Begeisterung nicht *ihrer ganzen Person gilt,* sondern bestimmten Fähigkeiten, Funktionen und den Ergebnissen, die sie abliefern. Sie leben in einem permanenten Druck, den Erwartungen entsprechen zu müssen, und hegen dabei die trügerische Hoffnung, daß sie irgendwann einmal, an einem imaginären Ziel angelangt, »wirklich« geliebt werden.

Die Abwehr im Gefühlsmuster solcher Familien gilt Gefühlen von Selbstzweifeln, Versagensängsten und Schwächen.

Äußerungen von Hilflosigkeit, Mut- und Ratlosigkeit – ja sogar die schwer zu leugnende Tatsache, daß auf dem Weg zu Zielen Fehler passieren können – sind eine Quelle von Bedrohung, weil im Familienkonzept die Berechtigung der eigenen Existenz von Können und Bestleistungen abhängt.

Familiengefühle aus dem Sarg

Das emotionale Klima in solchen Familien ist tiefernst und bedrückend schwer. Das Motto scheint zu lauten: Das Leben ist ein Trauerspiel, und alles wird ohnehin einmal in einem fürchterlichen Desaster enden. Bereits die bloße Bewältigung der Anforderungen, die der Alltag stellt, werden als unendlich mühevoll empfunden. Freudlosigkeit hängt wie eine schwere, schwarze Wolke in der Luft, die jeden Anflug von farbiger, ausgelassener Gemütsbewegung im Keim erstickt.

In der Wahrnehmung der Familienmitglieder bleiben

stets die negativen Aspekte von Erlebnissen, Aufgaben und Anforderungen haften. Diese dürfen erzählt und ausgebreitet werden, so daß wieder einmal klar wird, wie hoffnungslos und vergeblich doch alles im Leben ist. Gefühle von Anstrengung und Bemühung werden abgewertet, da in ihnen nicht die Möglichkeit gesehen wird, Fähigkeiten und Kräfte zu erproben und zu spüren, sondern sinnlose Versuche, etwas zu verändern, was nicht zu ändern ist.

Hier müssen Kinder ihre Erlebnisse von Heiterkeit, Lust und Freude, ihre *andere Welterfahrung* aus der Schule, der Begegnung mit anderen Kindern und deren Familien vor der Haustür zurücklassen. Auf diese Weise müssen sie ihre Erlebnisse schützen, denn sie wissen, daß diese nicht angenommen, sondern enteignet werden, daß sie selbst nicht albern, laut, fröhlich und ausgelassen zu sein haben. In dieser Umgebung ist das Lachen etwas Unanständiges. Pessimismus und depressive Haltungen werden zur einzig möglichen Lebensform erklärt.

Die Tatsache, daß Leben immer auch bedroht ist und unweigerlich mit dem Tod endet, wird, vorweggenommen, zum eigentlichen Lebensinhalt, wobei der Versuch, durch Bewegungslosigkeit, Gedämpftheit, Schwere und Hoffnungslosigkeit diese Furcht unter Kontrolle zu halten, ständig von den Möglichkeiten bedroht wird, daß Leben nicht nur Leid und Schmerz, sondern auch Ekstase und lustvolle Entgrenzungserlebnisse bereit hält.

Familiengefühle in der Sahnetorte

In diesen Familien ist alles ganz wundervoll, ganz bezaubernd und entzückend. Überschwengliche Gefühle werden zur Schau getragen. Sie sind nicht nur erlaubt, sondern geradezu erwünscht, solange sie die ernsthaften und schwierigen Aspekte des Lebens aussparen. Davon möchte niemand etwas wissen, und die gute Stimmung soll unter keinen Umständen durch das Ausbreiten von Problemen und Konflikten verdorben werden.

Derartigen Inhalten wendet man sich nicht aufmerksam zu, sondern blendet sie aus, glättet sie notfalls rasch weg, um wieder »heiter und beschwingt« sein zu können. Oberflächlich betrachtet scheinen Angehörige solcher Familien einander herzlich zugetan, versichern sie doch ständig, wie gut sich alle verstehen, wie wundervoll nahe sie sich sind.

Kinder, die in einem solchen Umfeld heranwachsen, werden als entzückende, kleine Engelchen betrachtet, Spielzeuge, die mit maßlos übertriebenen Äußerungen, die Liebesbeweise sein sollen, in den süßen Familienbrei hineingezogen und dort festgeklebt werden.

In dieser klebrig süßen und verkitschten Atmosphäre bestehen für sie wenig Chancen, echte, verläßliche Gefühle kennenzulernen. Spätestens bei Versuchen, sich der erstickenden Nähe zu entziehen, aufrichtige Anteilnahme an schwierigen Erlebnissen zu wünschen, wenn sie eigene Konturen gewinnen wollen, müssen sie feststellen, daß im Ernstfall der süße Schaum in sich zusammenfällt und nichts übrigbleibt, was wirklich trägt.

Die Unfähigkeit, sich Leid- und Schmerzerfahrungen zu stellen, die Furcht vor dem Chaos, dem Einbruch der Realität in das »Sahnetortendasein«, führt schließlich dazu, daß der süße Familienbrei zu einer undurchdringlichen Betonmasse wird, an der Befreiungsversuche zu scheitern drohen.

Ich möchte den Versuch, emotionale Familienarrangements zu skizzieren, durch Beispiele ergänzen, die deutlich machen, daß es sich in der Realität meist um Mischformen der hier vorgestellten Typen handelt, in denen weitere mögliche Aspekte von typischen Familiengefühlen (wie zum Beispiel Familiengefühle vom Schlachtfeld, Familiengefühle im Gerichtssaal oder in der Kirche) die Beziehungen prägen und das Zusammenleben bestimmen.

Häufig werden Menschen aus dem familiären Gefüge mit einem Selbstgefühl entlassen, in dem ein quälendes Mangelgefühl mit starker Sehnsucht korreliert und die, zumindest äußerlich betrachtet, alle Bemühungen darauf konzentrieren, ungestillte Bedürfnisse befriedigen zu wollen und ersehnte Ziele zu erreichen.

Auf mysteriöse Weise scheint dies jedoch nie wirklich zu gelingen. Unbewußte Motivationen bewegen sie immer wieder zu Handlungsweisen, die eine wirkliche Aufhebung des Mangels nicht zulassen. Die emotionale Basis dieser Haltung entspringt den Kindheitserfahrungen, daß existentielle Herzenswünsche scheinbar unerfüllbar waren, vielleicht auf Kälte oder aggressive, gewalttätige Ablehnung stießen, so daß Bewegungen in Richtung Erfüllung unbewußt verboten bleiben, während die Aufrechterhaltung der Mangel- und Sehnsuchtsgefühle vertraut sind und Sicherheit vermitteln.

Denn interessanterweise versetzt die Aussicht auf konkrete Erfüllung ihrer geheimen Wünsche solche Menschen häufig in Unbehagen und Unruhe, weil sich dahinter nicht nur das Gefühl von Fremdheit verbirgt: »Das bin ich nicht«, »Das paßt nicht zu mir«, sondern auch eine tiefsitzende Furcht vor Bestrafung: »Ich habe es nicht verdient, daß meine Glücksvorstellungen in Erfüllung gehen.«

Für diese Art von »Familienerbe« bietet Solveigs Gefühlsmuster ein anschauliches Beispiel. Die Zweiunddreißigjährige lebt als gebürtige Dänin schon viele Jahre in Deutschland und hat zu dem Zeitpunkt, als ich sie kennenlerne, einen Lebensweg zurückgelegt, der Bewunderung und Respekt verdient. Soweit sie sich zurückerinnert, herrschte in ihrer Familie in jeder Hinsicht Chaos, Gewalt, aber auch finanzielle Not und viele soziale Probleme.

Als ältestes Kind versucht sie, die schwache Mutter zu stützen und die drei Geschwister vor den unberechenbaren Wutausbrüchen des Stiefvaters zu schützen. Als sie siebzehn Jahre alt ist, wirft dieser sie aus dem Haus. Sie lebt eine Weile bei der Großmutter, lernt Konstrukteurin und geht später nach Deutschland, um in ihrem Beruf zu arbeiten. Kurz nachdem sie mit der Therapie angefangen hat, beginnt sie, das Abitur nachzuholen, und studiert inzwischen Skandinavistik und deutsche Literatur.

Ihre äußeren Lebensverhältnisse erinnern in keinem Detail mehr an ihre mit Schmerz- und Schamgefühlen belegte Herkunft und Vergangenheit, wobei ihre Gefühle mit der äußeren Veränderung nicht mitwachsen. An bestimmten Wegmarken, an denen sie immer weiter die Wertewelt der Familie verläßt, treten Störungen auf, zum Beispiel unerklärliche Entzündungen und Atembeschwerden. Vor dem Bestehen des Abiturs hat sie Angst.

»Ich weiß nicht, was los ist. Ich habe Alpträume. Natürlich weiß ich, daß mir keiner etwas tut, wenn ich bestehe, aber es ist doch so in meinem Gefühl, daß es mir nicht zusteht, daß etwas Schreckliches passieren wird.

Sich etwas heimlich zu wünschen geht ja gerade noch, es ist schon schwer genug, aber wenn es dann auch noch Wirklichkeit wird, dann wird es gefährlich. Das ist doch verrückt, daß ich das nicht genießen kann. Ich habe hart dafür gearbeitet und dachte, ich müßte jetzt in reinen Glücksgefühlen schwimmen, aber ich fühle mich ängstlich und bedroht.«

Nach einigen Semestern Studium, als erneut eine Krise droht, weil sie die Aussicht hat, ein Stipendium zu bekommen, um ein Semester in Kopenhagen studieren zu können, bringt sie mir zu einem Therapiegespräch Aufzeichnungen mit, von denen ich Teile hier mit ihrer Erlaubnis wiedergeben darf:

»Ich fange an, mich als Kind besser zu verstehen. Ich habe im Zusammenhang mit Svend (dem Stiefvater) ein ungeheures Ausmaß an Angst erlebt, die ich nicht haben durfte. Angst teilweise um mein Leben, um das Leben meiner Mutter und der Geschwister. Weil ich meine Mutter vor den Schlägen und den Mißhandlungen von Svend nicht habe retten können, empfinde ich große Schuldgefühle. Ich fühle mich feige, weil ich mit meinem Bruder weggerannt bin. Ich trage diese Schuld mit mir herum. Sie ist die Antwort auf meine Frage, warum ich Angst habe vor Bestrafung, wenn ich einfach so lebe und genieße. Weil ich mich schuldig fühle, kann ich nicht restlos glücklich sein, sondern muß dafür einen Preis zahlen. Ich glaube auch, daß die wirkliche Botschaft meiner akuten Bronchitis die ist, daß ich mich nicht glücklich und gesund meinem Studium und dem von mir entworfenen Lebensweg zuwenden darf. Ich muß die Schuld für das unglückliche Leben meiner Mutter und ihren frühen Tod noch bezahlen. Es tut mir weh, und gleichzeitig bin ich wütend.

In den vergangenen Wochen habe ich mich mit meiner Entwicklung in den letzten Jahren beschäftigt, um einen Überblick zu gewinnen. Dabei ist mir beim Durchblättern alter Aufzeichnungen eine Veränderung meiner Schrift und ein Wechsel meiner Sprache aufgefallen. Am Anfang meiner Therapie schreibe ich in dänischer Sprache. Die Schrift ist rund und gleichmäßig. Daran kann keiner Anstoß nehmen. Keiner kann sich daran verletzen. Die Schrift drückt deutlich aus, wie ich mich damals fühlte: Schlag mich bitte nicht und geh nicht von mir weg. Ich mache euch bestimmt keine Mühe und bin nicht im Weg. Nach einer kurzen Übergangszeit, in der ich beide Sprachen benutze, schreibe ich fast ausschließlich deutsch. Am 6. Juli 1992 habe ich ausnahmsweise den Satz ›Jeg skal til at läse‹ (Ich fange an zu studieren) in Dänisch formuliert.

Der Grund für den Sprachenwechsel ist, daß mir ein adäquates dänisches Vokabular zum Ausdrücken meiner jetzigen Gefühle fehlt.

Ich kann sie nur sehr unzureichend oder gar nicht in meiner Muttersprache ausdrücken. Wenn ich versuche, vom Deutschen ins Dänische zu übersetzen, klingt es oft unbeholfen und holzig. Meine Schrift wird größer. Der Ausdruck ist kräftiger. Ich setze Ausrufezeichen und drücke Wut, Haß und Ablehnung aus. Ich habe Angst und fühle mich von etwas Unheimlichem, Unfaßbarem bedroht. Über Svend og Agnete, meine Mutter, schreibe ich: ›Diese verdammten Schweine! Schutz haben sie mir nicht gegeben. Sie haben mich ihrem Wahn schutzlos ausgesetzt.‹

Die intensive Beschäftigung mit der dänischen Sprache und Literatur in meinem Studium wird mir helfen, die neuen Gefühle auch in meiner Muttersprache auszudrücken.

Jetzt, im Dezember 1993, fühle ich mich streckenweise wie ein Kind. Ich verbringe viel Zeit zu Hause und bin mit mir beschäftigt. Ich gehe sehr liebevoll und fürsorglich mit mir um. Ich weiß jetzt, daß ich das darf.

Die Arbeit für die Uni nimmt nicht so viel Zeit in Anspruch. Seit langem erlebe ich jetzt eine Zeit, in der ich mich nicht überfordere, das tut mir unendlich gut. Ich mache mir öfters ein schönes Wannenbad und nehme eine Wärmflasche mit ins Bett.

Ich genieße es, im Bett zu liegen und gar nichts zu tun oder auch dort zu lesen. Ich fühle mich schutzbedürftig und dünnhäutig und brauche viel Zeit für mich allein. Immer mehr spüre ich, daß ich es schaffen werde, die alte Situation loszulassen und wirklich bei mir anzukommen. Neben der Trauer fühle ich manchmal eine unbändige Freude.«

Den Gefühlen nicht mehr davonlaufen

Beat, ein in der Schweiz geborener Ingenieur, leidet unter einem anderen »Familienerbe«: Er ist selbständiger Unternehmer, äußerst erfolgreich mit seiner Arbeit und von den meisten Menschen in seiner Umgebung wohl gelitten. Auch seine Partnerschaft bietet allen Grund zur Zufriedenheit. Hin und wieder gibt es kleinere Konflikte, die ihn in unverständliche Panik stürzen. Noch weniger begreiflich ist ihm sein Zustand, wenn er einmal für einen Tag mit sich allein in der Wohnung ist.

»Ich kann das gar nicht beschreiben, wie schaurig es mir dann geht. Richtige Todesängste kommen hoch. Ich liege dann im Bett, kann mich vor Angst nicht rühren, habe Schweißausbrüche und denke, ich werde nie wieder aufstehen. Am besten, ich mache der Qual selbst ein

Ende. Sobald ich mit anderen Menschen zusammen bin, geht es mir wieder besser. In meinem Beruf fühle ich mich wohl, da weiß ich, daß ich tüchtig bin. Allerdings strenge ich mich auch sehr an, keine Fehler zu machen.«

Tatsächlich ist er ziemlich perfektionistisch und stets darauf bedacht, »das Gesicht zu wahren«, »den Kopf oben zu behalten«. Es kann vorkommen, daß er in einem Konzert sitzt und ihn plötzlich die Furcht überfällt, er könnte ganz verrückte Dinge tun, die den Ablauf stören und ihn vor allen anderen bloßstellen würden. Ebenso ist es auf Fachtagungen, wenn er im Kollegenkreis befürchtet, auf einmal völlig unsinniges Zeug zu sprechen. »Ehrlich gesagt, habe ich eine grauenhafte Angst davor, psychotisch zu reagieren.«

In unseren Gesprächen entwickeln wir nach und nach ein Verständnis dafür, daß alle Gefühle von Hilflosigkeit, Schwäche und Bedürftigkeit ihn in eine Vergangenheit zurückbringen, in der kindliche Schwäche in erster Linie Spott und Verachtung auf sich zogen. Seine Furcht, psychotisch zu werden, birgt eigentlich die Angst vor dem verletzten Kind in ihm, welches er verbannt hat und zu dem er seit vielen Jahren keinen Kontakt spürt. Kindsein heißt für ihn psychotisch sein, das heißt, lebendig zu sein, nicht normiert, fehlerhaft und hilfsbedürftig.

Beat ist in einer wohlhabenden, angesehenen Familie aufgewachsen, in der das Klima von einem ranghohen, militärbegeisterten Vater und einer diesen Mann vergötternden Mutter bestimmt wurde, wobei auch die strenge katholische Glaubenshaltung eine entscheidende Rolle im Familienleben spielte. Beat erinnert sich, daß alles Spontane, Lebendige bespöttelt und lächerlich gemacht wurde. Es galt nur eine Wahrheit, die des Vaters, die einem göttlichen Gesetz gleichkam.

Zunächst scheint Beat an seine frühe Kindheit keinerlei Erinnerungen zu haben. Es existieren vage Bilder, mit denen er nichts anfangen kann. Er weiß, daß er erst vierzehn Monate alt war, als sein jüngerer Bruder geboren wurde. Welche Konsequenzen diese Geburt für ihn in bezug auf das Teilenmüssen der mütterlichen Fürsorge und Aufmerksamkeit hatte, welche »Entthronungsgefühle« er erlebt haben mag, können wir nur durch Einfühlung in die Situation eines so kleinen Kindes erahnen. Sehr wahrscheinlich gehören Verlassenheitsängste und Ohnmachtsgefühle dazu, denn diese sind es in erster Linie, die ihn überfallen, wenn er mit sich allein ist. Sie werden deutlich weniger bedrohlich, als er zu verstehen beginnt, daß ihm der Kontakt zu diesem kleinen hilflosen Kind, was er einmal war, und die Akzeptanz der alten Gefühle dabei helfen kann, in seiner heutigen Erwachsenenrealität *anzukommen*.

Je weniger er die alten Gefühle leugnet und in ein »Nicht-Ich« verdrängt, desto klarer wird ihm bewußt, daß er heute allein aufstehen, sich bewegen, zum Telefon gehen, Freunde anrufen und aus der Angstsituation aus eigenen Kräften weggehen und sich befreien kann. Meine Anregungen, »das Kind« zu trösten und beruhigen zu lernen, es nicht zu verachten und im Stich zu lassen, fällt allmählich auf fruchtbaren Boden.

Dabei wird ihm klar, daß seine Unfähigkeit, Konflikte zuzulassen und mit unterschiedlichen Bedürfnissen und Meinungen umzugehen, ursprünglich in der Furcht vor Verlassenheit verankert sein muß. Er beginnt zu begreifen, daß er erst dann Nähe- und Distanzwünsche nach seinen wirklichen Bedürfnissen gestalten kann, wenn es ihm auch gelingt, sich mit sich allein wohl und nicht einsam zu fühlen, wenn er nicht, von seiner Angst korrumpiert, glaubt, unaufrichtig und taktisch handeln zu müssen, um nicht zu vereinsamen. Hierzu berichtet er:

»Ich war mit Freunden zum Essen verabredet, und als ich merkte, daß ich mich verspäten würde, wollte ich die ganze Zeit meine Partnerin anrufen. Aber ich habe es nicht gemacht. Danach gab es Streit mit ihr, und mir wurde klar, daß ich meinen Wunsch, frei über meine Zeit entscheiden können zu wollen, nicht offen ausdrücke. Ich verbiete mir, darüber zu sprechen, weil ich befürchte, daß sie dann sagt: ›Gut, dann gehe ich. Sieh zu, was du machst.‹ Indirekt habe ich mir ja dann mit dem unterlassenen Anruf die Freiheit genommen, aber es muß doch auch anders möglich sein. Wahrscheinlich hätte Ann sich gar nicht geärgert, wenn ich sie rechtzeitig angerufen hätte. Aber so wartet sie natürlich und fühlt sich von mir nicht ernst genommen, und dadurch bewirke ich genau das Gegenteil von dem, was ich eigentlich will.«

Zur Zeit versucht Beat, seinen Ängsten nicht mehr davonzulaufen, er übt ein-, zweimal die Woche das Alleinsein und hat bereits mit Erstaunen festgestellt, daß es auf diese Weise – weil es seine Entscheidung ist – gar nicht mehr so entsetzlich wird, wie er befürchtet.

»Neulich dachte ich, sieh mal an, es geht mir ja ganz gut damit. Aber wirklich sicher fühle ich mich damit noch nicht.«

Lücken im Gefühlsgedächtnis

Als ich Brita, eine fünfunddreißigjährige Sozialarbeiterin, kennenlerne, wirkt sie auf mich trotz ihres attraktiven Äußeren merkwürdig starr und unbelebt. Irgend etwas scheint an ihr wie eingefroren zu sein. Sie erzählt in einem Gespräch:

»Bei uns zu Hause gab es keine Gefühle. Weder positive noch negative. Es gab nur so etwas Dumpfes dazwischen. Gefühle habe ich erst gelernt, als ich nicht mehr bei meiner Mutter wohnte. Bis dahin wußte ich gar nicht, was das war. Es gab immer nur Arbeit und Pflicht, nichts sonst. Das Klima war hart und karg. Der einzige Luxus war das Essen. Daran wurde nicht gespart.«

Meist kommt sie zu ihren Therapiegesprächen im Zustand der totalen Erschöpfung, mit angespanntem Gesicht, zwischendurch reißt sie die Augen weit auf, als ob sie sonst im nächsten Augenblick vor Müdigkeit zufallen würden.

Wenn ich nachfrage, sie darauf anspreche, bestätigt sie, daß sie sich merkwürdig empfindet, nicht mit sich zufrieden ist. Ihre totale Erschöpfung und Überforderung fühlt sie nicht. Sie weiß nicht, ob und wann sie ausruhen, Pause machen könnte, weil sie nicht spürt, wann es an der Zeit ist, Kraft zu tanken, sich Ruhe zu gönnen, einen Spaziergang, Faulenzen, nachzufühlen, was ihr gut tun würde. Sie fühlt es nicht. Dazu fällt ihr nichts ein. Den Inhalt ihrer Stunden vergißt sie sofort wieder. Von einem Termin zum anderen ist der Faden gerissen. Brita hat kaum ein *Gefühlsgedächtnis* ausgeprägt. Für lange Zeit bin ich diejenige, die den Faden immer wieder knüpft.

Sie ist pflichtbewußt, engagiert und enorm tüchtig in ihrer Arbeit, für die sie ihre ganze Kraft verbraucht. Für das übrige Spektrum des Lebens, für Liebe, Freunde, Teilnahme an Kultur, für »Unnützes« bleibt kein Raum. Alles, was über ein Minimum an Lebensausdruck hinausgeht, scheint verboten und kommt ihr gar nicht erst in den Sinn. Als sie sehr zaghaft damit beginnt, Bedürfnisse wahrzunehmen und Gefühle auszudrücken, geschieht das mit starken Unsicherheitsgefühlen. Sie hält sich bereits für schamlos, gierig und enorm aggressiv, wenn sie ganz schlicht Wünsche äußert oder sich einfach einmal abgrenzt. Aufgrund des gestörten Selbstgefühls hat sie Mühe, sich und andere annähernd realistisch einzuschätzen.

Zur Zeit hat sie sich für ein Sabbatjahr entschieden. Angesichts ihrer Familiengeschichte ist dies eine heroische Tat, der Versuch, mit der alten Gefühlstradition brechen zu lernen.

Vergraben in einem Kasten

Studien und Gespräche zur Situation von Kindern der Überlebenden des Holocaust beweisen, daß die erlittenen mörderischen und zerstörerischen Erfahrungen der Eltern keineswegs der Vergangenheit angehören, sondern in erdrückender Weise die Entwicklung der Kinder prägen und in deren aktuelles Leben hineinwirken.

Von den Büchern zu diesem Thema beschäftigte mich eines besonders nachhaltig. Es ist Helen Epsteins »Die Kinder des Holocaust«, in dem sie Gespräche mit Söhnen und Töchtern von Überlebenden führt und gleichzeitig als Betroffene der eigenen Familiengeschichte nachspürt.

Sie schildert, wie die KZ-Erlebnisse der Eltern alle »normalen«Alltagsgewohnheiten der Familie prägten, obwohl niemals über diese Zeit gesprochen wurde. Die Autorin machte ihre eigene Qual zum Ausgangspunkt ihrer Forschungen:

»Lange Jahre war es in einer Art Kasten tief in mir vergraben. Ich wußte, daß ich – verborgen in diesem Kasten – schwer zu erfassende Dinge mit mir herumtrug. Sie waren feuergefährlich, sie waren intimer als die Liebe, bedrohlicher als jede Chimäre, jedes Gespenst. Gespenster aber hatten immerhin eine Gestalt, einen Namen.

Was aber dieser Kasten in mir barg, hatte weder Gestalt noch ließ es sich benennen. Im Gegenteil: Es besaß eine Macht von so düsterer, furchtbarer Gewalt, daß die Worte, die es hätten benennen können, vor ihr zergingen.

Oft war mir, als trüge ich eine entsetzliche Sprengladung mit mir herum. Flüchtige Bilder von Tod und Vernichtung hatte ich gesehen. War ich dann in der Schule vorzeitig mit einer Probearbeit fertig oder hing auf dem Heimweg meinen Tagträumen nach, so schien mir alles Gesicherte aus der Welt verschwunden, und mir traten Dinge vors Auge, die ein kleines Mädchen nicht hätte sehen dürfen. Blut, zerschlagenes Glas, Hügel von Gebeinen, schwarzer Stacheldraht, an dem Fleischfetzen hingen wie tote Insekten; getürmte Koffer, Berge von Kinderschuhen, auch Peitschen, Pistolen, Stiefel, Dolche und Nadeln.

Waren die Eltern abends ausgegangen und hockten mein kleiner Bruder und ich vor dem Fernseher, so erschien mir das Zimmer, ja, unser ganzes Leben schutzlos, unbehütet. Jeden Augenblick konnten Einbrecher oder Mörder bei uns eindringen und über uns Wehrlose herfallen. Ich ließ den Kleinen vor mir in die Küche gehen, um uns zu bewaffnen; wir nahmen Kartoffelstampfer, Kochlöffel und zwei lange Messer aus der Schublade und postierten uns an der Tür, bis die Angst sich allmählich verlor oder bis wir zu müde waren, um weiter Wache zu stehen.«

Helen und ihr Bruder erleben im Zusammenleben mit den Eltern immer wieder erschreckendes, unverständliches Verhalten. Es kann zum Beispiel passieren, daß, während alle eine Mahlzeit einnehmen, die Eltern in einer »anderen Welt« verschwinden, unerreichbar für die

Kinder. Ein Wort kann bewirken, daß die Mutter sich stundenlang weinend im Badezimmer einschließt, daß der Vater mitten in einem Satz wie leblos erstarrt, offenkundig nichts mehr sieht und hört.

Für abrupte Stimmungswechsel, Gefühlsausbrüche und Schmerzzustände scheint es keine plausiblen Erklärungen zu geben. Über all dies wird nicht gesprochen. Die Autorin beschreibt, wie sie diese Erfahrungen in einem »Kasten« sammelt. Es ist der Raum für die Eltern. »Dort hausten sie für sich – abgesondert von anderen menschlichen Wesen.«

Es gibt eine Zeit, in der Helen Epstein an ihrem Gedächtnis und ihrer geistigen Gesundheit zweifelt, in der sie nicht mehr weiß, ob all diese Kindheitserlebnisse tatsächlich real sind. Schließlich wagt sie die Reise in die verdrängte Vergangenheit ihrer Familie und führt gleichzeitig im Lauf von sieben Jahren mit Hunderten von ebenfalls betroffenen Frauen und Männern Gespräche zu diesem Thema.

Mit diesen Gesprächspartnern erlebt sie ein ungeahntes, lang ersehntes Gefühl von Gemeinschaft, weil die meisten von ihnen ähnliche Kindheitserfahrungen und Erlebnisse teilen.

»Viele haben keine Ahnung davon, was ihre Eltern im einzelnen mitgemacht haben. Dennoch ist der Holocaust für sie, ebensowenig wie für ihre Eltern, ein abgeschlossenes historisches Geschehnis, in Lehrbücher weggesperrt und Gedenkfeiern vorbehalten... Sie haben sich die Gefühle zu eigen gemacht, die daraus erwachsen sind, daß ihre Eltern entwurzelt, verfolgt und beinahe ausgelöscht wurden.«

1976, nachdem Helen Epstein bereits eine ganze Weile über die Kinder von Überlebenden geforscht hat, versucht sie die »New York Times« für eine Veröffentlichung eines Artikels zu diesem Thema zu interessieren. Er wird mit der Begründung abgelehnt, daß nichts dafür spreche, daß eine solche Gruppe überhaupt existiere und im übrigen kein »Aufhänger« da sei, um einen solchen Artikel zu rechtfertigen.

Erst als ein israelischer Psychiater 1977 an der Stanford University einen Vortrag über Nachkommen von Überlebenden des Holocaust hält und die Pressemitteilung, in der seine Befunde resümiert werden, erscheint, ruft jemand von der »Times« bei Helen Epstein an. Die Mitteilung in der Presse begann wie folgt:

»Das traumatisierende Erlebnis der Nazi-Konzentrationslager wiederholt sich im Leben der Kinder und sogar der Enkel ... Die Auswirkungen der systematischen Dehumanisierung werden über schwere Störungen in der Eltern-Kind-Beziehung von einer Generation an die nächste weitergegeben.«

Petra, mit der ich längere Zeit Therapiegespräche führte, brachte mir eines Tages Helens Buch mit und erzählte mir, daß dies für sie wie ein Schlüssel gewesen sei, ihren eigenen »Kasten« öffnen zu lernen, in dem sie die Vergangenheit eines Kindes eingeschlossen hatte, welches in einer faschistoiden Familie aufwachsen mußte.

Das Familienerbe der Kinder aus Nazifamilien hat Peter Sichrovsky in seinem Buch »Schuldig geboren« offengelegt. Auch er stellt fest, daß es bei seinen Interviewpartnern trotz aller Unterschiedlichkeiten gewisse Übereinstimmungen gibt:

»Die Kinder der Nazis erlebten ihre Eltern nie als Täter, höchstens innerhalb der eigenen Familie. Die Eltern fühlten sich als Opfer und wurden von ihren Kindern, als sie noch klein waren, in dieser Rolle akzeptiert. Als jedoch die Kinder der Nazis ein Alter erreichten, in dem sie die wahre Rolle ihrer Eltern während des Krieges erfuhren, wurden sie oft selbst zu Opfern – zu Opfern ihrer Eltern ..., so daß die Generation nach dem Krieg mit einer *demokratischen Umgebung* einerseits und mit einer *faschistoiden Familienstruktur* andererseits konfrontiert wurde.«

Gehorsamsgefühle

Da ich selbst der Nachkriegsgeneration angehöre, weiß ich, daß die Voraussetzungen, die zum Faschismus in Deutschland führten, auch in meinen eigenen Entwicklungsbedingungen noch eine Rolle gespielt haben müssen. Besonders deutlich ist mir dies im Zusammenhang mit jener Erziehung zum Gehorsam, die bereits über Generationen den deutschen Sozialcharakter prägte.

Ich erinnere mich in diesem Zusammenhang deutlich an ein Schlüsselerlebnis, welches schließlich dazu führte, daß ich meine eigene Erziehung zum Gehorsam, meine Bereitschaft, es möglichst vielen Menschen recht machen zu wollen und schier grenzenlos anpassungsfähig zu sein, gründlich hinterfragen und ändern lernte.

Kurz bevor ich mit dreizehn Jahren die damalige Volksschule verließ, wurde an einem Samstag für alle Schülerinnen und Schüler der siebten und achten Klassen ein Dokumentarfilm über Auschwitz gezeigt. Auf der gleichen Leinwand im Dorfkino, auf der sonst Filme wie »Schwarzwaldmädel« und »Geierwally« vorgeführt wurden, die ich im übrigen nicht sehen durfte, erschienen jetzt Bilder von abgemagerten Menschen, Skeletten, die wie lebende Tote wirkten und denen die weit aufgerissenen Augen aus dem Kopf zu fallen drohten. Von langen Holzpritschen starrten uns unter kahlgeschorenen Köpfen Gesichter mit einem unbeschreiblichen Ausdruck an. Wir sahen Leichenberge, Gaskammern, die harmlos wie spartanische Duschräume aussahen, während eine kommentierende, emotionslose Stimme Zahlen nannte, von Zyklon B und Lampenschirmen aus menschlicher Kopfhaut sprach.

Ich glaube nicht, daß nur mir damals schlecht wurde und nur ich überhaupt nicht begreifen konnte, was ich da sah. Meine Gesprächsversuche zu Hause wurden zwar nicht abgewehrt, verliefen aber merkwürdig stockend und einsilbig. Ich spürte die Schuldgefühle und Hilflosigkeit meiner Eltern. Nachts hatte ich Angstträume und schrie.

Und dann, ein Jahr nach diesem Erlebnis, taucht plötzlich 1960 der Name Adolf Eichmann in den Zeitungen und im Radio auf. So oft ich kann, verfolge ich am Fernseher bei einer Tante den Prozeß in Tel Aviv. Der dünnlippige, hagere Mann mit dem schütteren Haar und der dunklen Brille flößt mir Mitleid ein. Hinter dem Käfig aus Panzerglas sitzt kein Monster. Er sieht so aus wie einige Männer, denen ich täglich begegne, auf der Post, in der Sparkasse, in der Kirche, im Bus und auf der Straße. Es ist ein Jedermannsgesicht. Auf die ihm gestellten Fragen antwortet er höflich und leise.

Ich erlebe, wie er am Ende des Prozesses den Vorsitzenden Richter Landau um ein Schlußwort bittet, und höre ihn sagen: »...meine Schuld ist mein Gehorsam, meine Unterwerfung unter Dienstpflicht und Kriegsdienstverpflichtung und Fahnen und Diensteid. Ich klage die Regierenden an, daß sie meinen Gehorsam mißbraucht haben. Gehorsam ist damals verlangt worden, so wie er auch in Zukunft von Untergebenen gefordert wird. Der Gehorsam wird als Tugend gepriesen. Ich darf daher bitten, zu berücksichtigen, daß ich gehorcht habe, und nicht, wem ich gehorchte.«

Die tiefe Beunruhigung, die diese Worte in mir, dem braven, gehorsamen Mädchen, auslösten, werde ich nie vergessen. Mich plagte die Frage, wie jemand wissen kann, wann er ungehorsam sein muß, wenn er doch immer gehorchen mußte.

Fünfzehn Jahre später habe ich im Rahmen meines Psychologiestudiums Gelegenheit, diese Fragen genauer untersuchen zu können, und erfahre unter anderem am Beispiel der »Milgram Experimente« von den Zusammenhängen zwischen Gefühlsverleugnung und Gehorsamsbereitschaft.

Mit dem Vergessen beeilt

In dem Buch »Hinter weißen Fassaden – Alwin Münchmeyer – Ein Bankier betrachtet sein Leben« befragt dessen jüngste Tochter Stefanie Viereck den Vater nach seinem Leben. Es ist offensichtlich, daß sie sich davon gleichzeitig auch ein vertieftes Verständnis ihrer eigenen Geschichte erhofft.

Auf ihre Fragen nach seiner Einstellung und Haltung während der Zeit des Nationalsozialismus sagt er an einer Stelle:

»Die Zeit, die jetzt folgen soll, ist tief versunken, der Erinnerung kaum mehr zugänglich. *Wir haben uns beeilt zu vergessen.*

Nach den langen Kriegsjahren hatten wir nicht die Kraft, uns um Verstehen zu bemühen. Und weil wir nicht verstanden hatten, was geschehen war, konnten wir auch nicht sagen, was wir getan oder unterlassen, welche Rolle wir im Dritten Reich gespielt hatten.

Später verbargen wir uns hinter dem ›Nicht-Wissen‹.«

Die Tochter befragt den Vater auch nach persönlichen Zusammenhängen. In einem Dialog versucht sie zu erfahren, ob dieser sich in irgendeiner Weise mit seiner Aufgabe und Rolle als Vater mehrerer Kinder (Birgit Breuel, die Vorsitzende der Treuhandgesellschaft, ist seine älteste Tochter) befaßt hat. Er reagiert auf diese Frage mit einem entschiedenen »Nein«.

Tochter: »Überhaupt nicht?«

Vater: »Nein.«

Tochter: »Hattest du auch keine Vorstellungen darüber, was du so einem Kind mitgeben wolltest, welche Werte du vermitteln wolltest oder so?«

Vater: »Die Wertvorstellungen waren ja sozusagen gegeben, die waren eigentlich noch ziemlich unverändert gegenüber der Kaiserzeit.«

Tochter: »Ja, das denke ich auch. Also hast du geglaubt, wenn dieses Kind in unserer Welt aufwächst, wird es schon die richtigen Werte mitbekommen?«

Vater: »Ja. So ist es.«

Tochter (etwas später): »Kannst du dich an Zärtlichkeiten zwischen dir und deiner Tochter erinnern? Wann hast Du Karen zum ersten Mal auf den Arm genommen – hast du sie überhaupt öfter mal auf den Arm genommen?«

Vater: »Ja, sicher. Das habe ich sicher.«

Tochter: »Aber du kannst dich nicht mehr so genau daran erinnern?«

Vater: »Nein – eigentlich kann ich mich bei keinem

der Kinder an solche Dinge erinnern. Ihr wart ja auch keine Kuschelkinder – wart alle keine Kuschelkinder.«

Tochter: »Das kommt ja irgendwo her« – lacht befangen –, »denke ich. Aber – hm, hm – was wollte ich noch sagen – ach ja – gab es in eurer Ehe eine eindeutige Rollenverteilung?«

Die Tochter weicht aus. Das Thema macht ihr angst. Immer noch. Im Arbeitszimmer findet sie auch später nur jenen Tonfall, der seit Generationen der Tonfall ihrer Familie ist, den beißenden Spott, die böse Ironie. In diesem Tonfall wirft man dem anderen über große Distanzen hinweg Worte zu, die ihm tiefe Verletzungen beibringen können. Wer die Verletzungen eingesteht, ist ein Schwächling. »So war das doch nicht gemeint«, sagt man dann begütigend von oben herab, »kannst du denn keinen Spaß verstehen?« Die Tochter haßt diesen Tonfall.

In Frage stellen

Viele Menschen beschäftigt die Frage nach ihren eigenen Ursprüngen im Familienverband. Um bei solchen Versuchen zu einer annähernd realistischen Einschätzung der eigenen Familiensituation hinsichtlich ihres Umgangs mit Gefühlen zu gelangen, sind einige Fragen ganz hilfreich:

1. Wie habe ich als Kind das Klima in der Familie erlebt?
2. Wie wurden die eigenen Lebensäußerungen emotional aufgenommen, und welches Echo erhielten sie?
3. Wie wurde mit konflikthaften Beziehungsinhalten umgegangen?
4. Welche Gefühle umfaßte das »erlaubte Spektrum« in

der Familie, und welche Gefühlsäußerungen waren unter direkter oder indirekter Strafandrohung verboten?

5. Konnten Nähe- und Distanzgefühle gleichermaßen ausgedrückt und gelebt werden?

6. Durften alle Familienmitglieder die emotionale Atmosphäre mitgestalten, oder wurde diese von einer oder wenigen Personen unter Ausschluß von anderen dominiert?

7. Waren weibliche und männliche Gefühlshaltungen im Familienklima präsent? Ergänzten oder widersprachen sie einander? Überwog die weibliche oder die männliche Gefühlswelt?

Für die Entwicklung von menschlichem Wachstum, die Entfaltung möglichst vielfältiger Fähigkeiten, Eigenheiten und Gefühle ist selbstverständlich am ehesten ein Klima förderlich, welches den heranwachsenden Personen ein nicht festgelegtes, breites Erfahrungsspektrum erlaubt. Da die Bedürfnisse und Wünsche von Menschen sehr unterschiedlich sein können, ist es aber meiner Ansicht nach weder möglich noch sinnvoll, Idealvorstellungen von Entwicklungsbedingungen »für alle« zu postulieren.

Da wir es weder heute noch in Zukunft irgendwann mit »Idealeltern« und »Idealkindern« zu tun haben werden und derartige Vollkommenheitsansprüche meist ohnehin bloß erdrückend und wenig motivierend sind, scheint es mir wirkungsvoller, sich an die konkreten Lernmöglichkeiten von Menschen zu wenden, die, auch von perfektionistischen Idealen entfernt, einen unglaublichen Reichtum und überwältigenden Schatz von Möglichkeiten bergen.

Konkret heißt das, daß es zwar unrealistisch ist, anzunehmen, im Umgang zwischen Eltern und Kindern, zwischen Menschen seien überhaupt Verletzungen, Kränkungen und Versäumnisse, Vorkommnisse von Schwäche und Gewaltreaktionen je ganz auszuschließen. Daß es aber dennoch Wissen und auch Wege gibt, die Ursachen von Beziehungsstörungen und damit Entwicklungsbehinderungen verstehen und verändern zu lernen.

Daher stellt diese Aussage in gar keiner Weise einen Freibrief oder eine Entschuldigung für Fehlverhalten in Beziehungen dar, sondern konfrontiert lediglich mit der Tatsache, daß es immer noch viele Menschen vorziehen, über Beziehungsmißstände zu lamentieren oder sie passiv hinzunehmen, anstatt ihren Fähigkeiten und Kräften entsprechend an ihrer Veränderung zu arbeiten.

Es erscheint ihnen zu mühsam, sich jenes Wissen anzueignen, welches als Voraussetzung für das Verständnis der Ursachen eigener Schwierigkeiten und deren Auswirkungen auf andere Menschen unerläßlich wäre.

3. Briefe an das kleine Mädchen und den kleinen Jungen

Es sieht ganz so aus, als ob vielen Menschen die Kindheit gründlich *ausgetrieben* worden ist. Die Erfahrung in der therapeutischen Arbeit zeigt immer wieder neu, wie ungeheuer schwer es für erwachsene Menschen ist, Zugang zu der kindlichen Person zu finden, die sie einmal waren.

Nicht wenige wünschen sich, daß dieses Kind, welches so weit entfernt scheint und ihnen fremd geworden ist, mit ihrer erwachsenen Person nichts mehr zu tun haben soll. Daher bewirken Fragen in diese Richtung zunächst oft Abwehrgefühle, Angst und Ratlosigkeit.

Bei ersten Annäherungsversuchen wirken die frühen Eindrücke und Erfahrungen, Bilder aus der Vergangenheit und Gefühle aus dem ersten Lebensjahrzehnt oft wie abgeschnitten und unbelebt. Die Signale lauten: »Halt! Weitergehen verboten!« oder: »Hier beginnt vermintes Gelände«, »Kein Zutritt«.

Schwarze Löcher tun sich auf. Sie zu erhellen und zu füllen erfordert vor allem Geduld und die Bereitschaft zum Verständnis für den Wunsch, sich vor Erinnerungsschmerzen schützen und nicht mehr von kindlichen Gefühlen des Abhängig- und Ausgeliefertseins überwältigt werden zu wollen.

Aber auch Phantasie und Zuversicht sind erforderlich, um nach ersten Schritten, die vergeblich wirken können, die Unternehmung nicht gleich abzubrechen und als gescheitert zu deklarieren. Es gilt in diesem Zusammenhang zu akzeptieren, daß es mitunter *keinen direkten Zugang* gibt, sondern Um- und Nebenwege gewählt werden müssen, unverwechselbare, eigene Wege für die jeweils konkrete Person, die sich auf die Suche nach dem kindlichen Ich begibt, geschaffen werden müssen.

Als besonders unterstützend bei solchen Versuchen erweist sich im therapeutischen Rahmen unter anderem die Methode des katathymen Bilderlebens (deren Begründer H. C. Leuner ist), mit der in einem Zustand der Entspannung, in einer Art angeleiteten Tagtraumreise, innere Bildmotive betrachtet werden (zum Beispiel Blume, Haus, Baum, Bach, Berg, Wald), die im Betrachter häufig längst vergangene Situationen und Erlebnisse beleben, sehr intensiv Gefühle wecken und Zusammenhänge zwischen Lebensgeschichte und aktueller Situation erkennen lassen.

Mit Hilfe dieser »Methode des Bilderns« sind auch imaginäre Begegnungen mit den Eltern, Geschwistern, aber auch mit dem kindlichen Ich möglich, können Ereignisse wie Konfliktsituationen noch einmal mit therapeutischer Begleitung angeschaut und gefühlt werden, sind Anregungen möglich, den Unterschied zwischen der damaligen Situation des Kindes und den heutigen Möglichkeiten des Erwachsenen zu erkennen.

Dabei erweist sich, wie fruchtbar die Begegnung der erwachsenen Person mit dem kindlichen Ich ist. Blockierungen können allmählich aufgehoben werden und verdrängte Inhalte ans Licht gelangen, die, durchgearbeitet und verstanden, endlich losgelassen oder in die erwachsene Person integriert werden können. Längst begrabene Lebensziele tauchen mitunter wieder auf, zu vernachlässigten Neigungen und liegengebliebenen Fähigkeiten kann erneut Kontakt geknüpft werden, wobei das erweiterte Verständnis für die eigene Entwicklungsgeschichte häufig bemerkenswerte Energien und Kreativität für die Umgestaltung der aktuellen Lebenssituation freisetzt.

Die Idee mit den Briefen

Bevor ich mit dem Schreiben an diesem Buch begann, kam mir der Gedanke, Frauen und Männer zu ermuntern, einmal den Versuch zu wagen, einen Brief an das Kind zu schreiben, das sie einmal waren. Ich verteilte bzw. verschickte dreihundert Exemplare eines Briefes, der für die *Kontaktaufnahme* einige Anregungen vor allem in Form von Fragen enthielt:

Welche Gedanken und Gefühle löst die Möglichkeit, dem Kind, das du warst, einen Brief zu schreiben, spontan in dir aus?

Spürst du Neugier und hast du Lust, der kindlichen Person zu begegnen? Ist dir der Umgang mit ihr vertraut? Oder löst der Gedanke daran Abwehr, Angst, vielleicht sogar Ekel aus?

Hast du eine früheste eigene Kindheitserinnerung? Was erzählt sie dir heute?

Wie ist das Verhältnis zwischen schönen und schwierigen Erinnerungen?

Wie war das Selbstbild des Kindes? Gibt es noch ein Erinnerungsgefühl an den kindlichen Körper? Sind andere sinnliche Erfahrungen lebendig? Gerüche? Geräusche? Geschmack?

Was ist aus den Lebensträumen und Glücksvorstellungen, den Plänen und Zielen des kleinen Mädchens oder des kleinen Jungen geworden?

Lebst du als erwachsene Frau oder als erwachsener Mann die Fähigkeiten und Möglichkeiten, die du als Kind in dir gespürt oder erlebt hast?

Hat dieses Kind heute einen Platz in der erwachsenen Person? Ist es dort gut aufgehoben, fühlt es sich leben-

dig oder von dir verraten und im Stich gelassen? Ist es vergessen oder lebt es gut integriert in dir weiter?
Wollte das Kind erwachsen, eine Frau oder ein Mann werden?

Der Brief wurde so verteilt und verschickt, daß er weitgehend in die Hände mir unbekannter Menschen gelangte. Nach drei Monaten hatte ich von zweiunddreißig Frauen und zwei Männern einen Brief in den Händen. Fast allen lag ein Begleitschreiben bei, in dem betont wurde, wie schwer der Anfang und wie erstaunlich interessant und aufschlußreich schließlich doch das Schreiben dieses Briefes gewesen sei.

Obwohl es mir leider nicht möglich ist, all diese Briefe in dieses Buch aufzunehmen, möchte ich mich bei allen für die Anregungen, die sie enthielten, bedanken.

Der Inhalt der Briefe weckte in mir beim Lesen Anteilnahme und Eindrücke, die ich unter dem Stichwort »Impressionen« jeweils festgehalten habe. Diese können nicht als tiefergehende Interpretation verstanden werden, sondern sind eher ein assoziatives Echo, welches auch allgemeinere Überlegungen enthält.

Vielleicht bewegt die Lektüre der hier abgedruckten Briefe auch Leserinnen und Leser zu einem eigenen Versuch der Kontaktaufnahme.

Erster Brief

»Annette, der Gedanke, Dir zu schreiben, erscheint mir sehr befremdlich, und etwas in mir sträubt sich dagegen. Zugleich bin ich neugierig auf Dich. Ich weiß, daß ich fast nichts mehr über Dich weiß, und ich wüßte gern wieder mehr über Dich.

Ich habe alte Fotoalben hervorgesucht und Dich angeschaut. Auf vielen Bildern schaust Du eher ernst als fröhlich. Deine Augen waren sehr eindringlich. Aber manchmal lachst Du auch ganz offen in die Kamera. Ich habe viel weinen müssen beim ›Auskramen‹ der Erinnerungen und Gefühle.

Je mehr ich Dir schrieb, desto dichter und lebendiger entstanden in meinem Inneren Bilder und bruchstückhafte Dialoge, die jeweils weitere Eindrücke hervorriefen. Es entstanden auch Stimmen, die all dies als zusammengereimten, völlig haltlosen, unbewiesenen Unsinn abtun wollten. Ein schlechtes Gewissen, so schlecht über Deine Familie zu reden.

Aber ich spüre sie doch: die Feindseligkeit der Mutter auf das kleine Mädchen. Sie hat mehrfach erwähnt, daß sie sich Deiner geschämt hat, weil Du über und über mit Schorf bedeckt warst. Schon als Säugling habe sie Dich mehrfach ins Krankenhaus geben müssen wegen des Hautausschlags.

Heute ist mein Gefühl, daß Du für sie eine Quelle der Anfechtung warst. Sie war mit Dir schwanger, während der Vater eine andere hatte. Der ständige Blick auf Dein weibliches Geschlecht, den sie mehrmals täglich beim Wickeln haben mußte, führte ihr die unliebsame Situation vor Augen: ›Noch so ein Weibchen.‹ Da saß sie nun mit Dir, während der Mann seinen Vergnügungen und seiner Karriere nachging.

Du hattest Angst vor ihr, spürtest ihre Ablehnung, ihren Unwillen, Deine Bedürfnisse zu erfüllen. Sie ließ Dich nicht an sich heran, und Du hast viel und zornig geschrien. Das galt als Ungezogenheit. Reagieren auf einen schreienden Säugling hielt sie für eine gefährliche Verwöhnung. Angebunden hast Du in Deinem Gitterbettchen gelegen, damit Du Dich nicht aufkratzen konntest. Ohnmächtig und zornig mußt Du Dich gefühlt haben, denn Du konntest ja nicht sprechen und sagen: ›Kratz mir mal den Rücken!‹ Du konntest nur schreien, aber sie kam nicht. Wollte Dir zeigen, daß Du ›damit‹ bei ihr nicht durchkommst.

Später bekamst Du dann Wutanfälle. Dann hieß es: ›Ganz genau wie der Vater.‹ Ein bedrohliches Gefühl breitet sich aus, wenn ich an ihn denke. Sie hat Dir angst vor ihm gemacht. Du lernst, daß Deine Bedürfnisse böse, störend, ungezogen sind. Du hast das Gefühl, verkehrt und schlecht zu sein: ›Ein bockiges kleines Ding.‹

Gefühle von Verlassenheit lähmten Dich, und Du mußtest Dich in rasende und erschöpfende Wut steigern, um Ruhe zu finden. Noch heute erfaßt mich, die erwachsene Frau, die rasende Wut meiner Kindheit in Situationen, in denen ich mich ohnmächtig fühle, und sie ist von mir nicht kontrollierbar. Sie verleitet mich dazu, Dinge zu tun oder zu sagen, die mich selbst erschrecken und vor denen ich Angst habe.

Es kommt vor, daß ich meinen Partner oder meine ältere Tochter (nie die jüngere) schlage oder würge. Dabei leide ich dann unter Schuld- und Schamgefühlen. Mein Partner weiß um die Hintergründe der Wut und kann in der Situation Eskalationen vermeiden, nicht aber ihre Entstehung verhindern. Es passiert meist dann, wenn ich mich nicht gehört fühle. Trotz größter persönlicher Bemühung.

In den Herbstferien habe ich ein Buch von Alice Miller gelesen: ›Abbruch der Schweigemauer‹. Beim Lesen habe ich heftig weinen müssen. Du hättest mit dem Kratzen vielleicht aufgehört, wenn Du im Arm gehalten und liebevoll betreut worden wärst. Daß Du viel Wut und Haß gesammelt hast, sehe ich jetzt. Dieses nicht gesehen werden in Deiner Ohnmacht, in Deiner Schwäche.

Später quältest Du gern Tiere. Tötetest urplötzlich vorher zärtlich umhegte Ameisen, Käfer, Schnecken. Sogar als Erwachsene konnte ich Wut fühlen gegenüber den im Käfig sitzenden Tieren meiner Kinder. Daß sie in einem Käfig saßen und sich nicht wehren konnten, spielte eine Rolle, aber auch, daß sie meine pflegerischen Handgriffe nicht dankten.

›Ich schreie, kratze, tobe, also bin ich!‹ – Das war wohl Dein Lebensgefühl. Es kam vor, daß Du Deine Gefühle zeigtest. Einmal hatte ein trauriges Tierbuch Dich erschüttert, und Du gingst weinend und trostsuchend zu Deiner Mutter. Sie schickte Dich verhöhnend weg: ›Ach Gott! So ein großes Mädchen und heult wegen eines Buches! Als ob sie nicht weiß, daß alles ausgedacht ist...‹

1987 ist die Mutter gestorben. Nach ihrem Tod erfaßte mich ein merkwürdiges Gefühl der Verlassenheit, als ob ich jetzt allein sei, schutzlos. Dabei hat sie mich ja nie geschützt.

So begegnet mir meine Vergangenheit, seit ich den Brief schreibe, auf Schritt und Tritt, und endlose Mengen kleiner Erinnerungen und Zusammenhänge stellen sich ein.«

*Impression: »Ein bockiges kleines Ding –
voller Sehnsucht nach Berührung«*

Es ist noch nicht sehr lange her, daß im Hinblick auf den Umgang mit Neugeborenen die Auffassung verbreitet war, daß sich deren Bedürfnisse in den ersten Lebensmonaten darauf beschränken, von einer Person in ausreichendem Maße Nahrung, Wärme und Körperpflege zu erhalten, sie aber darüber hinaus, da sie noch nicht über Bewußtsein verfügen, nichts davon merken, *wie* sie behandelt werden und was in ihrer Umgebung geschieht.

Tatsächlich aber *empfindet* das Kind vom Beginn seines Lebens an, in welcher Verfassung und Stimmung es von seiner Pflegeperson gefüttert, gesäubert, gewickelt, umarmt, berührt und getragen wird, und, obwohl das Kind zunächst unfähig ist, Geräusche zu identifizieren, es macht für das Befinden einen erheblichen Unterschied, ob sich dies alles sprachlos vollzieht oder von Worten und Lauten begleitet wird.

In seinem *vorbewußten Dasein spürt* es ganz eindeutig, ob man es hart oder sanft anfaßt, ob die täglichen Pflege- und Kontaktvorgänge in nervöser Hast und widerwillig geschehen und ob die mit seiner Existenz verbundenen Bedürfnisse im Gegenüber Überforderung, Aggression oder auch Unsicherheit auslösen.

Das Kind *erwartet* in seiner hilflosen Abhängigkeit, daß der Erwachsene, wer immer es auch sein mag, es *richtig*, das heißt, seinen Bedürfnissen entsprechend behandelt, und ist, wenn dies geschieht, seinerseits bereit, mit Wohlbehagen und Lernschritten darauf zu antworten. Vernachlässigung und immer wiederkehrende Versäumnisse oder Mängel in diesem »Beziehungs- und Wachstumsprogramm« müssen im Kind zwangsläufig Störungen und Schäden hervorrufen, deren Folgen zu einer tiefgreifenden Lebensbeeinträchtigung führen, sie können besonders in der Gestaltung zwischenmenschlicher Beziehungen erschreckende Auswirkungen haben.

Aus diesem Brief spricht immer noch die ohnmächtige, hilflose Verzweiflung des kleinen Mädchens, welches nicht begreifen kann, warum die Mutter für seine Beziehungswünsche so unzugänglich ist.

In ihrer Spurensuche enthüllt Annette sehr deutlich den inneren Zusammenhang zwischen der Erfahrung körperlicher und seelischer Qual eines Kindes, die verdrängt werden mußte, aber in der erwachsenen Frau als Wut und Haß wieder auflebt, wenn diese mit Äußerungen von Hilflosigkeit, Verletzbarkeit und Schwäche konfrontiert wird. Obwohl Annette inzwischen selbst Mutter ist, scheint sie selbst immer noch auf der Suche nach einer »liebenden Mutter« zu sein, die ihre Grunderfahrung des Nichtangenommenseins dahingehend korrigieren könnte, ihr endlich die Erfahrung des »Richtigseins« und der Freude an ihrer Existenz zu schenken.

Die leibliche Mutter ist tot. Für Annette besteht also die Aufgabe, diesen lebenswichtigen Wunsch an andere Menschen heranzutragen, Personen in ihrer Umgebung zu suchen, die dabei helfen könnten, die alte Wunde zu schließen, so daß sie selbst bei Erfahrungen von Schwäche und Bedürftigkeit nicht mehr in wütende Panik und Ablehnungsgefühle geraten müßte.

Zweiter Brief

»Lieber Lars,
ich frage mich, wie ich diesen Brief anfangen soll?
Lange habe ich überlegt, doch nun ist es einfach. Durch eine Krisensituation mit meiner Freundin fühle ich mich meinem ›Kindsein‹ sehr nahe, so nahe, daß ich sage, ich bin in dem Augenblick tiefster Trauer das kleine Kind, das ich einmal war.

Ich weine dann heftig und viel, eine Sache, mit der ich als ›Mann‹ viel Schwierigkeiten hatte und noch habe, da es nicht in das gesellschaftliche und auch lange nicht in mein Bild vom ›Mann‹ paßt. Letztendlich bin ich froh, daß ich mir das Weinen bewahrt habe, weil ich so die extremen emotionalen Situationen besser verarbeiten kann.

Wenn ich in der Therapie von meinem Vater erzähle, so sehe ich, als wäre es gerade eben passiert, Bilder vor meinem inneren Auge ablaufen. Ich sehe, wie mein Vater mit seinem weißen Renault wegfährt und ich hinter ihm herrenne, doch der Wagen verliert sich in der Ferne. Ich bin zehn Jahre alt und renne und renne, ich schreie, weine, ich kann nicht mehr, verstehe die Welt nicht, warum kommt mein Vater nicht zurück, ich hab' ihn doch so lieb, ich brauche ihn doch so sehr. Oft träume ich von ihm, wir sind dann wieder eine richtige Familie. Ich habe eine wahnsinnige Sehnsucht nach meinem Vater.

Eine meiner frühesten Kindheitserinnerungen ist folgende: Ich liege in meinem Bett, ein Bett mit Gitterstäben aus Holz. Ich hatte geschlafen, bin aufgewacht. Ich will aufstehen und raus, kann aber nicht, bin noch zu klein. Ich liege auf dem Rücken und gucke zur Tür. Ich weine und schreie, doch mich hört niemand, es ist keiner da, ich bin allein. Wo ist meine Mutter, hört mich denn keiner? Wahrscheinlich habe ich noch lange geweint.

Meine Mutter war oft unzufrieden, als ich klein war, wahrscheinlich waren meine Schwester und ich zuviel für sie. Es gibt viele schmerzhafte Erinnerungen. Ich hatte als Kind wahnsinnige Angst, wenn meiner Mutter etwas mißlang oder runterfiel. Oft bekam ich dann die Schuld, obwohl ich gar nichts dafür konnte, ich war doch einfach nur da.

Diese Erinnerung tut immer noch weh. Früh mußte ich lernen, mir das Verhalten meiner Mutter anzugucken, um die Launen frühzeitig zu erkennen, damit ich vorbeugend etwas tun konnte, was sie milde stimmen könnte.

Ich bekam auch Schläge, nicht oft, aber recht heftig und meist sehr unkontrolliert.

Mein Vater schlug mich, als ich auf Biegen und Brechen von ihm forderte, er solle sein Versprechen, mit mir Schlittschuhlaufen zu gehen, einhalten. Ich hatte ihn bis aufs äußerste gereizt, ich wußte, daß er nicht gehen würde, daß ich mir wahrscheinlich eine ›fangen‹ würde, aber ich wollte mein Recht. Ende der Geschichte war, daß er mich ins Gesicht schlug, mit voller Wucht, und ich weinend zu meiner Mutter rannte.

Meine Mutter schlug mich auch manchmal. Ich weiß nicht mehr, warum, aber es war mit Sicherheit nicht so wichtig, daß ich so tüchtig verprügelt werden mußte.

Ich weiß es noch ganz genau, einmal rannte ich nach oben, meine Mutter hinter mir her, ich konnte leider mein Zimmer nicht mehr abschließen, so kroch ich unter's Bett, lag mit dem Rücken zur Wand. Meine Mutter kam wie eine Furie hinter mir her, ich schrie: ›Nein, Mama, nicht, Mama, bitte nicht, bitte nicht.‹ Doch meine Mutter schlug mit einem roten Kochlöffel einfach unters Bett, hin und her, egal, was sie traf. Ich versuchte, schützend meine Hände, Arme vor das Gesicht zu halten, sie traf mich überall mit all ihrer rasenden Wut und Wucht. Manchmal in solchen Situationen hörte sie erst auf, wenn der Kochlöffel abbrach.

Immer, wenn ich an diese Situationen denke, muß ich weinen und spüre eine große Trauer.

Heute mache ich eine Ausbildung zum Erzieher, und jedesmal, wenn ich diese kleinen Kinder sehe, frage ich mich, wie man solch kleine Geschöpfe schlagen kann, wie man sie für die eigenen Unzulänglichkeiten so mißbrauchen kann.

Ich könnte noch einige ähnlich schwerwiegende Begebenheiten erzählen, doch ich versuche nun, ein paar positive Erinnerungen zu bekommen.

Eine schöne ist gewiß, wo mein Vater und ich zusammen mit dem Motorrad unterwegs waren, diese Geschwindigkeit, durch die Kurven zu sausen, sich in diese hineinzulegen, das war das Größte. Schon als kleines Kind durfte ich mit hinten aufs Motorrad. Ich liebte es, mich an meinen Vater dicht pressend, meine Arme um seinen Körper geschlungen, durch die Natur zu fahren. Dann fühlte ich mich so sicher und geborgen, keiner konnte uns dann etwas anhaben, nicht einmal das Gewitter, unter dem wir durchfuhren.

Durch Gerüche werde ich manchmal an meine kindheitlichen Erinnerungen herangebracht.

Wenn ich im Gras liege und den Duft der Wiese rieche, dann erinnere ich manchmal, wie ich gespielt habe, wie ich mir kleine kuschelige Ecken zwischen Büschen und Sträuchern gesucht, gebaut habe und mir vorgestellt habe, das wäre mein Haus, meine Höhle.

Einiges von dieser Intensität dieser Vorstellungskraft ist mir verloren gegangen. Heute fällt es mir schwer, solche intensiven Momente wieder zu erleben, Momente, in denen ich mich spüre, wo ich mich des Lebens freue.

Das Leben als Erwachsener ist so schwer, so unverständlich und unnütz kompliziert.

Als Jugendlicher war mein Lebenstraum, Musiker oder besser Ton-Ingenieur zu werden. Nachdem ich Abitur gemacht hatte, ging ich nach Berlin, um dieses auf Studiumsebene zu erreichen.

Ich fühlte mich überhaupt nicht geborgen an der Universität, ich wußte nur, daß ich kein Ingenieur werden konnte. (Mein Vater wäre gern einer geworden.) Nachdem ich andere Fächer studierte, die ähnlich theoretisch abliefen, war ich in einer Lebenskrise, ich spürte, daß ich eine solch trockene Materie nie bewältigen würde können, weil ich mich dabei so eingesperrt fühlte.

Ich dachte, ich würde als Versager, als ein Mensch ohne Beruf, ohne Vorzeigbares enden. Ich wollte nicht erwachsen werden, jedenfalls nicht so ein ›Cooler‹. Es ging sogar noch weiter, ich hatte Angst, eventuell einer dieser gestrauchelten Drogenabhängigen zu werden, alles nur, weil die Berufe mir so unmenschlich erschienen.

Als wir dann an der Uni streikten, witterte ich meine Chance, die Uni so zu gestalten, wie ich sie wollte. Mein Gott, war (bin) ich idealistisch! Ich dachte wirklich, wir könnten daraus unsere Uni machen. Als wir auf ganzer Linie verloren hatten, war der Ofen aus.

Alle meine Kommilitonen studierten weiter, als wäre nichts gewesen. Ich hingegen hörte auf, weil ich nicht anders konnte. Danach roch ich in ein professionelles Tonstudio hinein und stellte fest, daß der Wunsch, Tontechniker zu werden, bei mir nur Mittel zum Zweck war. Der Beruf interessierte mich nicht mehr, ich wollte lediglich wissen, wie ich meine eigene Musik am besten aufnehme.

Es stellte sich allerdings die Frage, wie ich außer mit meinem Job, mit den Obdachlosen, in Zukunft Geld verdiene. Ich dachte mir zwei Alternativen aus, die mich interessierten. Zum ersten Greenpeace, für Tiere kämpfen, und zum zweiten, was mit Kindern machen. Die zweite Variante schien etwas realistischer zu sein, und so habe ich ein Praktikum als Erzieher gemacht und besuche nun die Fachschule.

Bei den Kindern fühle ich mich sehr wohl, die verstehen mich, vor allen Dingen, wenn ich witzig, aufgedreht, spontan, albern, traurig bin. Ich habe oftmals das

Gefühl, sie stehen mir näher als viele Erwachsene, die ihre Gefühle nicht zeigen können.

Ich glaube, daß ich mich bis jetzt im großen und ganzen nicht verkauft habe, meinen Gefühlen gut vertraut habe. Trotzdem spiele ich viel zu oft noch brav meine Rolle, renne merkwürdigen Sachen (Behörden, Konsum) hinterher und verliere in einer solch riesigen, menschenfeindlichen Stadt den natürlichen Sinn des Lebens.

Wenn ich dann mal wieder allein in der Natur bin, kommen, wenn ich leise bin und in mich horche, kindliche Gefühle hoch. Ich wünschte mir, ich wäre viel freier und würde mir viel weniger Sorgen machen.«

Impression: »Ich wollte nicht erwachsen werden«

Der abwesende Vater ist ein Thema, welches sich durch die Biographie vieler Frauen und Männer wie eine Schmerzspur zieht.

In dem Buch »Söhne wollen Väter« hat Wilfried Wieck sich ausführlich mit den Auswirkungen dieser Abwesenheit auf die heranwachsenden Söhne befaßt und aufgezeigt, wie schwer es für Jungen unter diesen Umständen ist, zu einer positiven männlichen Identität zu gelangen.

Der neunundzwanzigjährige Lars, der hier schreibt, drückt etwas davon in seinem Brief aus. Wie viele Kinder erlebt er den Vater als eine Person, die anscheinend kommt und geht, wann er will, für den andere Belange wichtiger sind als die Versprechen, die er einem kleinen Sohn gibt, der sich auf gemeinsame Erlebnisse mit dem Vater gefreut – und der mit Gewalt und Strafe zu rechnen hat, wenn er seiner Enttäuschung und einem Rechtsgefühl wütend Ausdruck verleiht.

Der Vater erlaubt sich, für Beziehungswünsche nicht zur Verfügung zu stehen, und zieht gerade dadurch ein phantastisches Maß an Beachtung und Aufmerksamkeit auf sich. Nähesituationen mit ihm, wie zum Beispiel das gemeinsame Motorradfahren, werden so zu unvergessenen Kostbarkeiten, bei deren Beschreibung die Sehnsucht nach der Geborgenheit am Körper des Vaters immer noch durchklingt. Im Hintergrund bleibt die unzufriedene Mutter, deren Überforderungsgefühle der Junge auf sich bezieht und die ihn ratlos macht, weil er »doch einfach nur da war«.

Mit seinem Kindsein verbindet Lars Gefühle der Trauer. Die Tatsache, daß er seine Fühlfähigkeit als erwachsener Mann nicht verloren hat – und immer noch Zugang zu seinen kindlichen Schmerzgefühlen hat –, trägt wohl mit dazu bei, daß er den »weiblichen Beruf« des Erziehers ergreifen kann. Andererseits muß er mit dem Konflikt leben, daß die Art seiner Emotionalität in dieser Gesellschaft leicht als »unmännlich« deklariert wird.

Aber der Inhalt des Briefes vermittelt auch den Eindruck, daß Lars seine Wahl getroffen hat und daß es ihm gelingen kann, auf eine Weise männlich und erwachsen leben zu lernen, die seine emotionale Lebendigkeit nicht ausschließt. Die Art und Weise, wie er die Kinder beschreibt, mit denen er arbeitet, legt die Vermutung nahe, daß er ihnen guttut und den Mädchen und Jungen eine andere, neue Art von Männlichkeit vermitteln kann, als er sie selbst als Kind erlebt hat.

Dritter Brief

»Mein liebes Kind,

wie lange schon schiebe ich den Brief an Dich vor mir her? Bist Du mir so wenig wichtig, oder bist Du mir so unangenehm?

Dabei bist Du eigentlich ständig in mir, ich spüre es ja, spüre, höre Dich ja. Oft bist Du mir unsagbar lästig, unangenehm, penetrant, und ich schäme mich für Dich. Immer hast Du zuwenig, immer wieder beklagst Du Dich, Dir fehle es an Geborgenheit, Wärme, Nähe. Du gibst keine Ruhe, Du fühlst Dich oft ungeliebt, abgewiesen, unverstanden (von wem wohl genau?), traurig, hältst Deine Wut, Deine Tränen vor allem aber meist zurück. Dennoch höre ich Deine Stimme, Dein Klagen, Deine Not. Ich glaube aber, ich höre nicht auf Dich, Dein Elend. Das tut mir jetzt manchmal sehr leid und weh.

In allen kritischen Lebenssituationen bist Du da, wimmerst, klagst, schreist, trampelst, fühlst Dich offenbar übergangen. Und ich weiß oft nicht, soll ich Dir glauben? Paßt denn Dein Gezeter (so werte ich Dich noch immer ab) zu der Situation, zu dem Konflikt, den ich heute erlebe, mit dem Partner oder einer Freundin oder wem auch immer?

Ich weiß, Du bist als Kleine oft alles andere als liebevoll behandelt worden, bist sogar fast übersehen worden in Deinen kindlichen, weichen Gefühlen, mit Deinen Bedürfnissen. Die Großen waren zu sehr mit sich beschäftigt. Wenn Du Dich nicht trautest, andere Kinder zu fragen, ob Du mitspielen darfst, aus Angst, abgelehnt zu werden, verhöhnte Dich die Mutter: ›Glaubst Du, die anderen machen Bücklinge vor Dir?‹ Früher hast Du ihre

Lieblosigkeiten nicht deutlich fühlen dürfen, in Deinen Träumen aber habt ihr oft miteinander gekämpft, habt euch geschlagen. Sie schlug Dich mehr als der Vater, der schlug Dich später.

Als Kleine liebtest Du ihn, vergöttertest ihn, wolltest ihn heiraten. Hat er Deine Zuneigung wirklich so erwidert, wie Du es gebraucht hättest? Du mußtest ihn oft bei Laune halten, Du riefst in der Kneipe an, wenn er nicht rechtzeitig zum Essen zu Hause war. Immer diese Bange: Ist er pünktlich? Ist er nüchtern? Was geschieht, wenn nicht?

Deine Ängste vor den Nächten, den Abenden schon. Oft wurdest Du – und Deine kleine Schwester mit Dir – wach von ihrem Geschrei, ihren gegenseitigen Anklagen, Erniedrigungen, Schlägen. Du hattest Angst, Todesangst? Angst, sie könnten sich umbringen. Angst, einer von ihnen könnte für immer weggehen.

Den Kloß im Hals fühle ich heute. Die unsagbare ANGST fühle ich selten. Angst vor der Angst?

Oft batest Du den Vater abends, er solle doch nicht mehr weggehen. Er versprach es auch; wenn Du in der Nacht wach wurdest und durch die Schlafzimmertür lugtest, war sein Bett leer. Du hast am Fenster gestanden, gewartet. Und konntest erst wieder einschlafen, wenn Du seinen Schlüssel im Schloß hörtest.

Es befällt mich ein enormes Gefühl von Einsamkeit, während ich dies schreibe, Tränen schießen mir in die Augen. Deine Angst, Deine Bitte zählten nicht, Deine Gefühle waren nicht so wichtig. Der Vater tat wohl oft nur so, als seien sie wichtig, wenn er mit Dir redete. Aber das Handeln, das sah anders aus. Aber hättest Du Dich wehren oder Dich von ihm abwenden können? Wer wäre dagewesen?

Die Mutter war zu schwach, fühlte sich selber minderwertig – und Du lerntest, sie dafür zu verachten, innerlich. Und sie empfand Dich schon früh als Konkurrentin. – Ich glaube, ich kann das heute noch nicht so recht nacherleben, fühlen, akzeptieren, daß es so war, wie es war.

In Konflikten mit dem Partner bist Du wieder da. Und ich weiß nicht, erlebe ich die alte Angst vor dem Vater, oder zeigst Du mir das richtige Gefühl in der heutigen Situation dem Partner gegenüber? Oft bin ich so verwirrt, weiß kaum, wer ich bin. Das wußte ich früher auch nicht, rannte immer nur hin und her zwischen den Eltern; wem sollte ich mehr glauben, wer hatte recht? Bin ich auch heute noch zu weit von meiner Gefühlssicherheit entfernt?

Ich lasse Dir noch zuwenig Raum in meinem heutigen Leben, schimpfe noch zuviel mit Dir, statt Dich zu trösten, zu streicheln und Dich ernst zu nehmen. Du bist mir oft noch zu peinlich, sicher wie früher den Eltern. Du hast es nicht leicht bei mir. Das beschämt mich, und mir wird elend zumute. Ist es so schwer, Mitgefühl mit Dir zu haben, geduldig zu sein mit Dir, Deiner Angst, Deiner Wut, Deiner Verzweiflung? Wer aber sollte das sonst tun? Macht mich diese unterlassene Hilfe an Dir oft so einsam?

Beim Schreiben habe ich das Gefühl, es geht alles durcheinander, Du verschwimmst mit mir, ich kann uns kaum auseinanderhalten... Ich möchte Dich gerne besser verstehen lernen, Dich besser schützen können und mich mehr mit Dir solidarisieren.

Ich weiß, Du warst auch ein sehr vitales Kind, warst eigensinnig, sehr wach und wißbegierig und manchmal auch eins mit Dir und stolz auf Dich. Ich wünsche Dir und mir oft noch mehr davon, mehr Mut, mehr Eigensein und ein Gefühl von Wert für Dich und mich.

Deine Birgit.«

Impression: »Deine Gefühle waren nicht so wichtig«

Wenn in einer Familie »die Großen« sehr mit ihren eigenen Problemen und Konflikten beschäftigt sind, diese vor den Augen der Kinder durch Brüllen, Streiten und Schlagen demonstrieren, entwickeln Kinder nicht nur Angst vor dieser Gewalt, sondern auch, wie Birgit in ihrem Brief beschreibt, den Eindruck, daß die eigenen Gefühle, überhaupt die eigene Person nicht wichtig ist.

Dies führt fast immer zu einem schwachen Selbstwertgefühl, in dem die Bedeutung persönlicher Erfahrungen, aber auch Wünsche mit dem inneren Kommentar »Nimm dich nicht so wichtig!«, »Vielleicht stimmt das gar nicht, was du fühlst«, heruntergespielt und abgewertet werden.

Die Erfahrungen von vielen therapeutischen Gesprächen mit Frauen und Männern läßt mich zu der Annahme kommen, daß *besonders Mädchen* in Familien zu selbstverleugnenden Haltungen angeleitet werden und von ihnen noch eher als von Jungen Nachsicht, Rücksicht und Verständnis dafür verlangt wird, daß für ihre Bedürfnisse kein Platz ist. Zumal wenn der Raum für besondere Aufmerksamkeit schon von einer Person besetzt ist.

In Birgits Kindheit scheint dies der Vater gewesen zu sein, der wahrscheinlich durch Probleme mit dem Alkohol für eine unstabile, angstgeschwängerte Atmosphäre gesorgt hat, in der die frustrierte Ehefrau ihre Wut über die Unzuverlässigkeiten des Mannes auch durch Spott und Demütigungen an Birgit weitergab. Wie schwierig für ein Kind, den Vater zu lieben, der von seiner Frau als Mann nicht akzeptiert ist.

Birgit erinnert ihre Gefühle von Verwirrung und Ambivalenz, die sie auch heute noch als erwachsene Frau in Konfliktsituationen empfindet. Wie kann ein Kind mit derartigen Erfahrungen wirklich wissen, daß Konflikte und Meinungsverschiedenheiten nicht in Mord und Totschlag enden müssen? Wie kann es darauf vertrauen, daß gegebene Versprechen auch eingehalten werden? Daß Sätzen auch Taten folgen, die zu den Worten passen?

Die erwachsene Birgit fühlt, daß die kleine Person, die sie einmal war, ihr noch nicht ganz geheuer ist. Sie fühlt sich von diesem emotional mißbrauchten und überforderten Mädchen in ihrer Erwachsenenexistenz bedroht und hat sich mit ihm noch nicht wirklich solidarisiert. Aber sie ahnt bereits, daß dies notwendig ist, wenn sie als erwachsene Frau konturierter und sich ihrer Gefühle sicherer werden will.

Zum Glück erinnert sie sich auch an die vitalen und starken Aspekte ihres Kindseins. Ich denke, daß diese ihr dabei helfen können, den anerzogenen Selbstverzicht aufzugeben, und sie befähigen, die kindliche Birgit nicht mehr beschämt abwehren zu müssen, sondern ihr in sich einen Platz zu schaffen, an dem sie Gehör und Verständnis findet. Eine solch fürsorgliche Haltung würde entscheidend dazu beitragen, daß Birgit sich nicht mehr zwischen früher und heute verschwommen empfindet, sondern die Möglichkeiten ergreifen lernt, über die sie inzwischen verfügt.

Vierter Brief

»Lieber Peter,
gerade bin ich am wunderschönen herbstlichen Tegeler See entlanggejoggt, ein wahnsinniges Gefühl. In den letzten vier Tagen bin ich dreimal gelaufen. Es tut mir immer noch so gut, mich richtig körperlich auszutoben. Nie werde ich das wahnsinnige Freiheitsgefühl vergessen, nach Stunden des Rumstromerns in Büschen, auf Bäumen, beim Fußballbolzen an der Mauer im damals idyllischen Neukölln.

Um dann, danach, mit leerem Bauch in das schaumige Wannenbad bei Mutter zu fallen. Ich habe jetzt noch den Tannennadelduft des Badezusatzes der frischen sechziger Jahre in der Nase. Dann vor die Glotze mit einem wohlfeil gedeckten Teller mit Jagdwurst- und Fleischsalatstullen, daneben Bananen und Orangensaft. Genüßlich die Beine hochgelegt und die Sportschau reingezogen. Wolltest Du, daß ich so ein Sportheld werde? Hast Du nicht immer erwartet, daß es einmal hoch hinausgehen wird?

Gerade knurrt mein Magen, und ich merke, daß ich mir ganz allein mein Essen in den Backofen zum Erwärmen schieben muß. Das dauert jetzt noch eine Weile, die ich gerne an Dich verwenden will.

Kleiner Peter, ich freue mich, mit Dir wieder Kontakt aufgenommen zu haben. Es ist ein warmes, frohes Gefühl der alten Vertrautheit. Zwei Tage, gestern abend beim Taxifahren und heute früh am See, habe ich mit Dir wieder intensiveren Kontakt aufgenommen. Du merkst, es sprudelt wie wild in mir. Ja, das ist der Peter, den Du gut kennst.

Meinen angenehmen Träumen stehen aber auch recht schmerzliche Erinnerungen gegenüber: Ich sah Dich Kleinen häufig auf einem Super-8-Film, den Papa aufnahm, allein, artig, Dein Pausenbrot kauend, über den Schulhof laufend. Scheinbar unbemerkt von anderen Kindern. Das tobende, spielende Leben ringsherum gar nicht wahrnehmend. ›Du lebst in einer anderen Welt‹, sagte Dein Sportsfreund Detlef einmal zu Dir. Das tat Dir weh, obwohl es stimmte. Der Schmerz wurde aber noch übertroffen durch den nächtlichen Lärm der Eltern, das Brüllen des Vaters, von dem Du wach wurdest. Daher kennst Du das Gefühl, am nächsten Morgen in der Schule nicht mehr funktionieren zu können.

Dann will ich Dich noch an den glaskalten Trennungsschmerz erinnern, als Du über Weihnachten 1966 und Silvester mit einer Lungen- und Rippenfellentzündung in die TBC-Quarantäne nach Heckeshorn verbannt wurdest. Noch jetzt fließen mir die Tränen, wenn ich daran denke, wie ich meine kleine Nase an die eiskalte Scheibe drückte und den Trennungsschmerz krampfhaft unterdrücken mußte.

Weißt Du noch, wie Du schluchzend nach einer Deiner seltenen Raufereien zu Mutti ranntest? Bei der Erinnerung verspüre ich einen Haß auf Dich, daß Du allzu oft gekniffen, den Schwanz eingezogen hast, Konflikten aus dem Weg gegangen bist, obwohl Du körperlich stark genug dafür warst. In Deiner wattierten häuslichen Umgebung hast Du nicht richtig kämpfen gelernt. Aber ich kann Dich ja verstehen, denn ich spüre sie noch heute, die unendliche Angst vor Streit, Auseinandersetzung und Kampf.

Und Dein Bild vom großen, schönen und erfolgreichen Peter habe ich so nicht mehr als Vorbild in mir. Nach der erfolgreich abgeschlossenen Schule bin ich nach einer Banklehre Berufsschullehrer geworden.

Eines Tages stand ich da, bespickt mit erfolgreichen Examen, bestandenen Prüfungen, die Karriere quasi vor mir. Irgendwann habe ich mich dann anders entschieden. Lieber leben in harmonischer Familiensituation, als streßgeplagt die Karrierestrickleiter hochzuklettern. Und stell Dir vor, Marion und ich haben zwei süße Jungs, Jaliko und Janis. Sie sind fünf und drei Jahre alt und ähnlich dynamisch wie Du damals. Ich bin nämlich wesentlich ruhiger geworden.

Momentan und wahrscheinlich wohl mein ganzes Leben werde ich unter meinen beruflich verwertbaren Fähigkeiten und Möglichkeiten leben. Na und, Du bist halt immer noch stark in mir anwesend. Spielst lebendig und verträumt in mir herum und machst es mir nicht leicht, Verantwortung zu übernehmen. Ich fahre Taxi, um uns vier zu ernähren. Es geht mir gut dabei.

Mein kleiner Peter, vielleicht behinderst Du den großen ein bißchen dabei, erwachsen zu werden? Aber vielleicht hilfst Du auch dabei, daß ich mich nicht übernehme und infarktgefährdet lebe.«

Impression: »Ich spüre sie noch heute,
die unendliche Angst vor Streit«

Bei seiner Kontaktaufnahme mit dem »kleinen Peter« erinnert der erwachsene Mann zunächst das wohlige Gefühl von Geborgenheit und Genährtwerden, durch mütterliche Fürsorge und Pflege. (Auch hier taucht in diesen Zusammenhängen kein Vater auf.)

Der Mann blickt und fühlt zurück und sieht einen Jungen, der herumstromern, seine Umgebung entdecken und die Kraft und Geschicklichkeit seines Jungenkörpers ausprobieren und genießen durfte. Peters Beschreibung ist ein gutes Beispiel dafür, wie stark das Selbstgefühl von Männern mit dem Körperselbst verbunden ist, mit der Freude an seiner Funktionstüchtigkeit und Einsatzfähigkeit.

Auch der erwachsene Mann, der Vater von zwei Söhnen, spürt diese Freude an Bewegung noch in sich, beim Joggen kommen warme Gefühle von Vertrautheit hoch. Aber es gibt auch die Erinnerungen an das unsichere Einzelkind, das offenbar Mühe hatte, sich den anderen Kindern wirklich zugehörig zu fühlen. An einen Jungen, der vielleicht während der Schulpausen damit beschäftigt war, sich nach den Ursachen der nächtlichen Streitereien zwischen den Eltern zu fragen, die ihm soviel Angst machten, daß sie ihn um den Schlaf brachten. Im nächtlichen Brüllen ist der Vater dann ganz präsent.

Peters Brief legt die Vermutung nahe, daß da ein Junge in der engen, vielleicht sogar verwöhnenden Nähe der Mutter aufwuchs, während der Vater ein bedrohlicher Unbekannter bleibt. Keiner, mit dem sich der Junge identifizieren kann und will.

Trotzdem hat er Vorstellungen davon entwickelt, wie ein »richtiger Junge« zu sein hat. Schmerzliche Trennungsgefühle (wahrscheinlich von der Mutter) müssen heruntergeschluckt und weggedrückt werden. Und dann verspürt der erwachsene Mann einen Haß auf den kleinen Peter, weil dieser offenbar Raufereien lieber aus dem Weg gegangen ist, als zu kämpfen »wie ein richtiger Junge«.

Auch in diesem Brief ist von der Schwierigkeit des Erwachsenwerdens die Rede, von der Mühe der Verantwortung. Eine Haltung, die meiner Ansicht nach unter anderem in der verwöhnenden Nähe zur Mutter und einer Vater-Erfahrung wurzelt, die den Jungen nicht ermutigte und stärkte, sondern die ohne nährenden Beziehungsinhalt war und ihn vor einem »solchen männlichen Erwachsensein« zurückschrecken ließ.

Es ist anzunehmen, daß dieser noch nicht ganz erwachsene Peter seinen beiden Söhnen ein liebevollerer Vater sein kann, einer, der anwesend sein und mit ihnen leben will. Aber vielleicht lernt er nicht nur das (von seiner Frau vorbereitete?) Essen selbst in die Röhre zu schieben, sondern es auch zu kochen. Das wäre kein schlechter Beitrag als Vorbild für seine Söhne, einen Mann zu erleben, der sie nicht nur mit lebendigen Spielen, sondern auch mit Selbstgekochtem nähren kann.

Fünfter Brief

»Anne,
was würdest Du wohl sagen und denken, wenn Du mich heute mit achtunddreißig Jahren sehen und kennenlernen würdest? Und erst Mama, Papa und Fritzi?

Obwohl ich leider noch zu oft das liebe, brave und fleißige Annerl bin, das sie von früher kennen, habe ich mich verändert. Ich bin immer noch dabei, mich zu verändern, gehe zur Abendschule und ahne schon, was sie dazu sagen würden: ›Was soll denn dieser Spleen? Das schaffst Du sowieso nicht. Außerdem heiratest Du und bekommst Kinder.‹

Ja, ja, Du mußtest der Mama immer alles recht machen, weil sie es sowieso so schwer hatte mit dem Arbeiten für uns alle und dem Geldverdienen. Ihr darfst Du nur Freude machen, damit sie stolz auf Dich ist und sich die Mühe lohnt.

Der Papa ist arm dran, trinkt und wird immer debiler. Er kann sich nicht mehr selbst versorgen, und wenn er seine frischen Unterhosen nicht anziehen will, bist Du, Annerl, doch die einzige, die ihm das noch beibringen kann. Wenn er sich nicht rasieren will, mußt Du es ihm machen. Wenn er in der Küche sitzt und im Quelle-Katalog die Frauenunterwäsche anschaut und dreckige Witze erzählt, bist Du es doch, die sich für ihn schämt. Du machst Dir Sorgen, wenn er neben Deinem Zimmer im Klo besoffen stöhnt, weil er nicht Wasser lassen kann. Wenn er sagt: ›Wenn ich no hin wäre.‹ Wenn eine Mitschülerin etwas Schlechtes über ihn sagt, dann prügelst Du Dich mit ihr, verteidigst ihn, weil Du ihn liebst.

Deinen Bruder Fritzi hast Du bewundert. Du fühltest Dich von ihm emotional abhängig. Aber wenn Du einmal etwas nicht konntest, hat er Dich erniedrigt, und Du warst nichts wert. Du hast es mit Anpassung versucht, warst nett und fleißig und hofftest, daß Dich dann einmal jemand gern hat und liebt.

Erst jetzt mit achtunddreißig fange ich an, erwachsen zu werden, wende mich von Menschen ab, die mich nicht wahrnehmen. Entwickle eigene Wünsche. Aber das kleine Mädchen, das einmal Annerl hieß, ist auch noch da. Der will ich sagen, daß es schön ist, etwas für sich zu tun. Es ist noch zuviel Ernstes und Trauriges in ihr, deswegen wünsche ich ihr noch mehr Spaß und Leichtigkeit.«

Impression: »Der Mama immer alles recht machen«

Annes Brief erzählt von dem Problem des weiblichen Gehorsams, der Einschränkung von Fähigkeiten und der Anleitung zu jenen typischen weiblichen Liebesmustern, die Mädchen im Lauf ihrer Entwicklung zur selbstverleugnenden Beziehungsexpertin machen sollen. Sie beschreibt und erinnert die alte Geschichte zwischen Müttern und Töchtern. »Tu's doch mir zuliebe«, eine Forderung, die Mädchen weich stimmen und zum Schweigen bringen soll.

Die Mutter ist das Vorbild. In unzähligen Situationen erlebt das Mädchen die mütterliche Bemühung um Harmonie, beobachtet sie diese bei überfordernden und selbstverleugnenden Zerreißproben. Und die Tochter ist Teil dieses »Liebesspiels«, wird einbezogen und als Erfüllungsgehilfin der mütterlichen Beziehungsarbeit mit eingesetzt, von ihr angehalten, »lieb zu sein«, »den Mund zu halten« und alles mögliche »ihr und ihm zuliebe« zu tun oder zu lassen.

Dabei wird vieles, was im Bewußtsein und in der Wahrnehmung des Mädchens nicht zusammenpaßt und äußerst widersprüchlich ist, anscheinend aus Liebe getan. Es scheint das Zauberwort zu sein, mit dem alle haarsträubenden Ungerechtigkeiten im Zusammenleben weggeglättet werden.

Wenn ein Kind fühlt, daß für seine wirklichen Bedürfnisse kein Raum ist und kein Interesse besteht, es aber verständlicherweise nach positiven Bedeutungsgefühlen für das kindliche Selbst hungert, ist es bereit, sich alle Lasten aufbürden zu lassen.

Dann wird die Haltung, es allen recht machen zu wollen, zur einzigen Quelle von Selbstbestätigung, wobei das Kind wenig Chancen hat, den Betrug zu erkennen. »Du bist die einzige, die das kann«, mit solchen Sätzen wird ein Kind mißbraucht, wird ihm die Verantwortung der Erwachsenen aufgebürdet und die illusionäre Größenvorstellung in das kindliche Ich gepflanzt: »Ich kann Papa retten.«

Annes Brief erzählt auch von der unbedingten Loyalität des Kindes, welches bereit ist, die Person, die ihm angst macht, von der es ausgebeutet wird, für die es sich schämt, bei Angriffen von außen mit allen Kräften zu verteidigen, weil es doch der Vater ist, den sie liebt.

Ein gehorsames kleines Mädchen ist auf dem Weg zu einer Frau, die dabei ist, den Ungehorsam zu entdecken, die Freude an der Bemühung um eigene Ziele. Mein Eindruck ist, daß das kleine Annerl von früher bei dieser großen Anne inzwischen ganz gut aufgehoben ist. Sie sagt, daß es ihr heute mit achtunddreißig Jahren gelingt, sich von Menschen abzuwenden, die sie nicht wahrnehmen wollen, damit drückt sie etwas ganz Wichtiges aus, denn es bedeutet, daß sie dabei ist, die »alten Muster« tatsächlich zu durchbrechen.

Sechster Brief

»Liebe kleine Martina,
ich habe mich dazu entschlossen, Dir, dem kleinen Mädchen, einen Brief zu schreiben. Das fällt mir nicht leicht, ich habe lange gebraucht, um überhaupt anzufangen.

Du bist mir schon sehr fremd geworden, ich habe Dich bis heute sehr weit weg geschickt, wollte auch nichts mehr mit Dir zu tun haben. Es macht mir angst, über Dich nachzudenken, mich zu erinnern, weil da eine Menge an traurigen Gefühlen und an Gefühlen von Bedürftigkeit und Sehnsucht hochkommt.

Ich weiß aus Erzählungen, daß, als Du geboren wurdest, Deine ein Jahr ältere Schwester im Krankenhaus war, sie hatte einen lebensgefährlichen Ruhrinfekt. Mutter muß große Angst gehabt haben um sie, zumal sie nur selten ins Krankenhaus konnte, weil sie Dich stillen

›mußte‹. So wurde es Dir auch erzählt. An dieses Gefühl erinnere ich mich, Du dachtest, Du mußt dafür sorgen, daß Du Mutter nicht wieder so ›in Anspruch‹ nehmen mußt.

Heute erzählen sie mir, wie vernünftig und reif Du immer warst, wie man sich auf Dich verlassen konnte. Ja, ich erinnere mich auch, daß Du oft nicht nur für die beiden jüngeren Geschwister, sondern auch für die ältere Schwester die Verantwortung übernommen hast. Sie war ganz oft im Krankenhaus mit sehr gefährlichen Sachen. Du hast auch immer große Sorge um sie gehabt, sie besucht und beschenkt.

Ihr habt oft Reisen zusammen unternommen mit Sportvereinen. Da hattest Du immer solche Sehnsucht nach den Eltern, wolltest schnell zurück nach Hause. Die ältere Schwester konnte das nie verstehen.

Ich sehe Dich genau vor mir, wie oft Du Dich nachts ins elterliche Schlafzimmer geschlichen hast, auf allen vieren, um vielleicht unbemerkt ins Bett zu den Eltern zu krabbeln, weil Du nicht allein schlafen wolltest. Ganz oft hast Du stundenlang auf dem Boden vor dem Bett gehockt und Dich nur millimeterweise bewegt, damit die Mutter nichts merkt. Aber sie hat Dich immer zurückgeschickt in Dein Bett. Du warst ganz oft allein und einsam, nicht wahr? Ich friere auch heute noch sehr viel und weiß, daß es nicht an der Temperatur draußen liegt.

Jetzt weiß ich, daß Du damals mehr brauchtest, als Du tatsächlich bekommen hast. Und Du hast Dich sehr angestrengt, um bemerkt und beachtet zu werden. Auch dieses Gefühl ist mir heute noch sehr bekannt, mich zuviel anzustrengen, um gemocht zu werden.

Ich habe kürzlich ein Foto gesehen, da bist Du mit Deiner älteren Schwester. Du lernst gerade laufen, die

Schwester will Dir unterstützend die Hand geben. Mutter hat darunter etwas geschrieben, was mir jetzt einen Stich versetzt, weil ich weiß, daß Dir das immer beigebracht wurde: ›Danke, aber es geht ganz gut allein.‹

Du hast gelernt, Dich immer allein durchzuschlagen, niemanden um Hilfe zu bitten. Auch heute fällt es mir schwer, Hilfe anzunehmen, meine Sachen mit anderen gemeinsam anzugehen.

Ja, Du erinnerst mich manchmal daran, daß Du da bist und Wärme und Fürsorge brauchst. Ich bin sehr traurig darüber, wie lange ich Dich nicht gehört habe. Inzwischen weiß ich aber zumindest, daß Du da bist, Dich bemerkbar machst. Am meisten spüre ich dann die Angst, die Du wohl ganz viel hattest. Angst vor Gewalt, Einsamkeit und Nicht-Beachtung und Angst und Sorge um andere, die Du so lieb hattest.

Heute geht es mir mit anderen Kindern so, daß ich aufpasse, daß sie umsorgt und glücklich sind, daß ich ihnen viel geben kann. Noch fällt es mir schwer, mich ebenso um Dich zu sorgen, aber ich will es mir erarbeiten, möchte hören, was Du mir sagst.

Du hast damals oft gedacht, wenn Du groß bist, wehrst Du Dich, machst den Mund auf, läßt Dir nichts Böses tun. Ich bin dabei, es zu lernen, ich hab's nicht vergessen.

Ich weiß noch, daß Du immer irgendwie berühmt sein wolltest, etwas Besonderes, ein Star, eine Heldin oder eine Künstlerin. Das hat Dich immer sehr angespornt im Lernen und Ausprobieren. Nun, ein Star bin ich nicht, aber ich habe mir den Eifer erhalten. Es macht mir noch immer Spaß, neue Sachen zu lernen und an Dingen intensiv zu arbeiten. Du warst schon immer sehr zielstrebig, und darin bin ich Dir treu geblieben.

Ich weiß, daß ich Dich manchmal vergesse. Aber das wird anders, zwar langsam, aber stetig. Ich fühle heute schon mehr von Dir, lasse auch etwas mehr die Gefühle zu, die Du hattest.

Ich vergesse Dich nicht, alles Liebe, Martina.«

Impression: »Du bist mir schon sehr fremd geworden«

Beim Lesen dieses Briefes spüre ich besonders die mutige Tat, die hinter diesen Zeilen steckt. Wie schwer muß es der »vernünftigen, selbständigen, unabhängigen« Martina gefallen sein, sich an den Preis zu erinnern, den das kleine Mädchen für diese Rolle zahlen mußte.

Ein Kind wächst in der Nähe eines »Sorgenkindes« auf. Es spürt, wie sich die Sorgen der Mutter, ihre Aufmerksamkeit auf das andere, das kranke Kind richten. Bei so viel Kummer und Beanspruchung entwickelt sich rasch das Gefühl »Ich darf keine Last sein«. Die Kleine wird zur Großen gemacht. Ihre Bedürftigkeit, ihr Wunsch nach Nähe, Schutz und Wärme bleiben vernachlässigt und ohne Bestätigung für ihre Berechtigung.

Aber sie erlebt, wie ihr Selbstverzicht »belohnt« wird. Für ihre Reife, ihre Verläßlichkeit und Vernunft wird sie gelobt und damit eingesperrt in eine Rolle, bei der sie unter allen Umständen vermeiden muß, den Kontakt mit den anderen Aspekten ihrer Person aufrechtzuerhalten.

»Danke, aber es geht ganz gut allein« wird ein Leitmotiv. »Ich brauche keine Hilfe, ich bin selbständig« wird ein Signal sein, mit welchem sie die Menschen in ihrer Umgebung dazu verleitet, dies auch zu glauben und sie weiter in der »Rolle der Großen« festzuhalten.

Kein Wunder, daß Anstrengung und ein Kältegefühl heute noch sehr vertraute Empfindungen für Martina sind. Es ist anzunehmen, daß sie »wie früher« viel zu oft über ihre Kraftgrenzen hinausgeht und dabei vielleicht trotzdem kein klares, selbstbewußtes Gefühl für ihre Leistungen und Fähigkeiten hat.

Ein vertiefter Kontakt mit der kleinen Martina könnte ihr dabei sehr helfen. Denn erst, wenn die erwachsene Frau die Furcht vor dem bedürftigen Kind in sich verliert, wenn sie es annehmen, nähren und trösten lernt, ihm erlaubt, unvernünftig zu sein und zu spielen, werden die Menschen in ihrer Umgebung mit der »ganzen Martina« in Kontakt kommen können.

Erst dann wird sie Menschen in ihre Nähe lassen und suchen können, die nicht nur an der tüchtigen, leistungsstarken Frau interessiert sind, sondern auch an der Person, die Wärme braucht, die liebevolle Anteilnahme wünscht und ab und zu einmal ausruhen möchte von ihrer Tüchtigkeit.

Bleibt zu wünschen, daß Martina es ernst meint mit ihrem »Nichtvergessenwollen«.

Alle diese Briefe korrigieren noch einmal die Wunschvorstellung von einer unbeschwerten, glücklichen Kindheit. Sie sind nicht nur individuelle Zeugnisse, sondern erzählen beiläufig von »ganz normalen Kindheiten« – von Unverständnis, alltäglicher Gewalt, *der Überforderung von Eltern und Kindern*, wobei letztere mit diesem Erbe ausgerüstet auf ihren Lebensweg geschickt werden.

Sie geben auch Aufschluß über die unterschiedlichen Positionen der Geschlechter in den Familien, über abwesende Väter und Frauen, die als Mütter mit ihrer Beziehungsarbeit im Stich gelassen werden und die so ihr Unglück an die Kinder weitergeben.

Aber es sind für mich auch Lebensdokumente, die von

bewundernswertem Mut und Stärke zeugen, davon, daß trotz aller Widrigkeiten die Bemühung nicht aufgegeben werden muß, tiefverwurzelten, lebenswichtigen Wünschen eines Tages den ihnen gemäßen Platz verschaffen zu können.

4. Ich kann die Landschaft meiner Kindheit noch immer durchstreifen

Die Berühmtheit und der Erfolg von Personen, die die Öffentlichkeit durch ein künstlerisches Werk beeindrucken, führt bei manchen Menschen zu der Annahme, daß diese ungewöhnlichen Frauen und Männer ganz einfach über angeborene Fähigkeiten und Begabungen verfügen, vom Schicksal begünstigt worden sind und mit Sicherheit eine privilegierte, unbeschwerte Kindheit hatten, die ihnen den Weg für ein glückvolles, reiches Leben eröffnete.

Nun mag es tatsächlich einige bedeutende Menschen geben, denen günstige Bedingungen bei ihrer besonderen Entwicklung hilfreich waren. Aber mein Eindruck aus der therapeutischen Arbeit und der Lektüre zahlreicher Biographien ist der, daß nicht in erster Linie die Abwesenheit von Schwierigkeiten die Kreativität von Menschen weckt und beflügelt, sondern die Bereitschaft, in ihnen eine Herausforderung für die eigenen Kräfte und Wachstumsmöglichkeiten zu sehen und diese anzunehmen.

Der Wiener Psychologe Alfred Adler, Begründer der Individualpsychologie und Zeitgenosse Sigmund Freuds, hat in seiner Theorie Überlegungen zu der für ihn zentralen Frage angestellt, wie Kinder in ihrer Entwicklung mit Schwäche und Minderwertigkeitsgefühlen umzugehen versuchen.

Er geht davon aus, daß die kindlichen Bemühungen, diese unangenehmen Gefühle zu kompensieren, das heißt, sie auszugleichen, zur treibenden Kraft in der Entwicklung werden und als Geltungs- und Machtstreben neurotische Züge, gemeinschaftsfeindliche Züge gewinnen können.

Die Sichtweise Adlers enthält viel Brauchbares für das Verständnis menschlicher Charakterzüge und Haltungen. Trotzdem scheint mir sein Postulat von den Minderwertigkeitsgefühlen, die am Anfang jedes menschlichen Lebens stehen, auch typisch männliche Bewertungen zu enthalten, indem die in einer patriarchalen Gesellschaft üblicherweise dominierenden Werte Kraft, Überlegenheit, Macht und Stärke nicht kritisch hinterfragt sind. In einer Gesellschaft, in der sogenannte weibliche Werte, Haltungen, die Leben pflegen und schützen helfen, als wesentlich integriert wären, müßte kindliche Schwäche und Bedürftigkeit *nicht* als minderwertig deklariert werden.

Für den Zusammenhang mit dem Thema des Buches bleibt jedoch die Einsicht von Bedeutung, daß Menschen nicht durch Verwöhnung, sondern durch Reibung an Widerständen und Schwierigkeiten zu Lösungsversuchen animiert werden und dabei ihre Kräfte kennenlernen und erproben können. Für die Bewältigung von Lebensaufgaben ist dies ein äußerst günstiger, produktiver Standpunkt, legt er doch nahe, in Problemen nicht nur Zumutungen und Belastungen zu sehen, sondern auch eine Schatzquelle von Entwicklungsmöglichkeiten.

Und hier scheint mir ein schlüssiger Zugang zu manch außergewöhnlichen Lebensläufen zu bestehen: Offenbar bewahren sich gerade kreative Menschen den lebendigen Kontakt zu ihren Kindheitserfahrungen auch dann, wenn diese für sie viel Schmerzliches, Schwieriges und Unverständliches enthielten. In einem bewußten Ringen um Akzeptanz sind sie fähig, die Geschichte ihres Entwicklungsverlaufs anzunehmen, und wehren diese nicht, wie viele Menschen, durch Akte der Verleugnung und Verdrängung ab.

Darüber hinaus sind sie vor allem fähig, die Ganzheit zwischen der erwachsenen Person und dem Kind, das sie einmal waren, nicht zu leugnen. Sie haben es mit Freude oder Schmerz, vielleicht sogar Widerwillen mitwachsen lassen, es mitgenommen und seine Existenz in ihre jeweilige erwachsene Welt integriert. Sie sind im lebendigen Kontakt, im Austausch mit »dem Kind«, sie schöpfen von seinem Gefühlsreichtum, seiner Neugier, seinen Ängsten und Freuden, seiner Sinnlichkeit und seinem Erfahrungshunger. Aus diesem Grunde ist für mich nie nur das »Werk an sich« interessant, sondern auch der biographische Boden, auf dem es so und nicht anders entstehen mußte.

Von dem Ringen um eigene Lebensmöglichkeiten ist stets dann in Biographien zu lesen, wenn Menschen aufrichtig und ungeschönt über ihr Leben schreiben. Wenn sie über gelungene oder gescheiterte Versuche »ihrer Menschwerdung« berichten, Spuren zurückverfolgen, den Motivationen von Entscheidungen und Handlungen nachspüren, lose Fäden zu Zusammenhängen verbinden, Unverständliches offenlegen und stehenlassen können. Solche Bücher sind häufig packender, in jedem Fall aber farbiger als Fachbücher, in denen abstrakt oder theoretisch über Möglichkeiten des Menschseins referiert wird. In ihnen wird Leben nicht katalogisiert, schematisiert und typisiert, sondern so verwickelt, widersprüchlich und chaotisch und dennoch von einer tiefer liegenden eigenen Ordnung dargestellt, wie Lebensversuche wirklich sind. Insofern kann die Lektüre solcher Biographien eine Inspirations- und Kraftquelle für das eigene Leben sein.

Wir dürfen teilnehmen an dem Versuch anderer, das Leben zu gestalten und zu bewältigen, sind angesichts des Erzählten angerührt, entsetzt oder empört. Wir werden nachdenklich gestimmt oder zum Lachen gebracht. Wir können trauern und uns sehnen. Wir empfangen Impulse, die uns zum Schweigen oder zum Reden bringen. Wir werden angeregt zum Vergleich: Wie ist das mit mir? Entzieht sich das Geschriebene der eigenen Erfahrungswelt völlig oder gibt es Anknüpfungspunkte?

Es entstehen Gefühle von Anziehung und Abstoßung, ganz wie in der Begegnung mit realen Personen. Es kann sein, daß wir verzaubert, aufgewühlt oder kalt reagieren. Daß wir die Berührung abwehren und mit diesem Leben nichts zu tun haben, von dieser Person schnell loskommen wollen. Daß wir schnell vergessen möchten, daß menschliches Leben *so* existiert. Wir stehen vor Abgründen und Lichtungen, die uns staunen machen, die Neugier wecken, Respekt vor dem Anderssein, vor der Vielfalt dessen, *was Menschen erleben und überleben.*

Für mich sind Biographien die eigentlichen Schatztruhen der Literatur. Vielleicht hängt diese Vorliebe auch mit meinem Beruf zusammen. Die lesende Teilhabe an einem fremden Leben kann wohltuende Wirkungen erzeugen. Mittels Identifikation und Verbundenheit können entlastende Erfahrungen gemacht werden, kann Trost und Ermutigung empfangen werden, läßt sich auch das eigene Leben klären und erhellen.

Die Biographie des schwedischen Theater- und Filmregisseurs Ingmar Bergman ist nur ein Beispiel. Er schrieb 1987 das Buch »Mein Leben«, in dem an einer Stelle steht:

»Ich muß gestehen, daß ich mit Lust und Neugier an

meine frühen Jahre denke. Phantasie und Sinne erhielten reichlich Nahrung, und ich kann mich nicht erinnern, mich je gelangweilt zu haben. Vielmehr explodierten Tage und Stunden vor lauter Besonderheiten, unerwarteten Ereignissen, magischen Augenblicken. *Ich kann die Landschaft meiner Kindheit noch immer durchstreifen* und Licht, Düfte, Menschen, Räume, Augenblicke, Gesten, Tonfälle und Gegenstände wieder aufleben lassen.«

Bergman stilisiert nicht seine Person, sein Lebensdokument ist von radikaler Offenheit, es schreckt vor Peinlichkeiten nicht zurück und erinnert eine Kindheit zwischen »grenzenlosem Entsetzen und überschäumender Freude«. Den Namen Ingmar Bergman kannte ich schon lange, bevor ich einen seiner Filme sah.

Ich muß ungefähr zehn Jahre alt gewesen sein, als meine Mutter mir einmal spätabends, fast in der Nacht, von einem Film erzählte, den sie gerade zuvor gesehen hatte. »Wilde Erdbeeren« war der Titel des Films. In unserem kleinen Dorf gab es nur sehr selten Filme, die nach Meinung meiner Eltern anzuschauen lohnten. Für uns Kinder war Kinogehen ganz und gar verboten. Später wurde dann aus mir ein leidenschaftlicher Film- und Kinofan. An diesem Abend schlief ich im Bett meines Vaters, der zur Kur war, neben meiner Mutter und wurde wach, als sie zurückkehrte.

Ich erinnere, wie tief bewegt sie von dem Film war, von der Geschichte eines alten Mannes, der auf dem Weg war, eine Auszeichnung als Medizinprofessor entgegenzunehmen, und während dieser Reise seine Vergangenheit in Träumen, Phantasien und Erinnerungsbildern heraufbeschwört. Er begegnet Menschen und Orten seiner Kindheit und beginnt allmählich, die Ursachen seiner seelischen Verhärtung zu begreifen. An meine Mutter gekuschelt, hörte ich in jener Nacht zu. Sie beschrieb mir die Gesichter, die Landschaft und die Gefühle der Menschen. Sie schien aufgewühlt und war sicherlich froh, daß sie mir, und damit auch sich selbst, das Gesehene noch einmal erzählen konnte. Erst sehr viel später hatte ich selbst Gelegenheit, Bergmans Filme kennenzulernen.

Wer seine Biographie liest, weiß, daß die Erinnerungen an seine Kindheit und Jugend die wichtige Quelle ist, aus der heraus er Filme gestalten konnte: »Das Schweigen«, »Szenen einer Ehe«, »Schreie und Flüstern«, »Wie in einem Spiegel«, »Das Schlangenei« »Herbstsonate« und »Von Angesicht zu Angesicht«, um einige der wichtigsten zu nennen.

Die Geschichte von »Fanny und Alexander« gehört zu seinen letzten Filmen. In dieser erzählt er vor allem von zwei Kindern, deren Vater plötzlich stirbt und die dadurch einem grausamen, gefühlskalten und unerbittlich strengen Stiefvater, der Bischof ist, ausgesetzt sind. Dieser sieht seine Quälereien an den Kindern, besonders an dem Jungen, durch christliche Sünden- und Wertvorstellungen abgesegnet.

Die Geschichte ist in ein opulentes sinnliches Fest von Farben und Eindrücken eingebettet und in prachtvolle Bilder umgesetzt. Es ist ein Schwelgen in Sinneseindrücken und gleichzeitig die Abrechnung mit dem scheinbar Vergangenen. Eine meisterhafte Komposition aus glücklichen und angstvollen Kindheitsmomenten. Eingefangen sind Glück, Verstörung, Verzweiflung, Ausgelassenheit, Heiterkeit, Freude und dumpfe, beklemmende, würgende Bedrückung, ist kindlicher Haß und ohnmächtiger Zorn und Wut auf den Peiniger.

Ich sah diesen Film zum ersten Mal mit einem Freund

und bemerkte nach relativ kurzer Zeit dessen Unruhe und sein heftiges Atmen. Hinterher sagte er mir, daß er die ganze Zeit den Impuls hatte, hinauslaufen zu müssen. Die Szenen zwischen dem Stiefvater und dem kleinen Alexander hatten ihn so unmittelbar in eigene Kindheitsgefühle hineinversetzt, daß es für ihn fast unerträglich wurde, einfach still zuschauen zu müssen, während in ihm eigene quälende Erfahrungen von Demütigung durch den Vater lebendig wurden.

Bergman selbst wuchs in einem protestantisch strengen Pfarrhaus auf:

»Unsere Erziehung beruhte hauptsächlich auf Begriffen wie Sünde, Bekenntnis, Strafe, Vergebung und Gnade – sie waren konkrete Faktoren in den Beziehungen von Eltern und Kindern zueinander und zu Gott. Darin war eine Logik, die wir akzeptierten und zu verstehen meinten. Möglicherweise trug dieser Umstand dazu bei, daß wir so blauäugig und arglos auf die Nazis reinfielen. Wir hatten noch nie etwas von Freiheit gehört, und noch weniger wußten wir, wie sie schmeckt. In einem hierarchischen System sind alle Türen verschlossen.«

Er schildert ein breites Repertoire von Bestrafungen. Wenn Schläge verabreicht wurden, mußte dem Vater anschließend die Hand geküßt werden, damit dieser die Vergebung erteilen konnte. Bergman versuchte, den Strafen dadurch zu entgehen, daß er sich »zum Lügner ausbildete. Ich schuf eine äußere Person, die mit meinem wirklichen Ich sehr wenig zu tun hatte. Da ich Maske und Ich nicht auseinanderhalten konnte, hatten diese Schäden noch Konsequenzen, als ich längst erwachsen war, und sie beeinträchtigten auch meine Kreativität.«

Ebenso wie seine Filme ist auch sein Buch reich an Bildern, die ins Herz schneiden, Szenen, in denen ein vierjähriger Junge verzweifelt um die Liebe seiner Mutter bettelt, sich nach ihr verzehrt, nur um mit einer kühlen Bemerkung von ihr weggeschickt zu werden. »Meine Ergebenheit störte und irritierte sie, meine Zärtlichkeitsbezeugungen und heftigen Ausbrüche beunruhigten sie.«

Die Prügeleien des Vaters bewirken im Jungen ohnmächtige Wut und Zorn, stimulieren ihn zu Phantasien, in denen er sich quälende Todesarten für diesen ausdenkt und genüßlich ausmalt, dessen Entsetzensschreie zu hören und seine Bitten um Erbarmen. Aber die kleinste liebevolle Geste seines Peinigers – »Vater streckte seine große Hand aus und griff nach meiner. Meine Wut lief in einer Sekunde aus mir heraus...« – stimmt den Jungen wieder weich und bereit, dem Vater die Chance zu geben, auch »anders« zu sein.

Im letzten Teil des Buches hält Bergman einen nächtlichen Dialog fest, den er mit der bereits verstorbenen Mutter führt. Er ist fast ein alter Mann, längst berühmt und erfolgreich, und trotzdem quält ihn noch die Frage, warum er sich so lange unfähig gefühlt hat, normale menschliche Beziehungen zu leben.

»Mutter, ich rufe dich, wie ich immer gerufen habe: als es Nacht war und ich Fieber hatte, als ich von der Schule nach Hause kam, als ich in der Abenddämmerung durch den Krankenhauspark lief, von irgendeinem Gespenst gejagt, als ich die Hand ausstreckte, als ich dich an diesem verregneten Nachmittag auf Farö erreichen wollte, Mutter. Ich weiß nicht, ich weiß nichts. Was ist es, was wir gemeinsam durchmachen? Wir werden nicht damit fertig. Ja, es ist wahr, ich habe hohen Blutdruck. Den habe ich in einer Zeit der Demütigung und Erniedrigung bekommen. Meine Wangen brennen, und ich höre jemanden heulen, vermutlich mich selbst.«

Von Liebe wurde in seinem Elternhaus nicht geredet, davon predigte der Vater in der Kirche, während sich die drei Kinder, Ingmar, ein Bruder und eine Schwester, von Elend gelähmt fühlten und nicht verstanden, warum sie so viel Scham und Schuld empfanden.

»Warum war mein Bruder wie gelähmt, warum wurde meine Schwester zu einem Schrei zerdrückt, warum mußte ich mit einer nie verheilten, infizierten Wunde leben, die sich in meinem ganzen Körper bemerkbar machte? Ich will keine Schuld zumessen. Ich bin kein Schuldeneintreiber. Ich will nur wissen, warum unser Elend hinter der zerbrechlichen Mauer des gesellschaftlichen Prestiges so entsetzlich wurde.«

Um wieviel ärmer wären wir, die Betrachter seiner filmischen Arbeit, wenn Ingmar Bergman nicht mit dieser glaubwürdigen Leidenschaft immer wieder neu diese dringlichen Fragen gestellt hätte: Warum tun sich Menschen einander das an? Warum quälen und verletzen sie sich so, obwohl sie sich lieben möchten? Sein Werk ist eine verzweifelte Bemühung, sich selbst und andere Menschen, ihre Abgründe und Beweggründe verstehen zu wollen.

III. Kapitel

»Für meine Gefühle trage ich keine Verantwortung – die kommen einfach so über mich«

1. Fühlen will gelernt sein

Wenn Menschen über ihre Gefühle sprechen, schwingt häufig unausgesprochen die Annahme von etwas *Angeborenem, Unabänderlichem* mit: »Meinen Gefühlen bin ich ausgeliefert. Da kann ich gar nichts machen.« In einer solchen Haltung drücken sich Ohnmacht und Fatalismus aus, aber sie beinhaltet auch eine Art Entschuldigung: »Für das, was ich fühle, bin ich nicht wirklich verantwortlich. Gefühle sind wie das Wetter. Das ist auch nicht zu beeinflussen.«

Mit den Geheimnissen des Gehirns beschäftigen sich Mediziner, Psychologen, Neurobiologen und Sprachforscher. An allen geistigen Leistungen wie Wahrnehmungen, Denken oder Erinnern ist ein Hirnbereich beteiligt, der »Limbisches System« genannt wird und der zum Beispiel alle Sinnesdaten, wie die fünf Grundstimmungen des Menschen – Freude, Neugierde, Angst, Wut und Trauer –, empfängt und emotional »bewertet«.

In den siebziger Jahren glaubte man, das menschliche Gehirn im Computer einfach nachbauen und so verstehen zu können. Inzwischen hat man von dieser Vorstellung Abschied genommen.

Viele Leistungen des Gehirns lassen sich nur begreifen, wenn man sie als Gemeinschaftsleistungen unterschiedlicher Areale betrachtet. Wie das Gehirn tatsächlich funktioniert, ist nur in Ansätzen bekannt. Man weiß, daß das Gehirn chaotisch arbeitet und Kreativität ein Produkt des nichtlinearen Systems ist.

Auf einem Kongreß »Zukunftswege der Hirnforschung«, über den am 15. November 1993 im »Berliner Tagesspiegel« berichtet wurde, stellte der Kybernetiker Heinz von Foerster fest, daß ebenso, wie das menschliche Auge einen blinden Fleck habe, das Geheimnis des Bewußtseins für unser Bewußtsein unfaßbar sei.

Der dreiundneunzigjährige Sir John Eccles vertrat auf dem gleichen Kongreß vehement die philosophische These, daß der selbstbewußte Geist des Menschen nicht an das Gehirn gebunden sei. Vielmehr greife er von außen in das Hirn ein und bestimme so als freier Wille die Bahn unseres Handelns.

Die alte Streitfrage, ob Gefühle angeboren oder erlernt sind, werde ich an dieser Stelle nicht aufgreifen. Statt dessen stelle ich einige Gedanken vor, die dabei helfen können, das Wissen über die Entstehung von Gefühlen zu erweitern und deren Bedeutung für unser Leben bewußter zu machen. Bei meinen Ausführungen beziehe ich Forschungsergebnisse mit ein, die Agnes Heller in ihrem Buch »Theorie der Gefühle« festgehalten hat. Demnach gehört zwar das Potential, fühlen zu können, zur genetischen Grundausstattung des Menschen, aber jedes konkrete Gefühl ist Ergebnis von Lernprozessen.

Meine persönlichen Erfahrungen bei Schritten von Veränderung, aber auch die Beobachtungen und Erlebnisse aus den Beziehungen zu anderen Menschen bestätigen mir, daß Fühlen beeinflußbar ist, Gefühle nicht genetisch programmiert, sondern erlernt sind. *Wie sieht dieser Lernprozeß nun aus?*

In der Stunde der Geburt kann ein kleiner Mensch weder denken noch handeln, aber er fühlt etwas. Das Weinen, Wimmern oder auch Schreien des Säuglings im Moment der Geburt ist ein Gefühlsausdruck, in dem sich die Loslösung von der Natur zeigt.

Von diesem Moment an besteht für den Menschen die Aufgabe zu lernen, um sich die Welt anzueignen. Dabei wird alles, was angeeignet wird, zum »Ich«, zur »eigenen Welt«. Die Fähigkeit des Fühlens, Denkens und Handelns ist dabei von Anfang an als Potential vorhanden, aber deren konkrete Ausgestaltung findet in Beziehungen statt. Wobei das Fühlen der phylogenetisch primäre Prozeß und bei einem nicht instinktgeleiteten Wesen wie dem Menschen Vorbedingung für zielgerichtete Tätigkeit ist. Denken und Handeln sind wiederum von Bedeutung, wenn es um die Differenzierung von Gefühlen geht.

Das Neugeborene fühlt, ist aber noch nicht imstande, seine Gefühle zu differenzieren. Der hungrige Säugling muß weinen, aber wenn das Kind sprechen gelernt hat, teilt es seine Gefühle in Sätzen mit wie »Ich habe Hunger«, »Ich habe Durst«, »Ich bin müde«. So ist der entscheidende Moment der Möglichkeit, Gefühle genauer zu lokalisieren, bei einem kranken Kind zum Beispiel Schmerz, der, mit dem es den Eltern sagen und zeigen kann: »Hier tut es weh.«

Die Gefühle können erst dann die Funktion der Homöostase und Selektion erfüllen, das heißt, dabei helfen, den Gleichgewichtszustand des Organismus zu regeln, *wenn wir gelernt haben, was wir fühlen,* und zum Beispiel Gefühle des Hungers, der Kälte und der Angst identifizieren und deuten können. Ist der Gleichgewichtszustand des menschlichen Organismus, Homöostase genannt, gestört, treten Abweichungen nach oben und unten auf, werden Rückmeldungen und Regelungen ausgelöst, die den gleichgewichtigen Zustand wieder herstellen sollen. Dabei ist das Erkennen der Gefühle und die Umsetzung in Sprachdenken von großer Bedeutung.

Gordon W. Allport schreibt in seinem Buch »Werden der Persönlichkeit«, daß die Herausgestaltung des Subjekts mit der Geburt beginnt. Der neugeborene Mensch wird quasi in die Welt und, wenn man so will, »in die Freiheit« hineingeworfen, um sich zu entwickeln. Unsere erste, noch undifferenzierte Emotion ist »Kontaktaufnahme mit der Welt«.

Es gilt, den eigenen Körper zu entdecken, ihn von anderen Objekten – wie Spielzeug und Fläschchen – zu unterscheiden, zur sozialen Umgebung, Mutter, Vater und anderen Personen, Kontakt aufzunehmen. Während sich das Kind in diesem Lernprozeß »Welt aneignen« befindet, erhält es ein Echo auf seine Existenz und Lebensäußerungen. Die Resonanz der nächsten Beziehungspersonen auf kindliche Gefühlsexpressionen, wie zum Beispiel Gefühle der Verlassenheit, Einsamkeit, Trauer und Kontaktwünsche, bestimmen entscheidend mit, ob und wie sich die Gefühle des Kindes entwickeln.

Für das nichtsprechende Kind haben die Worte selbst noch keine große Bedeutung. Wenn zum Beispiel ein Erwachsener »Pfui« sagt, wirkt nicht das Wort, sondern der Gefühlsausdruck der Person.

Später, wenn das Kind sprechen kann, ruft der Erwachsene durch Benennen eine Affektbildung hervor, zum Beispiel »Wenn du den heißen Herd anfaßt, tust du dir weh.« Ihm werden Gegenstände und Situationen genannt, die es meiden soll, weil sie gefährlich sind, Personen, denen es gehorchen und zu denen es lieb sein soll, Handlungen, deren es sich schämen soll. In den Beziehungen wird das Kind quasi aufgefordert, Gefühle zu entwickeln.

Der Inhalt der Aufforderungen entspricht zum Teil gesellschaftlichen Regeln und Vereinbarungen, darüber hinaus aber auch den jeweiligen Wertvorstellungen der erwachsenen Personen. Die Art der Aufforderung kann liebevoll, respektvoll, kalt, gleichgültig oder hart, diktatorisch sein. In ihr kommt jenes emotionale Familienerbe zum Ausdruck, von dem in einem früheren Kapitel die Rede war.

Im Beziehungskontext entscheidet sich wesentlich, welches Gefühlsspektrum das Kind sich aneignen darf, welche Gefühle von ihm als unerwünscht, verboten oder erlaubt gelernt werden, ob es dabei auf eine »Gefühlsoptik« festgelegt wird, die einmal sein späteres Leben maßgeblich mitbestimmt. Ein Leben, in dem vielleicht Angstvermeidung, Sicherheitsbedürfnis, Überlegenheits- und Machtstreben dominierender sind als der Wunsch, ein möglichst breites, reiches Gefühlsrepertoire zu leben und erleben.

Obwohl die sprachliche Mitteilung eine wichtige Rolle im Prozeß der Gefühlsentwicklung spielt, vermag ein Mensch, der ein bestimmtes Affektgefühl noch nie empfunden hat, wie zum Beispiel Mitleid, dieses Gefühl nicht einfach durch Benennen zu entwickeln. Diese Erkenntnis ist besonders im Zusammenhang mit dem Verständnis der Ursachen von Brutalität und Gewalt von großer Bedeutung.

Ein Kind muß lernen, welche Emotionen und Gefühlsdispositionen es überhaupt gibt. Es ist eine elementare Bedingung des Sich-in-der-Welt-bewegen-Könnens, der gesellschaftlichen Selbsterhaltung, daß wir viel mehr Emotionen (Emotionstypen) kennen, als wir selbst empfinden. Jemand, der noch nie Haß empfunden hat, kann trotzdem wissen, daß es Haß gibt. Wäre es nicht möglich, dies zu wissen, könnte der Mensch weder auf Haß reagieren noch die Beziehung dazu, seine Bewertung erlernen.

Das heranwachsende Kind beginnt, seine eigenen Gefühle zu beobachten, und stellt dabei fest, daß die emotionalen Begriffe, über die es verfügt, seine Gefühle meist nicht vollständig wiedergeben können. Besonders der pubertierende Mensch spürt ein starkes Bedürfnis, seine Empfindungen auszudrücken, sich mit ihnen zu befassen, sie zu umschreiben.

Gewalt in Gefühlen

In einem Gespräch über die Frage der Bestrafung von Kinderschändern spricht der amerikanische Anwalt und Krimi-Autor Andrew Vachss diese Problematik in einem »Stern«-Interview an. Er bringt zum Ausdruck, daß Menschen, die aus Vergnügen Kinder quälen, nicht als »Monster« geboren – sondern dazu gemacht werden.

Vachss: »Ich habe als Anwalt Zehnjährige vertreten, die schlimmste Sexualverbrechen an kleinen Kindern verübt hatten. Als ich sie zu ihren Taten befragte, reagierten sie emotionslos wie ein Stein. Kinder werden nicht mit Einfühlungsvermögen und Mitgefühl geboren, sie müssen es lernen. Alle jungen Täter waren von ihren Eltern selbst auf das schlimmste mißbraucht worden, niemand hatte ihnen geholfen. Keiner hatte für sie Mitgefühl, also konnten sie auch keines entwickeln und für ihre Opfer nichts empfinden... Ich sprach kürzlich mit einem jungen Mann, für den das größte Gefühl, das er je empfunden hatte, die Macht war, die er während der Tat über einen anderen Menschen besaß. Er wollte alles tun, um das zu wiederholen.«

Anschauungsmaterial zu diesem Thema bietet auch die Biographie von Jürgen Bartsch, gegen den 1967 wegen vierfachen Mordes Anklage erhoben wurde – und der als damals Einundzwanzigjähriger zu lebenslanger Zuchthausstrafe verurteilt wurde. Der 1946 geborene Junge wurde sofort nach der Entbindung von seiner tuberkulösen Mutter, die kurze Zeit später starb, getrennt. Er blieb elf Monate im Krankenhaus. In dem von Paul Moor herausgegebenen Buch »Das Selbstporträt des Jürgen Bartsch« schildert der Angeklagte in Gesprächen und Korrespondenz mit dem Herausgeber seine Erfahrungen in der späteren Pflege- und Adoptivfamilie.

An einer Stelle sagt er über seine Eltern: »Wenn zwei Menschen, die jeder für sich kaum Gefühle zeigen können, eine Familie gründen, so muß es meiner Ansicht nach irgendein Unglück geben.«

Er erinnert sich, daß er die ersten sechs Lebensjahre mit keinem anderen Kind spielen und nur an der Hand der Oma das Haus verlassen durfte. »Den Mund aufzumachen wagte ich kaum, denn ich stand überall im Weg, und das, was man Geduld nennt, hat meine Mutter nie gezeigt. Es ist oft passiert, daß ich Schläge bekam aus dem einfachen Grund, weil ich sie etwas fragen oder bitten wollte und ihr dabei im Weg war.«

Im gleichen Atemzug, mit dem er Situationen beschreibt, in denen die Mutter Kleiderbügel auf ihm kaputtschlägt, um ihn im nächsten Moment mit Küssen zu überfallen, kommt ihm der Gedanke, wie sehr ihn die Mutter lieben müsse. Diese Behauptung, daß seine Mutter ihn sehr lieben müsse, taucht in der Biographie immer wieder auf und mit ihr die tiefen Zweifel, weshalb er es nicht fühlen konnte, denn »...ein Kind, so dachte ich immer, muß das auch spüren«.

In seinen Träumen als kleiner Junge taucht die Mutter als eine Person auf, die ihn entweder verkaufen will oder mit einem Messer auf ihn los geht. Von Anfang an hat er Angst vor ihr.

Es ist der Vater, der dem Säugling die Windeln wechselt, weil seine Frau ihre Ekelgefühle und den Abscheu nicht überwinden kann. »Das Gefühl, das mein Vater heute zeigt, wirkt einfach echter als das, was meine Mutter hat.«

Einmal hat Jürgen im Metzgerladen der Eltern Spiegel zu säubern, und obwohl er sie alle blank geputzt findet, ist die Mutter noch nicht zufrieden mit seiner Arbeit. Als der Junge sich weigert, noch einmal von vorn zu beginnen, wirft sie ein langes Metzgermesser nach ihm. »Ich habe steif gestanden wie ein Brett. Ich wußte überhaupt nicht, wo ich war. Es war irgendwie unwirklich.« Als er kurze Zeit später einer Angestellten sein Erlebnis mitteilen will, sagt diese ihm nur, daß er sich alles einbilde und spinne.

Jürgen Bartsch verinnerlicht im Lauf seiner Entwicklung zahlreiche ähnliche Erfahrungen, in denen seine wirklichen Gefühle auf Aggression und Ablehnung stoßen und er die ihm zugefügten Verletzungen als unwirklich »abspaltet«.

In der Schule ist er der Kleinste, der nicht rennen und nicht singen kann, von den anderen gequält und gehänselt wird und mit seinen Kontaktwünschen allein bleibt. »Es soll niemand sagen, daß ich mich nicht um Freunde bemüht hätte. Ich sehnte mich mit ganzem Herzen danach und konnte nie jemanden finden. Ich suchte immer Liebe und Wärme und fand sie nicht. Sicher, Sie brauchen mir nicht zu sagen, wie sehr mich meine Eltern liebten und lieben. Aber, und das müßten Sie auch wissen, *ich merkte nichts davon, zu spüren war da nichts.*«

Es ist also gut zu wissen, wenn Menschen von den Medien zu »Monstern« abgestempelt werden, daß diese auch eine Kindheit gehabt haben, in der deren spätere monströse Taten meist schon in irgendeiner Weise vorhanden waren. Dabei geht es keinesfalls um die Rechtfertigung oder Entschuldigung von Grausamkeiten und Brutalitäten, sondern um die Schaffung anderer Voraussetzungen, um Aufklärung, Wissensvermittlung und prophylaktische Hilfen für Eltern und Kinder.

Die These von angeborenen Gefühlen verführt zu einer negativen Haltung in bezug auf die individuelle und gesellschaftliche Verantwortung für soziale Veränderungen. Eine solche Ideologie kann für politische Machtzwecke eingesetzt werden.

Wenn etwas unabänderlich feststeht, lohnt die Mühe nicht, darüber nachzudenken, wie ich es beeinflussen oder verändern könnte. Dann genügt es, sich mit den Auswirkungen, mit »Schadensregulierungen«, zu begnügen. Dann lassen sich Diskriminierungen relativ leicht »rational« begründen.

Das emotionelle Vergessen ist also das Vergessen der Fähigkeit, Bestimmtes fühlen zu können. Agnes Heller meint: »Wie ein Garten benötigen die Emotionen ständige Pflege, oder, wenn es besser gefällt, sie brauchen ständiges Begießen und auch ständiges Jäten, damit einige nie, andere Emotionen – der Möglichkeit nach –

doch vergessen werden. Die Gartenarbeit wird von allen Menschen mehr oder minder getan, und es liegt in der eigenen Verantwortung, welche man kultiviert, welche man begießt und welche man ausjätet.«

2. Fühlen heißt, in etwas verwickelt zu sein

»I am falling in love«, sagen Engländer, wenn sie sich verliebt haben. Diese Beschreibung, »in etwas hineinzufallen« und rundherum, eben »ganz« davon erfaßt zu sein, bietet ein anschauliches Beispiel bei der Klärung der Frage, was denn überhaupt Fühlen ist.

Agnes Heller spricht davon, daß Fühlen heißt, in etwas involviert zu sein. Das bedeutet, eingewickelt zu sein. Das heißt, daß die Gefühle, die wir beim Sprechen, Denken, bei unserer Arbeit, Gesprächen mit Menschen, bei Tätigkeiten, Zärtlichkeiten und in der Sexualität haben, Gefühle, die wir bei unterschiedlichsten Handlungen spüren, nicht bloße Begleiterscheinungen all dieser Lebensäußerungen sind, sondern inhärenter, das heißt, einverleibter Bestandteil des jeweiligen Sprechens, Denkens und Handelns.

Involviert kann ich in etwas sein, und *in etwas* kann ich involviert sein. Diese Unterscheidung bedeutet, daß in meinem Bewußtseinszentrum das Involviertsein selbst oder dieses »Etwas«, worin ich involviert bin, stehen kann.

Das Involviertsein kann unabhängig davon, worin wir involviert sind, sich wie folgt darstellen: momentan – kontinuierlich, nicht unsere ganze Person betreffend – unsere ganz Person betreffend, intensiv – extensiv, tief – oberflächlich, bewahrend – erweiternd, auf Vergangenheit, Gegenwart, Zukunft orientiert. In jedem Involviertsein werden verschiedene solcher Aspekte kombiniert.

Das Spektrum dieses »Eingewickeltseins« kann angenehm oder unangenehm, aktiv oder reaktiv, direkt oder indirekt sein.

Nehmen wir an, daß ich einen Vortrag zu schreiben habe. Mein Involviertsein ist positiv und direkt, wenn das Thema mich interessiert und reizt. Ich weiß, daß der Vortragsabend ein schönes Erlebnis werden kann. Anders: Ich muß meine Steuerunterlagen einreichen und stelle fest, daß mir wichtige Unterlagen fehlen. Ich bin direkt und negativ involviert, weil ich weiß, daß meine Beraterin Ärger machen wird, wenn ich die Unterlagen nicht auftreibe. Es wird störende und lästige Folgen haben.

Nehmen wir das morgendliche Zeitunglesen: Der Inhalt löst gänzlich unterschiedliche Reaktionen aus. Ich entdecke einen Artikel, der unmittelbar mit mir zu tun hat. Ich bin direkt involviert. Wenn es eine erfreuliche Nachricht ist, positiv, andernfalls negativ. Die Berichterstattung über eine Kino- oder Theaterpremiere führt dazu, daß ich nicht direkt involviert bin, weil der Inhalt nicht mich betrifft, aber ich kann die Information speichern, um sie interessierten Freunden zu erzählen und mir damit eventuell ein Echo zu verschaffen, wie gut ich informiert bin.

Wenn mir etwas völlig gleichgültig ist, ich also nichts fühle, ist mein Involviertsein gleich Null. Heller meint allerdings, daß wir diese Grenze nie erreichen. Die obere Grenze des Involviertseins wird organisch und sozial begrenzt. »Wenn die Intensität des Involviertseins das Gleichgewicht des Organismus zerstört, sind wir über die Maximalgrenze hinaus: im äußersten Fall können wir sogar vor Wut, Freude und Schmerz sterben.« Und während vielleicht der eine Mensch an dem Schmerz stirbt, weil es für ihn die Maximalgrenze war, überlebt der andere die gleiche Situation, weil es nicht seinem Maximum entsprach.

Das Involviertsein von Menschen wird in jedem gesellschaftlichen Gefüge geregelt. Die Gesellschaft schreibt dem Individuum durch Riten und Gewohnheiten vor, wie die obere Grenze des Involviertseins auszusehen hat.

Aus der vergleichenden Ethnologie wissen wir, daß bestimmte Gefühle – wie zum Beispiel Scham und Eifersucht – nicht in allen Kulturen in gleicher Weise vorhanden sind, den gleichen Stellenwert haben oder in ähnlichen Zusammenhängen zum Ausdruck gebracht werden. In der japanischen Gesellschaft spielt zum Beispiel das Schamgefühl eine sehr große Rolle. Aber auch der Umgang mit Gefühlen zu Ereignissen, wie zum Beispiel dem Tod, kann sehr unterschiedlich bewertet werden.

So schreibt zum Beispiel Sabina Schwarz in ihrem Buch »Suche Schlaf, du großes schönes Tier – Africa mon amour« über diesbezügliche Erfahrungen in Liberia: »Das ist der erhabenste und freudigste Augenblick – der Tod –, in der Bedrückung der Hinterbliebenen begrüßt mit Jubel und der Ekstase einer herrlichen Schicksalswendung, an der jeder, der noch der Mühsal des Lebens verpflichtet ist, teilhaben will. Tod und Sterben sind Freudentaumel und das größte Fest im Kalender liberischer Zeremonien, immer Anlaß zu größter Ausschweifung und Völlerei.«

Die meisten Menschen kennen das Problem, wie der gesellschaftliche Kodex in bestimmten Situationen »passende Gefühle« vorschreibt und wie schwierig und unangenehm es im Einzelfall sein kann, wenn die eigenen »echten Gefühle« von dieser Anforderung abweichen.

Von Kindern werden Gefühle der Dankbarkeit gegenüber Eltern erwartet. Die daraus resultierenden Konflikte sind häufig Inhalt von Therapiegesprächen. Eigentlich könnte jeder wissen, daß Gefühle von Dankbarkeit etwas Freiwilliges sind. Wenn sie Ausdruck erlebter Erfahrungen, wirklicher Beziehung und zwischenmenschlicher Berührung sind, stellt sich das »echte Gefühl« von selbst ein. Es kann sich in Worten, Gesten, Handlungen und konkreter Fürsorge ausdrücken.

Eine ungefähr fünfundvierzigjährige Frau, deren Mutter im Krankenhaus lag, erzählte mir in diesem Zusammenhang: »Ich müßte eigentlich Mitleid haben und die Mutter trösten, aber ich kann es einfach nicht. Da ist so eine enorme Sperre, über die ich nicht rüber kann. Ich habe von ihr nie etwas wirklich Liebes bekommen.«

Für viele gesellschaftliche Situationen gibt es »Gefühlsvorschriften«, ähnlich wie Kleidervorschriften. Die Toleranz gegenüber von der Norm abweichenden Gefühlen ist nicht sehr groß. Ein Mensch, der den erwarteten Gefühlsausdruck nicht zeigt, erscheint in den Augen der anderen ziemlich schnell als »nicht richtig«, »nicht normal« und wird im extremen Fall für »verrückt« erklärt.

Eine zweiundfünfzigjährige Frau, deren Sohn nach mehrmaligen Selbstmordversuchen schließlich durch einen Sprung aus dem vierundzwanzigsten Stock eines Hochhauses seinem Leben ein Ende setzte, sagte mir: »Ich war dir so dankbar, daß du mir quasi angeboten hast, mein Gefühl von Erleichterung auszudrücken. Damit ist mir eine unendliche Last genommen. Irgendwann wird sicher auch Trauer nachkommen, aber jetzt ist nur grenzenlose Entlastung in mir. Bloß, das könnte ich keinem sagen. Die würden mich doch alle für barbarisch halten.«

Dieser junge Mann hatte das Leben der ganzen Familie jahrelang zur Hölle gemacht, weil er als Alkohol- und Drogenabhängiger alle Hilfsangebote persönlicher und materieller Art immer wieder ausgeschlagen – den anderen eigene Freuden vergällt, ihnen Schuldgefühle gemacht – und sie in ständige Angst um ihn versetzt hatte.

Aber nicht nur bei tragischen, sondern auch bei freudigen Ereignissen, wie zum Beispiel Geburten oder Hochzeiten, erwarten Außenstehende von den Beteiligten den Ausdruck von Jubel, Glück und Freude. Falls diese jedoch, was bei solchen Ereignissen gar nicht so selten vorkommt, statt dessen Unsicherheit und Zweifel empfinden, wird ihnen kaum gestattet, diese Empfindungen differenziert mitzuteilen. Menschen spüren: Wenn ich mein »echtes Gefühl« zeige, bin ich »falsch«.

In einer patriarchalisch geprägten Gesellschaft weisen die Gefühlsvorschriften zwangsläufig jene Züge auf, die in ihr üblicherweise mit »richtiger Männlichkeit« assoziiert werden. Die Toleranz gegenüber männlichen Gefühlsäußerungen von Schwäche, Hilfsbedürftigkeit, Angst oder Trauer ist dementsprechend gering, während Haltungen von Coolness oder Aggression bis zu einem gewissen Grad als »völlig normal« eingestuft werden.

Wenn allerdings Frauen in der Öffentlichkeit in ähnlicher Weise agieren oder wenn sie sich bei Angriffen lautstark und empört zur Wehr setzen, verletzen sie damit gesellschaftliche Spielregeln und gelten als »seltsam«, »überspannt« oder ganz einfach als »krank«.

Die Ungereimtheiten, Ungerechtigkeiten, Widersprüche und Verlogenheiten, die solchen gesellschaftlichen Gefühlsordnungen innewohnen, sind mannigfaltig und bieten reichen Konfliktstoff für jene, die sie mit kritischem Blick in Frage stellen und das Recht auf eigene, authentische Gefühlsbewertungen beanspruchen.

In einem »Spiegel-TV«-Interview am 6. November 1993, in dem der Schauspieler David Bennent von

Sandra Maischberger gefragt wurde, wie er als zwölf-jähriger Junge bei den Dreharbeiten zu dem Film »Die Blechtrommel« jene Szenen verarbeitet habe, in denen es um Sexualität ging, meinte dieser: »Ein nackter Frauen-körper ist doch etwas sehr Schönes. Das dürfen Kinder nicht sehen. Aber sie dürfen Filme sehen, in denen Men-schen zerstümmelt werden, in denen Blut fließt, in denen Menschen leiden müssen. Ich verstehe das nicht.«

3. Skala der Fühlmöglichkeiten

Die Vielfältigkeit der Gefühle zu systematisieren ist nur allgemein und unter verschiedenen Gesichtspunkten als theoretisches Konstrukt möglich. Grundsätzlich ist das konkrete Fühlen des Individuums immer sehr komplex, das heißt, daß auch bei »einfachen Gefühlen« verschiedene Komponenten eine Rolle spielen und es sich somit meist um ein Gefühlssyndrom handelt. Eine Typisierung der Gefühle ist daher rein theoretischer Natur, weil in Wirklichkeit ständig Verbindungen und Verschmelzungen stattfinden.

Die folgende Systematisierung enthält stichpunktartig einige jener Gedanken, die Agnes Heller in dem Buch »Theorie der Gefühle« als Systematisierungsversuch vorstellt.

Das Triebgefühl (Drive)

Die wichtigsten gemeinsamen Charakterzüge dieser Triebgefühle sind folgende: Sie signalisieren dem Organismus, wenn »etwas nicht in Ordnung ist«, wenn die biologische Homöostase gefährdet ist. Die Signale sind nicht an andere Personen gerichtet, also nicht kommunikativer Funktion, sondern an uns selbst gerichtet und enthalten die Botschaft, »eine Lösung« zu suchen. Diese Gefühle sind für die biologische Erhaltung der Gattung Mensch unerläßlich.

Triebgefühle sind von großer Intensität, und die Befriedigung des einen kann die des anderen *nicht ersetzen.* Wenn ich zum Beispiel Durst habe, wird dieses »Drive-Gefühl« nicht davon gestillt, daß ich schlafen kann. Die

Befriedigung der von den »Drive-Gefühlen« signalisierten Bedürfnisse wird gesellschaftlich geregelt. Wir müssen zwar essen, trinken, schlafen und haben sexuelle Wünsche, aber wie wir das tun, wird nicht einfach nur durch Normen, sondern auch durch Gepflogenheitssysteme, die ritualen Charakter haben können, geregelt.

Eine vorübergehende Unterdrückung dieser Gefühle ist möglich, aber nur für einen begrenzten Zeitraum, weil sonst die Homöostase zusammenbricht. (Nur der sexuelle Trieb kann sublimiert werden.)

Affekte

Im Gegensatz zu den für die biologische Homöostase wichtigen »Drive-Gefühlen« spielen die Affekte eine entscheidende Rolle in der *sozialen Homöostase*.

Die gemeinsamen Merkmale dieser Gefühlsfamilie sind: Ein auslösender Reiz ist notwendig. Die Affekte sind ausdrucksstark, an Mimik, Tonfall, Gesten und Gesichtsfarbe zu erkennen. Jemand kann »vor Wut zittern« oder »vor Angst erbleichen«. Affekte haben alle kommunikativen, das heißt zwischenmenschlichen Charakter. So lassen sich zum Beispiel der Ausdruck von Wut, Ekel, Angst, Trauer auf Gesichtern ablesen, gleichgültig welcher Kultur oder Rasse ein Mensch angehört.

Affektausdruck ist nicht erlernt. Erbleichen oder Erröten geschieht unwillkürlich und wird deswegen oft als »überwältigend« empfunden.

Der Affekte auslösende Gegenstand ist unspezifisch, denn unterschiedlichste Situationen, Dinge oder Menschen können zum Beispiel Angst, Wut oder Ekel auslösen. Die Affektspannung kann bewußt gesucht werden (Abenteuerlust, Angstlust, Gefahr suchen).

Im Gegensatz zum Triebgefühl kann der Affekt durch Gewöhnung, aber auch willentlich gemindert werden. Ich kann mich vom Objekt des Affekts abwenden. Ich kann es ignorieren. Der Affekt knüpft immer an Phantasie an. Ein Affekt kann den anderen unterdrücken. Neugier kann zum Beispiel stärker sein als Furcht oder Scham stärker als der Sexualaffekt.

Affekte sind ansteckend, zum Beispiel bei Massenaffekten wie Panik oder wenn Demagogen Hysterie erzeugen.

Affekte bauen auf den »Drive-Gefühlen« auf.

Orientierungsgefühle

Die Herausbildung der Orientierungsgefühle ist die Folge des vollständigen Abbaus der Instinkte. Die Orientierungsgefühle sind nicht angeboren, ihre einzige, ausschließliche Quelle ist die Erfahrung.

Im menschlichen Leben ist jedes »Ja-Gefühl« oder »Nein-Gefühl« Orientierung für Denken, Handeln und Bewertungen.

Emotionen (kognitiv-situative Gefühle)

Ebenso wie die Orientierungsgefühle sind auch die Emotionen rein gesellschaftlich. »Der Möglichkeit nach sind wir in der Hinsicht unserer Emotionen am freiesten, die Emotionen selbst haben nämlich keinerlei biologische Grundlage. Die Differenzierung unserer Emotionen ist zugleich das Wachstum unseres menschlichen Reichtums« (Agnes Heller).

Es gibt Furcht-Emotionen, Freude-Emotionen, emotionelle Kontaktgefühle als Gefühlsdisposition wie: Liebe, Freundschaft, Kameradschaft, Kollegialität, Solidarität.

Charakter- und Persönlichkeitsgefühle

Charaktergefühle sind Gefühlsgewohnheiten. Es sind emotionelle Reaktionsweisen, die tief verwurzelt sind und immer wiederkehren.

Man sagt zum Beispiel, jemand ist ein ängstlicher oder depressiver Charakter. Jemand hat einen ruhigen oder unruhigen Charakter.

Es sind »Ich-Gefühle« und »Selbst-Gefühle«.

Lebensgefühl, Stimmung, Laune

Dies ist eine für das ganze Leben oder größere Abschnitte, Phasen, charakteristische Gefühlsprädisposition, zum Beispiel Freude oder Melancholie.

Leidenschaft

Sie gehört keiner besonderen Familie innerhalb der Gefühlstypologie an, aber von allen Gefühlen können ausschließlich die Emotionen zu Leidenschaften werden.

Der Begriff Obsession (lat. Einschließung) wird in diesem Zusammenhang auch benutzt und bedeutet, von etwas mit Haut und Haaren erfaßt, davon besessen zu sein. Jemand kann zum Beispiel ein leidenschaftlicher Spieler sein. Dem ganzen Tun haftet dann etwas Zwanghaftes an. Für den Betreffenden selbst oder auch für Außenstehende kann es so wahrgenommen werden, daß der Freiheitsspielraum dieser Person, das Objekt seiner Leidenschaft zu wählen oder zurückzuweisen, nicht mehr möglich ist. Sobald das der Fall ist, gewinnt ein Gefühl Zwangsqualität: »Ich muß«, »Ich fiebere«, »Ich bin gezwungen«.

Nicht jede Emotion kann zur Leidenschaft werden. Ich kann nicht leidenschaftlich hungrig sein. Nur emotionelle Dispositionen können zur Leidenschaft werden. Liebe, Freundschaft, Eifersucht, Haß, Rachsucht, Besitzgier, Gerechtigkeitsgefühl, Wissensdrang – all dies kann leidenschaftlichen Charakter annehmen.

Aber nicht einmal jede emotionelle Disposition kann zur Leidenschaft werden. Nur die, wenn die ganze Persönlichkeit involviert ist, verbunden mit einem intensiven Wunsch oder Verlangen. Eine Gefühlsdisposition kann zur Leidenschaft werden, wenn die »Selbstzündung immer anwesend ist«. Ein Zustand des »Brennens«, in dem alles auf das Objekt der Leidenschaftlichkeit bezogen wird.

Othello denkt an nichts anderes als an seine Eifersucht, Julia an nichts anderes als an ihre Liebe. Eifersucht und Liebesgefühl geraten nie in den Hintergrund, ganz gleich, was auch immer gerade geschieht.

Leidenschaften sind daher eher kurzfristig, selten langfristig. Leidenschaft ist anstrengend, reibt einen auf. Sie ist mit außergewöhnlicher Intensität immer im Bewußtseinszentrum und von daher für das Gesamtbefinden der Person, für die Homöostase aufreibend, ermüdend und erschöpfend. Leidenschaft besetzt die gesamte Persönlichkeit, alles andere wird in den Hintergrund gedrängt.

Die gesellschaftliche Bewertung der Leidenschaft ist, historisch gesehen, Wandlungen unterworfen. In der Antike wurde sie als Grenzüberschreitung und Sünde verurteilt. Im Mittelalter war leidenschaftliche Gottesliebe von der christlichen Ideologie erwünscht. Im Volk wurde auch Rachsucht und »amour passion« positiv bewertet. Heute noch werden Taten, die im leidenschaftlichen Affekt begangen werden, milder beurteilt.

Leidenschaft hat immer einen Aspekt von Größe und einen Problemaspekt. »Wenn man engagiert ist, investiert man die ganze Persönlichkeit in eine einzige Beziehung, Sache, Idee, in einen einzigen Wunsch oder Plan; mit dieser Beziehung, dieser Sache, mit diesem Plan oder mit dem Erreichen dieses Wunsches besteht oder versagt man als Mensch« (Agnes Heller).

Das Problematische ist also die Ausschließlichkeit, das nicht mehr Offensein und Wahrnehmen des anderen.

Eine Emotion ist leidenschaftlich, wenn sie tief und intensiv ist und man für sie bewußt die Verantwortung trägt. Dabei müssen die übrigen Emotionen nicht unterdrückt werden. Emotioneller Reichtum ohne Aspekte von Leidenschaftlichkeit ist kaum vorstellbar, zumindest stehen beide nicht im Widerspruch zueinander.

Mangel und Reichtum an Gefühlen sind bei einem Menschen keine festgelegten Größen. Gefühle können geweckt, erlernt, vergessen und wiederbelebt werden. Bereits an einem einzigen Tag kann ein Mensch eine ganze Skala von Emotionen, Empfindungen, Affekten und Stimmungen erleben. Aber auch, wenn es uns nicht bewußt ist, fühlen wir im täglichen Leben ständig etwas.

Bewußt werden uns dabei meist nur Gefühle bestimmter Intensität, die aus einer Fülle von Empfindungen an die Bewußtseins- und Wahrnehmungsoberfläche gelangen, um irgendwann wieder zu verschwinden und anderen Gefühlen Platz zu machen.

In glaubwürdigen, bedeutenden Werken der Literatur wird immer auch von der unendlichen Vielfalt menschlicher Fühlmöglichkeiten, den verschiedensten Farben, Tiefen und Schattierungen, den verwickelten, feinsten Verästelungen erzählt. Wobei Leser und Leserinnen von lebendig gestalteten Charakteren und deren besonderen

Gefühlswelten etwas über das Spektrum ihrer eigenen Emotionalität erfahren können und vielleicht mitunter Gefühle erstmalig verstehen lernen, für die sie selbst bisher keine Sprache hatten.

Die Wirkung solcher Lektüre kann ähnlich wohltuend sein wie der »Inhalt einer guten Hausapotheke«, in der sich neben verträglichen schmerzlindernden Mitteln auch solche zur Vorbeugung von Krankheit und Stärkungsmittel finden lassen, die die eigenen Kräfte und Abwehrmöglichkeiten unterstützen und beleben.

Fühlen lernen bedeutet immer auch zugleich, Gefühle lesen zu lernen.

Und obwohl natürlich jeder Mensch mit dieser Aufgabe zu tun hat, wissen wir doch, daß die Gesellschaft an die Frauen in dieser Hinsicht ein ungleiches Maß an Lese-, Verstehens- und Deutungsarbeit delegiert. Von ihnen wird ein schier unbegrenztes Einfühlungsvermögen in Beziehungszusammenhänge erwartet, während dem traditionellen Mann Gefühlsverhaltenheit und emotionale Abwehr zugestanden wird.

Von einigen Aspekten dieses hieraus resultierenden Gefühlsdilemmas zwischen den Geschlechtern wird im folgenden Kapitel die Rede sein.

IV. Kapitel

*»Warum spürst du nicht,
was ich jetzt fühle?« –
»Du immer mit deinen Gefühlen«*

1. Es gibt sie wirklich:
Frauen- und Männergefühle

»Ich begreife das einfach nicht, warum das so ist«, meint
Lina in einer Mischung aus Empörung und Verzweiflung
in einem ihrer ersten Gespräche, während sie Verständi-
gungsprobleme in ihrer Partnerschaft mit Walther zu
schildern versucht. »Ich verstehe nicht, was da abläuft in
manchen Situationen zwischen uns. Ich nenne dir mal ein
Beispiel: Als wir uns vor drei Tagen voneinander verabschiedet haben, haben wir uns für Freitag, also über-
morgen, verabredet. Es war nicht so, daß ich das Treffen
vorgeschlagen habe, sondern das kam von Walther.
Natürlich habe ich mich gefreut und zugestimmt. So, und
nun ruft der gestern abend an und sagt mir, daß er sich
nun doch anders entschieden hat. Das ist für mich noch
nicht das Problem, weil das nicht weiter schlimm wäre
und ich mir ja etwas anderes vornehmen könnte. Nein,
unmöglich ist für mich, daß ich ihn nicht nach den Gründen für seine Absage fragen darf.

Natürlich möchte ich wissen und verstehen, warum er
sich nun auf einmal anders entschieden hat. Ich finde das
Bedürfnis völlig normal, mich orientieren zu wollen, aber

das führt regelmäßig zu einer Katastrophe. Du kannst es dir überhaupt nicht vorstellen. Also meine bloße Frage läßt ihn total ausrasten vor Empörung. Er sagt, daß er sich von mir nicht kontrollieren läßt. Ich sage dann, daß es doch keine Kontrolle ist, wenn ich bloß wissen möchte, warum er unsere gemeinsame Planung auf einmal fallen läßt. Aber es ist, als ob ich eine Fremdsprache spreche. Er versteht überhaupt nicht, worum es mir geht und was ich dabei fühle, wenn er mich so einfach abschmettert. Er beharrt darauf, daß das Nachfragen von mir schon Kontrolle ist, und glaubt auch nicht, daß es mir um ganz etwas anderes geht, nämlich um Verstehen.

Ich bin dann auch wahnsinnig wütend geworden und habe einfach den Hörer aufgelegt. Aber anschließend war ich völlig hilflos und habe mich gefragt, ob ich vielleicht wirklich spinne und es doch Kontrolle ist, was ich da mache. Es ist so schade, weil Walther seit längerer Zeit der erste Mann ist, auf den ich mich wirklich nahe eingelassen habe. Ich möchte gern die Beziehung mit ihm leben, aber manchmal weiß ich einfach nicht weiter, dann denke ich, daß ich mich trennen sollte, weil das nie was wird.

Zwischen meinen Freundinnen und mir passieren solche Sachen nie. Gut, da gibt es auch schon mal kritische Situationen, aber es ist doch eine Verständigung möglich, und wenn ich über meine Gefühle spreche, spüre ich, daß die mich verstehen und daß sie mitfühlen können, was ich meine, selbst wenn sie die Sache anders sehen. Die gleichen Reaktionen von mir, die im Kontakt mit den Freundinnen zu klärenden Gesprächen führen, die lösen in der Beziehung zu Walther Katastrophen aus, obwohl der auch ganz einfühlsam sein kann. So was passiert komischerweise meist, wenn wir gerade eine ganz schöne

Zeit zusammen verbracht haben und uns eigentlich ziemlich nahegekommen sind. Ich fühle mich durch die Beziehungsabbrüche enorm verletzt und kann so überhaupt keine Sicherheit und kein Vertrauen entwickeln.«

In einem anderen Gespräch höre ich Angela, einer achtunddreißigjährigen Sozialarbeiterin, zu, wie sie über den Mann spricht, mit dem sie seit fünf Jahren eine Beziehung führt. Sie lebt in Berlin, Jo, ihr Freund, in Hamburg.

Als sie ihn kennenlernte, war er Alkoholiker. »Der Alkohol war damals kein Problem für mich. Ich habe ihn trotzdem mir gegenüber weich und offen erlebt. Ich hatte das Gefühl, er interessiert sich für mich, wir konnten uns nahe sein, haben schöne Gespräche geführt und gemeinsam viel unternommen. Heute ist mir klar, daß wir damals viel in Kneipen rumgezogen sind. Aber man hat Jo nicht angemerkt, daß er ständig trank. An den Wochenenden war ich meist diejenige, die zu ihm nach Hamburg gefahren ist, um ihn zu sehen. Das hatte sich einfach so eingespielt. In der Woche haben wir dann öfter miteinander telefoniert, und ich habe ihm viel geschrieben. Außerdem sind wir immer zusammen in den Urlaub gefahren. Nach drei Jahren hat er dann mit dem Trinken Schluß gemacht und wurde trocken. Er ist in Hamburg in eine Gruppe von Anonymen Alkoholikern gegangen, und ich habe in Berlin eine Angehörigengruppe besucht.

Damals habe ich mich erst ganz doll gefreut, daß er diesen Schritt gemacht hat, aber seitdem hat sich unsere Beziehung total verändert. Ich habe das aber irgendwie nicht rechtzeitig mitbekommen, vielleicht habe ich es auch nicht wirklich wahrhaben wollen. Es ist so, daß seit zwei Jahren von ihm für die Beziehung eigentlich gar nichts mehr kommt und ich in der Luft hänge, weil ich nicht weiß, was das bedeutet, und weil er auch nicht klar darüber spricht.«

Wenige Wochen vor diesem Gespräch hatte ich Gelegenheit, Jo in einer gemeinsamen Stunde mit Angela zu erleben. Er wirkt freundlich und charmant, kann aber auf keine der von Angela gestellten Fragen eine klare Antwort geben. Im Verlauf des Gespräches versinkt er immer mehr hinter einer Mauer von Abwehr und Schweigen, wobei bei mir auf der Stimmungsebene deutliche Trennungssignale von seiner Seite ankommen und er an einer Stelle auch zu verstehen gibt, daß ihm die Bemühungen von Angela viel zuviel sind.

Bereits damals hatte ich Angela darauf aufmerksam gemacht, daß sie sich fragen müsse, warum sie an einer Beziehung festhalte, in der eine so offenkundige Unausgewogenheit zwischen Geben und Nehmen, Werben und Abgrenzen, Nähe und Distanz bestünde und in der Haltung Jos ihr gegenüber kaum Wertschätzung, geschweige denn erkennbare Zuneigung zum Ausdruck käme.

Wie vielen anderen Frauen fiel es Angela ungeheuer schwer, einen »ungeschönten, klaren Blick« auf diesen Beziehungsnotstand zu werfen. Und obwohl sie eine Vielzahl von kleineren und größeren Kränkungen und Verletzungen aus der letzten Zeit schilderte (die mir signalisierten, daß Jo inzwischen darauf wartete, daß Angela es mit ihm nicht mehr aushalten und ihn schließlich loslassen würde, ohne daß er selbst diesen Trennungsschritt vollziehen müßte), war sie unfähig, ihre eigenen Gefühle von Mangel und Unzufriedenheit in den Mittelpunkt zu stellen. Statt dessen kreiste sie unablässig um die Frage, »wie das Verhalten von Jo denn wirklich zu interpretieren sei und was er denn wirklich meine und wolle«.

Es dauerte noch geraume Zeit, bis sie sich eingestehen konnte, daß sie immer noch in der Hoffnung lebte, »daß der Jo aus den Anfängen der Beziehung sich wieder einmal zeigen müsse« und sie quasi die ganze letzte Zeit mit ihm »nicht als die wirkliche oder richtige Zeit mit ihm« bewertete.

Erst durch immer wiederkehrende Erkrankungen und Erschöpfungszustände, die auch ihre Arbeitsfähigkeit und die übrigen Lebensbezüge massiv beeinträchtigten, »fühlte sie sich gezwungen« (nicht wirklich freiwillig bereit), die Beziehung zu Jo zu beenden.

In dem Roman »Das blutende Herz« entwickelt Marilyn French eine Geschichte zu den Gefühlslandschaften des jeweils anderen Geschlechts. Das Liebespaar Dolores und Victor ist nicht mehr ganz jung, beide haben schon gescheiterte Beziehungen hinter sich, sind einerseits verletzt und enttäuscht, andererseits voll verdrängter Sehnsucht nach Beziehung. Die Autorin beschreibt, wie in beiden trotz wundervoller Erlebnisse, leidenschaftlicher, lustvoller Sexualität immer wieder das Mißtrauen lauert, die Vorwegnahme des Scheiterns ihrer Liebe, wie sie auf dem Sprung sind, sich zurückzuziehen.

Bei einem Bad in der Wanne sinniert Dolores über diese Glückseligkeit: »Nein, wenn wir immer zusammen wären, würde ich mich mit der Zeit darüber ärgern, daß ich jedesmal mit meiner Arbeit aufhöre, wenn es ihm einfällt, nach Hause zu kommen. Und er würde sich mit der Zeit darüber ärgern, daß ich aufhöre. Und im übrigen würde er, wenn wir immer zusammen wären, nicht früher Schluß machen. Und ich würde mich mit der Zeit darüber ärgern, daß er bis spät arbeiten würde. Und außerdem wären es, wenn wir immer zusammen wären, keine Ferien, und er würde erwarten, daß ich ihm ein Abendessen koche. Und ich würde mich darüber ärgern, jeden Abend kochen zu müssen, und er wäre nicht mit einem Käsebrot zufrieden, wie ich es bin. Und natürlich würde er erwarten, daß ich die Besorgungen mache. Ja, das würde er wollen: eine Ehefrau.«

Eine andere Situation beschreibt die Rollen der Frauen und Männer bei einer Einladung. Die Männer führen ein Gespräch über den Bau der Alaska-Pipeline und Öl. Die Frauen verstehen zwar nichts vom Inhalt, nicken aber ernsthaft zu den Ausführungen ihrer Männer. »Das Gespräch dringt in undurchsichtigere Bereiche vor – Verschiffung, Märkte, Preise. Die Augen der Frauen werden glasig, doch lächeln sie immer weiter und nicken mit den Köpfen, als ob sie alles verstünden. Es macht sie nicht verlegen, daß sie nicht verstehen, was gesprochen wird. Sie wissen, daß nicht von ihnen erwartet wird, daß sie verstehen, was gesprochen wird. Sie wissen genau, weshalb sie da sind, neben ihren größeren Männern stehen. Sie sind Ehrbarkeit. Sie sind der lebende, wandelnde, sprechende, lachende Beweis dafür, daß ihre Männer gute Familienväter sind, einerlei, was für Eskapaden sie sich gelegentlich erlauben mögen, gute Familienväter, die den American Way of Life hochhalten...

Weil sie wissen, weshalb sie da sind, sind sie überaus vorsichtig. Sie wissen, sie haben nicht die Macht, Dinge zum Besseren zu wenden, ein Geschäft zu beeinflussen oder zu fördern, aber sie haben die viel größere Macht, ihre Männer kaputtzumachen, das Verkehrte zu sagen... Oh, die Liste des Schadens, den sie anrichten können, ist endlos. Deshalb sind sie sehr vorsichtig.«

Gesellschaftliche Gefühlsmuster

Es gibt Frauen und Männer, welche die Auffassung vertreten, daß zwischen den Geschlechtern *keine gravierenden Unterschiede bestehen,* daß die Realitäten des Lebens für beide in gleicher Weise existieren, und die der festen Überzeugung sind, mit einer allgemeinen Betrachtungsweise nach dem Motto »Wir sind doch alle Menschen« angemessen auf bestehende Probleme, Konflikte und Aufgaben reagieren zu können.

Mit dieser Meinung bin ich öfters in Gesprächen nach Lesungen und Vorträgen, aber auch bei Begegnungen in der therapeutischen Arbeit konfrontiert. Die Leugnung geschlechtstypischer Haltungen und Ungleichheiten wird mitunter noch von dem Gedanken gestützt, daß dies alles eine bloße Erfindung querulatorischer Frauen ist, die als Feministinnen stets darauf aus sind, Unfrieden zu säen.

Mindestens ebenso häufig ist aber auch ein gegenteiliger Standpunkt zu hören, der beinhaltet, daß Frauen und Männer aufgrund des biologischen Unterschieds, also »von Natur aus«, in ihrem Fühlen, Denken und Handeln völlig verschiedene Menschen sind. Es wundert nicht, daß die glühenden Verfechter dieser Anschauung fast immer Nutznießer männlicher Privilegien sind, denen aus Gründen des Machterhalts daran liegt, diesen Ungleichheitsgedanken zu zementieren, ist dieser doch ein wesentlicher Bestandteil der ideologischen Basis jeder patriarchalischen Gesellschaftsordnung.

Beide Sichtweisen, sowohl die beschönigende und dabei nivellierende Betrachtung als auch das starre Festhalten an biologistisch-deterministischen Vorstellungen, tragen zur Verschleierung der Tatsache bei, daß es *nicht das biologische Geschlecht* ist, welches zu unterschiedlichen Entwicklungen führt, sondern jene Erziehungsprozesse, die keine freie, umfassende Entwicklung potentieller menschlicher Fähigkeiten gestatten, sondern für beide Geschlechter die Zurichtung auf gesellschaftlich erwünschte, klischeehafte Rollen vorsehen.

Agnes Heller stellt in dem Buch »Theorie der Gefühle« zu dem Thema der unterschiedlichen Fühlweisen von Frauen und Männern fest, daß es sich um eine »Arbeitsteilung« zwischen den Geschlechtern handelt, die ideologisch abgestützt wird durch den scheinbaren Gegensatz zwischen rationalem Denken und emotionaler Innerlichkeit.

Die gesellschaftlichen Aufgaben von Frauen und Männern waren zwar immer verschieden und brachten daher für beide Geschlechter unterschiedliche Gefühlsnormen und Anforderungen, aber Heller vertritt die kritische Auffassung, daß die »Lebenstatsache, wonach der Mann das ›Denken‹ verkörpert und die Frau das ›Gefühl‹«, *eindeutig ein Produkt bürgerlicher Ideologie ist*. Mit dem Zustandekommen der bürgerlich patriarchalischen Familie wurden diese Prinzipien quasi zementiert.

»Diese Familie ist – wenigstens ihrer Tendenz nach, wenigstens im Prinzip – von der Innerlichkeit charakterisiert: ›My home is my castle.‹ Die Erschaffung der Innerlichkeit ist in erster Linie Pflicht der Frau – die Frau muß also die entsprechenden Gefühle: Anhänglichkeit, Liebe, Zärtlichkeit, Feinsinn, Taktgefühl in sich selbst und in ihrer Umgebung entfalten und pflegen. Demgegenüber ist es der Mann, der ›in der Welt‹ lebt; er muß die Aufgaben erkennen und anerkennen, er muß kalkulieren, muß auch zweckrationell planen; darum also soll der Mann klug, scharfsichtig, berechnend und Kenner des – in der gegebenen Situation möglichen – Spielraums sein.«

Aus diesem Antagonismus der Gefühle – gelernt bei der Bewältigung konkreter Lebensaufgaben – entsteht ein unaufhörlicher Kreislauf von unproduktivem Kämpfen und Leiden.

Über den Prozeß der Ungleichbehandlung von den ersten Lebenstagen an, der deutlichen Bevorzugung des männlichen Kindes und der Benachteiligung des Mädchens, liegen zahlreiche Untersuchungen vor. So befaßte sich zum Beispiel Christiane Olivier in dem Buch »Jokastes Kinder« mit diesem Thema unter besonderer Berücksichtigung der Auswirkungen auf die psychosexuelle Entwicklung von Frauen und Männern. Nancy Chodorow legte mit ihrem Buch »Das Erbe der Mütter« eine umfassende psychoanalytisch-soziologische Studie der Entstehung und Folgen destruktiver Geschlechterarrangements vor.

Es ist nicht ein Mangel an Wissen und Erkenntnissen über die wirkliche Lebenssituation von Frauen und Männern, die der Möglichkeit einer grundlegenden Veränderung im Weg stünde, sondern es sind vor allem die tiefsitzenden Widerstände bei Individuum und Gesellschaft, die verhindern, daß das vorhandene Wissen in die Lebenspraxis (vor allem Erziehungspraxis) umgesetzt werden kann. Bei näherer Betrachtung gibt es keinen Erfahrungs, Wahrnehmungs- und Handlungsbereich im Leben von Frauen und Männern, der nicht zumindest Spuren jener anerzogenen Ungleichheit aufweisen würde. Im Hinblick auf die emotionale Entwicklung der Geschlechter sind die Unterschiede allerdings nicht nur spurenhaft, sondern gigantisch.

Es ist unübersehbar, daß Frauen und Männer tatsächlich in extrem unterschiedlichen »Gefühlslandschaften« leben, die jeweils auf charakteristische Weise geprägt –

und dabei nicht für harmonischen Gleichklang geschaffen sind. Bereits bei wechselseitigen Besuchen lauern am Zugang dieser Welten allerlei Gefahren, weil die Besonderheiten und Eigenarten der anderen Landschaft nicht gut vertragen werden, »sie« das Gefühlsklima als unterkühlt, »er« als überhitzt empfindet. Während bei ihr die Knappheit von emotionaler Nahrung zu Hungergefühlen führt, klagt er über Übelkeit wegen Übersättigung, ohne den Wert der erhaltenen Nahrung überhaupt schätzen zu können.

Ihm sind die Farben ihrer Gefühle äußerst suspekt, sie schillern und verändern sich ständig, sie scheinen unübersichtlich, ungeordnet und grenzenlos überall hin zu fließen, so daß er glaubt, ständig auf der Hut sein zu müssen, während sie ihrerseits bei ihm unermüdlich nach Farbigkeit sucht, fest entschlossen, nicht zu glauben, daß er der Erzeuger von so viel farbloser Eintönigkeit ist.

Die Brücke der Verbindung zwischen beiden Gefühlslandschaften ist einsturz- und katastrophengefährdet. Trotzdem wird sie immer wieder erwartungsvoll und »mit Liebe« in der Hoffnung beschritten, daß emotionaler Gleichklang, daß gegenseitiges Verständnis, daß Übereinstimmung von Wahrnehmung und Erleben doch möglich sein müssen.

Die Einsicht, wie extrem unterschiedlich beide Geschlechter ihr Gefühlsleben entfalten dürfen, wie sie in gar keiner Weise hilfreich darauf vorbereitet und befähigt werden, einander verstehen zu können, ist schmerzlich, aber unerläßlich, wenn die anerzogene Fremdheit zwischen beiden einmal wirklich aufgehoben werden soll.

Denn es ist keineswegs so, daß die traditionelle Erziehung dazu führt, daß beide aus ihr so entlassen werden, daß sie die notwendige Nahrung für eine gemeinsame

Liebes- und Lebensreise einander zur Verfügung stellen, einander ergänzen könnten, daß sie zum Beispiel das Brot und er das Wasser hätte.

Es sieht eher so aus, daß sie zwar das Brot hat, während er einen Apparat bei sich trägt, der beeindruckend aussieht und ungewöhnliche Geräusche fabriziert, den man aber weder essen noch trinken, sondern nur bestaunen kann.

Die Speisen der beiden passen nicht zueinander. Und auch eine emotionale Osmose, die vielleicht Abhilfe schaffen könnte, kann meist nicht stattfinden, denn der größere Gefühlsreichtum der Frau, dem Mann angeboten, bewirkt in diesem letztlich nicht die Behebung des eigenen Gefühlsmangels, sondern belebt, nachdem dieser genügend Nahrung aufgenommen hat und sich gestärkt fühlt, ein ganzes Repertoire an inneren und äußeren Fluchtmechanismen.

Er flieht vor den Gefühlsgefahren der weiblichen Welt, verschanzt sich wieder hinter seiner Abwehr gegenüber der »Unvernunft« ihrer Gefühle, der Unkontrollierbarkeit, flieht vor der Lebendigkeit der Bewegung, der bunten Vielfalt zurück in seine Welt, in der vor allem Dinge ihren Platz haben, die beherrschbar sind, die funktionieren. Eine Welt, die seine Sachlichkeit beansprucht und die ihn dabei nicht in die Gefahr des Unmännlichen bringt. Dabei lebt er in seiner Welt nicht ohne Gefühle.

Jeder kennt ihre Begeisterungs- und Freudenausbrüche, wenn »ihre Mannschaft«, »ihr Team« etwas gewonnen hat. Die tiefe Zufriedenheit, wenn Männer etwas gemeinsam »geschafft« haben. Wenn es ihnen gelungen ist, Probleme und schwierige Aufgaben zu lösen. Ihre Freude, etwas konstruiert oder repariert zu haben. All das ist verbunden mit dem Ausdruck von Gefühlen.

Aber wenn diese nicht an konkrete Inhalte, Aufgaben und Arbeitsprojekte gebunden sind, sondern »einfach so«, zwischenmenschlich erwünscht wären, wird es für sie schwierig. Denn selbst die ihnen »erlaubten Gefühlszusammenhänge« schließen den selbstverständlichen, offenen Ausdruck von Unsicherheit, Zweifeln, Furcht, Trauer, Hilflosigkeit und Schwäche nicht unbedingt ein.

Männer lachen, weinen, Männer ängstigen sich und sind verletzlich, wie nicht erst seit Herbert Grönemeyers Song »Männer« bekannt sein dürfte. Aber letztlich verlangt ihre männliche Rolle von ihnen, daß das Sachliche doch stets bedeutsamer zu bleiben hat als das Persönliche.

Anders bei Frauen: Bei ihnen schließt die Erledigung von Arbeit und Alltagspflichten *nicht* aus, sich gleichzeitig mit Gefühlsfragen, mit Beziehungsangelegenheiten, mit dem emotionalen Befinden anderer zu befassen. Im Gegenteil, sie sind darauf vorbereitet worden, auch bei unterschiedlichsten Tätigkeiten ihre »emotionale Arbeit« nicht einzustellen, sondern jederzeit zur Verfügung zu halten.

Bei Männern gilt emotionale Verschlossenheit und Kargheit nicht als ungewöhnlich oder als Mangel ihrer Persönlichkeit, individuelle Ausnahmen setzen die Umwelt eher in freudiges, ungläubiges Erstaunen, während die gleiche »kühle Haltung« bei Frauen negative Bewertungen hervorruft. Von ihnen werden besondere Fühlqualitäten ganz einfach erwartet; es gilt als »unweiblich«, diesen nicht zu entsprechen.

Die Tatsache, daß es Mädchen gestattet ist, ein größeres, reicheres Spektrum an Emotionen, Empfindungen und Gefühlen zu entfalten und diese, im Gegensatz zum Jungen, in ihre erwachsene Person zu integrieren, ist jedoch keineswegs uneingeschränkt positiv zu sehen.

Der traditionelle weibliche Erziehungsprozeß führt in der Regel dazu, daß Frauen zwar lernen, sich selbst als »Fühlorganismus« für andere, besonders männliche Menschen zu definieren, aber sie *lernen nicht,* ihre emotionalen Qualitäten auch ganz selbstverständlich für sich selbst einzusetzen oder aus diesen Fähigkeiten einen Beitrag zu einem stabilen Selbstbewußtsein zu schaffen. Je weniger ein Mann imstande ist, seine eigenen Gefühle wahrzunehmen, um so stärker beginnt die traditionell erzogene Frau, ihm ihren Gefühlsreichtum anzubieten, sie bleibt dabei einerseits leer, weil die männliche Resonanz nur selten bewußte Wertschätzung enthält, empfindet andererseits vielleicht mitunter ein gewisses Machtgefühl, weil sie spürt, daß der Mann von ihrer emotionalen Fürsorge abhängig ist.

Die am Anfang dieses Kapitels ausschnittweise vorgestellten Gespräche sind in mehrfacher Hinsicht Beispiele für weibliche Fühlweisen. Typisch an ihnen ist die starke Bezogenheit auf andere Menschen – in diesen Fällen ist es der Partner – und ihre intensive Beschäftigung damit, den möglichen Empfindungen der anderen Person bis in die zartesten Gefühlsverästelungen nachzuspüren, sich in deren Stimmungen und Absichten hineinzufühlen, diese zu deuten und zu interpretieren, gerade wenn das männliche Gegenüber selbst kein klares Gefühl ausdrückt.

Viele Frauen sind in ihren partnerschaftlichen Beziehungen nicht nur immer wieder neu damit beschäftigt, ein Klima oder eine Atmosphäre zu schaffen, in der gemeinsames Leben möglich ist, sondern sie sind häufig auch Expertinnen darin, Störmanöver, die kleinste flüchtige »Luftbewegung«, die das geschaffene Stimmungsgespinst zu zerstören droht, den »Klimawechsel« von männlicher Seite zu erahnen und Schäden möglichst abzuwenden oder gering zu halten, oft um den Preis von Selbstverleugnung.

Trotz ihrer Gefühlskompetenzen leben sie selbst dabei häufig in unguten, angespannten Empfindungen, in Gefühlen von Überforderung und Mangel. Bei vielen Frauen lautet der Tenor im Selbstgefühl: Ich bin nicht bei mir. – Ich bin noch nicht richtig. – Ich fühle mich allein und im Stich gelassen. Charakteristischerweise fehlen im weiblichen Gefühlsrepertoire häufig jene Gefühle, deren offener Ausdruck im Zusammenleben Konflikte schaffen oder verschärfen könnte.

Aggressionen, Zorn, Wut und Haß werden von vielen Frauen meist als so unerlaubt und daher bedrohlich empfunden, daß sie diese entweder in irgendeiner Form gegen sich selbst richten, hinter anderen Haltungen zu kaschieren versuchen oder deren Vorhandensein einfach leugnen. Mit Hilfe von Selbsttäuschungen gelingt es dann, so zu tun, als ob es im eigenen Leben keine Gründe für Empörung, Beunruhigung und Aggressionen gäbe. Besonders der Haß ist bei Frauen ein Tabuthema, weil er die Abwesenheit von Wärme, Weichheit, von Nähe und Bejahung beinhaltet, Gefühle, die dem weiblichen Identitätsgefühl entsprechen und Stabilität verleihen. Die weiblichen Verdrängungsleistungen stehen im engen Zusammenhang damit, daß die Männergesellschaft ihnen keine Verneinung des Bestehenden erlaubt.

Bisher haben Frauen weniger Mühe damit, ihre Haßgefühle auf das eigene Geschlecht zu richten, durch Konkurrenz, Neid und Mißgunst, das Leben von Töchtern, Schwestern und Kolleginnen zu erschweren. Weibliche Gefühlswelt enthält also keineswegs nur »positive«, fürsorgliche und liebevolle Gefühle, sondern auch Emotionen und Empfindungen destruktiver Art, die besonders dadurch gefährlich werden können, weil sie häufig verschleiert, versteckt und ins Halbbewußte abgedrängt werden, so daß mit ihnen keine offene, kritische Auseinandersetzung möglich ist.

Aber es sind nicht nur offensive und kämpferische Gefühle, die im Selbstausdruck von Frauen wenig vorkommen. Wenn ich den Inhalt zahlreicher Gespräche resümiere, sieht es ganz so aus, daß auch Selbstsicherheit, Überlegenheit, Selbstzufriedenheit als klares Gefühl für die eigenen Stärken im Leben vieler Frauen eher selten sind. Statt dessen werden Selbstzweifel ausgedrückt und die Vermutung, daß alles immer noch ein bißchen besser sein könnte.

Insgesamt bleibt jedoch unübersehbar, daß das Gefühlsspektrum und die Fühlfähigkeit bei vielen Frauen umfassender und breiter ausgeprägt ist als bei vielen Männern. Frauen sind in der Regel mehr an konkreten, sinnlichen Bezügen zur Wirklichkeit interessiert als an Abstraktionen.

Die Neigung von Männern, Abstraktion, Logik und reines Denken zu glorifizieren und diese als Flucht vor der Lebens- und Gefühlswirklichkeit zu benutzen, beschreibt Arno Gruen in seinem Buch »Der Verrat am Selbst«.

Als eine Auswirkung dieser männlichen Leidenschaft nennt Gruen die Unterdrückung der Frau und die seelische Verarmung des Mannes. In der durch Abstraktionen wahrgenommenen Wirklichkeit sieht der Mann sich selbst und die Frau nicht wirklich, sondern seine Wahrnehmung wird von den Kategorien des Herrschens und der Macht bestimmt.

»Grundlegend für das Verhalten des Mannes in unserer Kultur ist die Angst vor Hilflosigkeit, Schwäche und

Verwundbarkeit. Er kann sie sich aber nicht eingestehen, da seine Metaphysik des Seins auf Heldentum zielt. Sogar wenn er Heldentum für sich selbst nicht möglich hält, bleibt es immer noch sein Wertmaßstab. Seine Selbstachtung ruht deswegen auf dem Image seiner Wichtigkeit (also wirklicher oder auch nur eingebildeter Macht), für deren Bestätigung er Bewunderung benötigt. Und dazu dient ihm die *Abstraktion der Frau,* die in ihrer behaupteten ›Minderwertigkeit‹ oder zumindest ›Unterlegenheit‹ die Chance erhält, durch die Anerkennung seiner ›Kraft‹ und ›Überlegenheit‹ dieses Image aufzubauen und zu stabilisieren.«

Seine eigenen Überlegungen läßt Gruen durch die Aussage der Heldin eines Romans von D. H. Lawrence bestätigen (Winnifred Inger in »Der Regenbogen«). Sie sagt: »Die Männer ... machen viel Getue und reden, aber in Wirklichkeit sind sie hohl. Sie pressen alles in eine wirkungslose Schablone. Liebe ist für sie eine tote Vorstellung. Sie kommen nicht zu einem und lieben einen, sie kommen zu einer Vorstellung und sagen ›Du bist meine Vorstellung‹, so lieben sie sich selbst ... Als ob ich existiere, weil ein Mann eine Vorstellung von mir hat! Als ob ich von ihm verraten sein will, ihm meinen Körper als ein Instrument für seine Vorstellung leihen will, um nur ein Apparat mehr für seine tote Theorie zu sein ..., sie können eine Frau nicht nehmen. Sie kommen jedesmal zu ihrer eigenen Vorstellung und nehmen die statt dessen.«

Auf diese Weise bleibt die Verwirklichung von Liebe unmöglich, eine hohle, leere Phrase, als wirkliches Erlebnis von Intimität und Erfüllung unerreichbar. »Aber dadurch rührt niemand den anderen an, bleibt unverwundbar, leider aber auch leer. Und die Leere erzeugt Angst, die Angst Wut und die Wut Aggression. Und die treibt uns immer weiter in ein abstraktes Verhalten hinein, das die Abspaltung von den Gefühlen verstärkt« (Arno Gruen).

Während nun der Mann aus der Abstraktion – wir können auch sagen: aus der Abwesenheit von Gefühlen – geradezu eine Religion macht, die er ständig kultiviert und ausbaut, spielen viele Frauen dieses Spiel mit. Sie tragen in den gefühlsarmen Raum, den der Mann um sich herum verbreitet, ihre emotionalen Opfergaben, schenken Gefühle von Bewunderung, schmeicheln ihm und seinen Vorstellungen von Grandiosität, verklären seine Schwächen und Fehler und arrangieren sich mit seinen leblosen Vorstellungen, um ihrerseits Macht über ihn ausüben zu können.

»Dadurch wird Sex zum Mittel, über den Besitz des Mannes zu seinen mythisierten Kräften zu gelangen. Daß dies ein Akt der Destruktivität und nicht der Liebe ist, ersehen wir an der verdeckten Rache solcher Frauen, die darauf bestehen, zum Lenker des Schicksals des Mannes zu werden: Sie zwingen ihn, immer und in jeder Lage Held zu bleiben« (Arno Gruen).

Eine weitere Möglichkeit für Frauen, emotionale Macht auszuüben, ist es, ihn in seiner Unlebendigkeit durch Entmündigung, Schonung und Unterforderung festzuhalten. »Er kann eben nicht Gefühle zeigen.« »Gespräche machen ihm Angst, und deswegen muß er mit ›Beziehungskram‹ verschont bleiben.« Er ist in ihren Augen einerseits der hilflose Junge und andererseits der kompetente Macher. So tragen beide Geschlechter eine gespaltene Wahrnehmung aneinander heran (Mutter/Hure – Held/Schwächling).

Die Gefühle, die Frauen in diese toten Leerräume hineintragen, sind oft unaufrichtig, weil Liebe genannt wird, was in Wirklichkeit Besitz und Machtstreben ist. Auf diese Weise wird die Frau zur Mitakteurin, zur Mittäterin.

Dem Mann ist die Liebe zu Abstraktionen und Dingen ebensowenig von Natur aus angeboren wie die scheinbar natürliche Liebesfähigkeit der Frau. Zu Beginn seiner Lebensanfänge bis in die ersten Kindheitsjahre hinein ist der Junge nicht weniger sinnlich-konkret auf sich selbst und seine Umgebung bezogen wie das Mädchen. Erst mit dem Fortschreiten der traditionellen Männlichkeitserziehung *beginnt der Junge, Gefühle als weiblich zu verachten,* distanziert er sich dabei von seinen eigenen Gefühlserfahrungen und übt sich in Distanz und Versachlichung.

Im Werk von Hermann Hesse gibt es ein Märchen mit dem Titel »Iris«, um 1918 geschrieben, in dem gleichnishaft in malerischen Bildern erzählt wird, wie der Gefühlsverlust bei männlichen Kindern verläuft.

Anselm, der Knabe, um den es in diesem Märchen geht, ist in seiner frühen Kinderzeit ein ungemein waches, sensibles, für alle Sinneseindrücke offenes und neugieriges Kind. Er verbringt spielend viel Zeit in dem Garten der Mutter. Pflanzen, Tiere und Steine sind seine Spielgefährten. Inmitten dieser üppigen, lebendigen Vielfalt lernt er staunend Wachstum und Veränderung beobachten, die Jahreszeiten erlebt er wachen Sinnes. Der Junge fühlt sich eingebunden als Teil dieses Ganzen. Unter all den Blumen, die er im Garten kennenlernt, ist ihm die Iris, die Schwertlilie, am liebsten. Sie erscheint ihm besonders geheimnisvoll. Sie verleitet ihn zum Träumen, und immer wieder versucht er, diese Blume tastend, riechend und hineinblickend zu ergründen.

»Anselm sprach mit den Faltern und mit den Kieselsteinen, er hatte zum Freund den Käfer und die Eidechse, Vögel erzählten ihm Vogelgeschichten, Farnkräuter zeigten ihm heimlich unterm Dach der Riesenblätter den braunen gesammelten Samen, Glasscherben grün und kristallen fingen ihm den Sonnenstrahl und wurden Paläste, Gärten und funkelnde Schatzkammer. Er erlebt, wie alles sich ständig wandelt, verschwindet, wiederkommt, er hat an dem Kreislauf des Lebens teil. ... aber der größte Augenblick des Zaubers und der Gnade war in jedem Jahr für den Knaben die erste Schwertlilie. In ihrem Kelch hatte er irgendeinmal, im frühesten Kindestraum, zum erstenmal im Buch der Wunder gelesen, ihr Duft und wehendes vielfaches Blau war ihm Anruf und Schlüssel der Schöpfung gewesen.«

Alle diese Erscheinungen und Erlebnisse begleiten den Jungen in seiner Entwicklung. »Alle Kinder fühlen so, wenn schon nicht alle mit derselben Stärke und Zartheit, und bei vielen ist dies alles schon hinweg und wie nie gewesen, noch ehe sie den ersten Buchstaben haben lesen lernen. Andern bleibt das Geheimnis der Kindheit lange nah, und einen Rest und Nachhall davon nehmen sie bis zu den weißen Haaren und den späten müden Tagen mit sich. Alle Kinder, solange sie noch im Geheimnis stehen, sind ohne Unterlaß in der Seele mit dem einzig Wichtigen beschäftigt, mit sich selbst und mit dem rätselhaften Zusammenhang ihrer eigenen Person mit der Welt ringsumher.«

Einfühlsam beschreibt Hesse die Entwicklung und Wandlung vom Knaben zum Schüler, dem der Garten langweilig wird: »Und seine Seele hatte den langen, harten Umweg angetreten und die alten Freuden waren versiegt und verdorrt«. Anselm wird zum Studenten und jungen Mann, dem Bücher und Wissen und Erfolg am wichtigsten sind. Er reist in der Welt herum und kehrt nur noch selten nach Hause zurück.

Hesse schildert subtil die allmähliche Entfremdung des Jungen, die Abspaltung von Gefühlen seiner Kindertage. »Er fühlte plötzlich viele Jahre hinter sich weggeglitten und stand seltsam allein und unbefriedigt mitten in der Welt, nach der er immer getrachtet hatte. Es war kein rechtes Glück, Professor zu sein... Es war alles wie welk und verstaubt, und das Glück lag wieder weit in der Zukunft...«

Eines Tages lernt Anselm im Haus eines Freundes dessen Schwester kennen, die den Namen der Lieblingsblume seiner Kindheit trägt. Er ist fasziniert von dieser Frau und glaubt, sie zu lieben. Gleichzeitig wird ihm jedoch bewußt, daß es schwierig sein würde, mit ihr zu leben, weil diese eine eigene Persönlichkeit hat und von seinem »gelehrten Ehrgeiz« nicht viel hält. Zudem ist sie etwas älter als er und nicht ganz gesund. Sie lebt sehr zurückgezogen. Anselm stellt sich aber vor, daß seine zukünftige Frau ihm ein gastliches Haus einrichten müsse mit viel Geselligkeit und Lebendigkeit. Trotzdem sucht er immer wieder die Nähe von Iris, die ihm guttut und deren Namen er so gern ausspricht.

»...immer wenn ich deinen Namen sage, will er mich noch außerdem an irgend etwas mahnen, ich weiß nicht was, als sei er mir mit ganz tiefen, fernen, wichtigen Erinnerungen verknüpft, und doch weiß und finde ich nicht, was das sein könnte.«

Eines Tages, nachdem Anselm von einer seiner einsamen Reisen zurückkehrt, bittet er Iris, doch seine Frau zu werden. Sie ist über sein Ansinnen nicht erstaunt und antwortet: »Wenn ich mit einem Mann leben soll, so muß es einer sein, dessen innere Musik mit der meinen gut und fein zusammenstimmt, und daß seine eigene Musik rein und daß sie gut zu meiner klingt, muß sein einziges

Begehren sein ... Alles, was dir jetzt Spielzeug ist, ist mir das Leben selbst und müßte es auch dir sein, und alles, woran du Mühe und Sorge wendest, das ist für mich Spielzeug, ist für meinen Sinn nicht wert, daß man dafür lebe.« Iris sagt ihm, daß sie nach einem inneren Gesetz lebt, welches sie leitet und: »...du müßtest ganz anders werden, damit ich deine Frau sein könnte.«

Schließlich stellt sie ihm die Aufgabe, herauszufinden, woran ihr Name ihn erinnert, und verspricht, seine Frau zu werden, wenn er diese Erinnerungen in seinem Gedächtnis wiedergefunden hat. »Allein diese Aufgabe war zu schwer für den gelehrten Mann.«

Anselm macht sich auf die Suche nach seinen verlorengegangenen Jahren und Erinnerungen und stellt dabei fest, wie klein der Schatz seiner Erinnerungen geworden ist. »Schmerzvoll sah der arme Mann mit wachsender Trauer und Angst, wie zerronnen und leer sein Leben hinter ihm lag, nicht mehr zu ihm gehörig, ihm fremd und ohne Beziehung zu ihm wie etwas, was man einst auswendig gelernt hat und wovon man nun mit Mühe noch öde Bruchstücke zusammenbringt.«

Bevor Anselm seine Aufgabe lösen kann, stirbt Iris. Anselms Leben bricht zusammen. Er gibt alles auf und wird in den Augen der anderen ein seltsamer Mensch. »Er lernte, was er nie gekonnt, bei Kindern sein und an ihren seltsamen Spielen teilhaben.«

Wie es den zauberhaften, glückhaften Wendungen eines Märchens entspricht, läßt Hesse Anselm am Ende seines Lebens und seiner Suche in einem magischen Vorgang die Blume seiner Kindheit finden, und dieses Mal gelingt es ihm, in das Innere der Iris einzutreten. Indem er dort das verlorengegangene Kind seiner Kindheitstage wiederfindet, findet er zu sich selbst und ist erlöst. »Leise fing Anselm an zu singen, und sein Pfad sank leise abwärts in die Heimat.«

Wovon Hesse sich beim Schreiben dieses Märchens wirklich leiten ließ, weiß ich natürlich nicht, aber mir scheint es eine wunderbar gelungene, hellsichtige Metapher für die Schwierigkeiten der Beziehung zwischen den Geschlechtern und der spezifischen emotionalen Probleme von Männern.

Diese sind keineswegs nur bei jenen Männern zu finden, die bereits in ihrem ganzen Gehabe aggressiv signalisieren, daß man sie mit »Gefühlsquatsch« verschonen soll, oder solchen, die ebenso gut abgepanzert wirken wie die Autos, die sie fahren, von diesem Problem sind auch Männer betroffen, die ihrem Selbstverständnis nach nicht bereit sind, den Preis der Unlebendigkeit für typisches Männlichsein zu bezahlen.

Leiden an der Unlebendigkeit

Markus, ein fünfunddreißigjähriger Arzt, eröffnete vor einiger Zeit sein erstes Therapiegespräch bei mir mit den Worten: »Ich kann meine Frau nicht so lieben, wie ich möchte und wie sie es verdient, und ich weiß nicht, warum. Ich fühle mich so leer innerlich. Alles ist so leblos. In meinem Beruf ist das nicht so. Da geht es mir anders, weil ich weiß, was ich zu tun habe. Da fühle ich mich kompetent und auch zufrieden mit dem, was ich schaffe. Aber in meinem Privatleben spüre ich mich kaum. Ich weiß gar nicht, was ich fühlen könnte. Wahrscheinlich kommt es deshalb manchmal zu ganz blöden Situationen.

Wenn Verena, meine Frau, Vorschläge macht, zum Beispiel Freunde zu besuchen oder ins Kino zu gehen, stimme ich fast immer sofort zu, fühle mich aber selten wohl dabei. Hinterher habe ich oft so ein unklares Gefühl, daß ich das gar nicht wollte. Daß das nicht meine Entscheidung war. Aber ich fühle auch nicht klar, was ich statt dessen lieber getan hätte. Irgendetwas stimmt da nicht mit mir. Mit unseren Urlauben ist das auch so eine Sache. Ich finde mich auf einmal irgendwo draußen in der Welt wieder, Südamerika oder sonstwo, und frage mich, was mache ich eigentlich hier. Das ist doch gar nicht meine Reise. Ich wäre viel lieber in Ruhe an der Ostsee herumspaziert. Aber wenn Verena die Urlaubspläne macht, stimme ich zu und komme gar nicht auf andere Vorschläge. Ich kann ihr daraus keinen Vorwurf machen. Manchmal frage ich mich, ob wir überhaupt zusammenpassen, ob sie die richtige Partnerin für mich ist. Dann phantasiere ich, ob ich mich mit einer anderen Frau nicht lebendiger fühlen würde. Aber dann machen mir solche Trennungsgedanken auch wieder große Angst.«

Es ist immer noch relativ selten, daß Männer die Abwesenheit von Gefühlen, ihren Mangel an Liebesfähigkeit überhaupt wahrnehmen, als schmerzlich empfinden und so deutlich benennen wie Markus in seinem Gespräch. Noch sind es häufig andere, zum Beispiel, berufliche Gründe, die sie motivieren, therapeutische Hilfe in Anspruch zu nehmen, und nicht ein Wunsch, sich von innerer Unlebendigkeit befreien zu wollen.

An einer Stelle sagt Markus: »Ich weiß nicht, woran das liegt, daß ich in der Beziehung alles so langweilig und stereotyp empfinde. Mir fehlt im Umgang zwischen uns Spontaneität, Überraschendes und Neues. Aber vielleicht ist das auch nur meine Wahrnehmung, und das liegt alles in mir selber. Es kann sein, daß Verena alles ganz anders erlebt und nur ich das nicht fühlen kann. Eigentlich kommt von ihr ganz viel Lebendigkeit und Anregung.«

Ich kenne Verena, seine Partnerin, schon länger. Der Inhalt ihrer Gespräche betraf zunächst vor allem ihre eigenen Schwierigkeiten bei der Loslösung von den Eltern und ihre berufliche Entwicklung als Lehrerin. Von der Beziehung zu Markus war relativ selten die Rede. Über ihn sagte sie lange, bevor ich ihn persönlich kennenlernte: »Er ist wirklich lieb und geht auf alles, was ich vorschlage und anrege, ein. Aber mir fällt immer mehr auf, daß ich ihn dabei nicht als Gegenüber spüre. Ich fühle ihn nicht dabei. Die Unlebendigkeit von Markus verunsichert mich. Er scheint immer mit allem zufrieden zu sein, aber eigentlich weiß ich gar nicht, wie er sich wirklich in der Beziehung fühlt. Das tut mir auch leid, aber ich denke, daß er etwas für sich selber tun müßte. Je mehr ich mit ihm so über Gefühle rede, um so mehr zieht er sich zurück und verschwindet. Er sagt zwar nicht direkt: ›Mensch, du immer mit den Gefühlen‹, aber bei mir entsteht der Eindruck, daß ich irgendwo abpralle und nicht weiterkomme.«

Nach dieser Aussage von Verena dauert es fast noch ein ganzes Jahr, bis ich Markus kennenlerne. In den Gesprächen beginnen wir, seinen Werdegang vom Jungen zum Mann nachzuvollziehen, und es entsteht folgendes Bild:

Markus wächst als Einzelkind in der Nähe zu drei Frauen auf, der Mutter, einer Tante und der Großmutter. Von ihnen wird er als »kleiner Prinz« und »ihr Augapfel« behütet und gleichzeitig kontrolliert, während der schwache, konturlose Vater in dieser »Frauenwelt« so gut wie keine Rolle spielt und zu seinem Sohn keinen deutlichen Kontakt herstellt. Die Frauen seiner Umgebung wissen anscheinend immer, was der Junge will, was ihm gut tut, was er kann und was er nicht kann oder darf. »Ich mußte gar nicht selber fühlen, das haben die für mich gemacht.«

Aus Markus wird ein lieber, braver, folgsamer Junge und Schüler, der in gar keiner Weise Probleme macht oder gar jungenhaften Eigensinn zeigt. Er erinnert allerdings, daß er lieber bei der Großmutter als bei den Eltern war und nur dort, im Spiel mit einem Cousin und anderen Kindern, auch so etwas wie Ungezwungenheit und Lebendigkeit gespürt hat. Im Elternhaus ist alles streng, auch nach religiösen Grundsätzen geregelt. Die unausgesprochene Unzufriedenheit der Mutter mit ihrem Ehemann schafft ein unterschwellig angespanntes Klima, wobei es im konkreten Zusammenleben anscheinend keine offensichtlichen Gegensätze oder Konflikte gibt. Nach dem Abitur zieht Markus für ein Jahr in eine süddeutsche Großstadt, um dort ein Praktikum zu machen.

In seiner Erinnerung bleibt dieses Jahr die erste und bisher einzige Zeit in seinem Leben, in der er sich wirklich auf sich selbst gestellt fühlt und für alles allein verantwortlich ist. »Das war eine Zeit, in der ich viele Ängste gespürt habe, aber auch ein ganz tolles Gefühl von Freiheit. So, als ob alles noch offen und voller Möglichkeiten war.« Während dieses Jahres lernt er eine Frau kennen, mit der er seine ersten erotischen und sexuellen Erfahrungen macht. Sie fasziniert ihn außerordentlich, weil er in ihr eine Lebendigkeit verkörpert sieht, die ihm gänzlich fremd ist. Sie ist zu unmittelbarem, spontanem Gefühlsausdruck und Handlungen fähig, die ihn überraschen, mitreißen, aber auch verwirren. Aus dem anfänglichen Reiz wird bald eine »Furcht vor ihrer Unberechenbarkeit«, und er trennt sich von ihr.

Kurz nachdem er zum Medizinstudium in seine nord-
deutsche Heimatstadt zurückkehrt, lernt er Verena kennen, verliebt sich und heiratet sie relativ rasch. Beide
befinden sich zu diesem Zeitpunkt noch in verschiedenen
Ausbildungsgängen, sind außerordentlich tüchtig und
arbeiten viel. Zu Beginn ist das gemeinsame Leben neu
und aufregend schön, Verliebtheit, Zärtlichkeit und lustvolle Sexualität haben trotz aller Arbeit noch ihren Platz.
Markus: »Ich verstehe nicht, warum es dann irgendwann
alles nur noch Routine geworden ist. So leblose Rituale.«
Aus Furcht, Verena zu verletzen, wagt er aber nicht, mit
ihr über seine Eindrücke zu sprechen.

Verena ist als ältestes von drei Kindern von ihrer Mutter in ganz traditioneller Weise auf ihre »weibliche Rolle«
vorbereitet worden, besonders was ihre emotionale Zu-
ständigkeit in Beziehungen anbelangt. In ihrer Familie
konzentriert sich die Aufmerksamkeit überwiegend auf
den Vater und seine Bedürfnisse. Die Mutter erzieht die
Tochter zu »ihrer Freundin und Beraterin«, läßt sich von
dieser bei ihrer Liebesarbeit in der Familie unterstützen
und, falls es einmal schwierig wird, auch beraten und
trösten. Verena empfindet diese starke emotionale Beanspruchung als Bürde, als belastende Verstrickung, ohne
dies je klar zum Ausdruck zu bringen. Als Familienkon-
sens gilt: »Zwischen uns ist alles in Ordnung. Wir alle
lieben uns. Es gibt keine Differenzen.«

Als ich Verena kennenlerne, weil sie an einer therapeutischen Frauengruppe bei mir teilnehmen möchte, macht
sie in den ersten Monaten einen überangepaßten, vor-
sichtigen Eindruck. Spontane Äußerungen von ihr sind
äußerst selten. Im Lauf von drei Jahren Gruppenarbeit
entwickelt sie allerdings deutliche Konturen. Hinter der
Angepaßtheit und dem Wohlverhalten wird eine Frau

sichtbar, die voller Neugier und Abenteuerlust steckt und mit Freude beginnt, ihren Eigensinn in allen möglichen Lebenszusammenhängen zu erproben. Weder die Menschen an ihrem Arbeitsplatz noch die Eltern und Schwiegereltern oder Markus bleiben davon verschont. Nachdem sie erst eine ganze Weile ihrer eigenen Entwicklung Aufmerksamkeit geschenkt – und an Klarheit und Konfliktfähigkeit dabei gewonnen hat – führt diese veränderte Haltung schließlich auch in der Partnerschaft dazu, daß sie mit der Situation nicht mehr zufrieden ist. Durch das Kennenlernen von feministischen Gedanken in der Gruppe lernt Verena, daß ihre emotionale Verantwortlichkeit gegenüber Markus diesen letztlich nicht befähigt, selber klarer zu fühlen, sondern ihn eher in alten Abhängigkeiten und Unselbständigkeiten festhält. Während sie anfangs auf typisch weibliche Art seine Schweigsamkeit und Unlebendigkeit mangelndem Einfühlungsvermögen ihrerseits zuschrieb und in charakteristischer Weise mit der Suche nach Mängeln und Fehlern bei sich selbst beschäftigt war, kommt sie in der Gruppe zu der Einsicht, daß Markus die Veränderungen, die er sich für seine Entwicklung wünscht, selbst in die Hand nehmen muß.

Dies ist der Zeitpunkt, als er sich schließlich bei mir meldet. Anfangs beschwört er in seinen Gesprächen geradezu die Unmöglichkeit, gegensätzliche Wünsche und Bedürfnisse ausdrücken zu dürfen, weil er befürchtet, daß Verena sich dann von ihm trennen würde. Wir arbeiten schließlich heraus, daß er den uneingestandenen Groll über seine verdrängten und verleugneten Wünsche ihr zwar nicht direkt und offensiv zeigt, aber durch sexuelle Lustlosigkeit passiven Widerstand gegen Verenas vermeintliche Dominanz einsetzt. Er weiß, daß sein

Mangel an Begehren für sie eine potentielle Quelle von Enttäuschung und Verunsicherung ist, wobei er seine Lustlosigkeit selbst nicht wirklich versteht.

Schließlich beginnt er, Zusammenhänge zu erkennen, daß er seine Unfähigkeit, die alltäglichen Beziehungssituationen aktiv und lebendig mitzugestalten, seine Mühe, ein deutliches Wollen, Nichtwollen oder auch Abgrenzung sichtbar zu machen, als »Protest« in den sensiblen Bereich der Sexualität hineinträgt. Hier drückt er sein »Ich will nicht« gegenüber den Anforderungen und Wünschen seiner Frau, aber auch der in seiner Entwicklung erlebten Übermacht von Weiblichkeit aus.

Als er ganz allmählich beginnt, sich zumindest im Gespräch der Vorstellung von eigenen Wünschen zu nähern, wird rasch deutlich, daß ein sehr zentraler Wunsch der nach eigenem Bewegungs- und Gestaltungsspielraum ist. »Es macht mir schon angst, wenn wir bloß darüber sprechen, weil ich dann ganz schnell die Angst bekomme, daß alles zusammenbricht.« Er beginnt, einen Lebens- und Beziehungskonflikt zu erkennen, der darin besteht, daß Nähe für ihn bedeutet, durch die Erwartungen anderer Menschen fremdbestimmt zu werden, während Distanzierungsversuche, der Wunsch, in einem eigenen Raum einmal zu sich selbst zu kommen, um herauszufinden, »ob und was ich überhaupt fühle«, umgehend durch Androhung von Verlassenwerden bestraft wird. In seinen frühen und späteren Kindheitserinnerungen finden wir schließlich auch Bilder, in denen dieser (meist weibliche) Konflikt vorprogrammiert wird.

Mein Vorschlag, Schritte von Eigensein und Trennung zunächst einmal innerhalb der bestehenden Beziehungssituation auszuprobieren, zum Beispiel das alltägliche Zusammensein auf Veränderungsmöglichkeiten abzuklopfen, die gewohnheitsmäßigen Regeln und Rituale einmal neu anzuschauen, sie aufzugeben, falls diese wirklich sinnentleert geworden sind, und vor allem selbst die Verantwortung für seine Gefühle zu übernehmen, löst in Markus widersprüchliche Gefühle aus. Einerseits belebt ihn allein die Vorstellung, daß er vielleicht doch imstande ist, an dieser bedrückenden Leblosigkeit etwas zu verändern, andererseits befürchtet er dramatische Reaktionen. Aber schließlich machen ihm seine Versuche, in ganz banalen Alltagssituationen die Entscheidung nicht mehr an Verena zu delegieren, sondern selbst nachzufühlen, wonach ihm wirklich ist (zum Beispiel: »Sie wollte mir einen Besuch bei den Eltern ausreden.« »Du machst das doch nur aus Pflichtgefühl.«), Mut, auch in der Nähe mit Verena eigene Konturen zu zeigen. Er spürt dabei, daß, wenn er klar und deutlich ist und mit der Partnerin die Gestaltung des Abends, des Wochenendes, der Freizeit aushandelt und dabei seinen Vorstellungen auch Raum gegeben wird, er die Nähe zu ihr innerlich nicht abbrechen muß. Auch Verena ist über die »Wiederbelebung« der Beziehung äußerst zufrieden.

Markus ähnelt einem Typ Mann, den Christiane Olivier in ihrem Buch »Jokastes Kinder« beschreibt. Er wird aus der Beziehung einer allgegenwärtigen, stets präsenten Mutter und einem abwesenden Vater ohne Gefühl für sich selbst entlassen.

Der als Kind »der Mutter so sehr hat widerstehen wollen, daß er es vergessen hat, für sich selbst zu leben; ein Kind, in dem jedes Begehren *abgestorben* ist.« Aus diesen Jungen werden häufig Männer, die äußerlich sanft und angepaßt wirken, die aber dennoch die weibliche Nähe meiden müssen. »Er sollte sich eingestehen, daß er stän-

dig darauf bedacht ist, die Frau von seinem Weg fernzu-
halten, und sich nicht scheut, dafür alle Argumente,
selbst unehrliche und falsche, zu benutzen. Seine große
Furcht vor der Frau scheint manchmal seine große Liebe
zu übersteigen... Falls er sich zum Schweigen und zur
gefühlsmäßigen Flucht hat zwingen müssen, um sich von
seiner Mutter zu lösen, soll er schließlich daran denken,
daß es vielleicht nicht nötig ist, mit der anderen Frau, die
er jetzt an seiner Seite hat, diese ›Sperre‹ ein Leben lang
aufrechtzuerhalten.«

Die andere Variante, die Olivier als mögliche Entwicklung bei Jungen beschreibt, ist der aggressive Typ.

Es sind jene Männer, die ihr Leben lang ständig und
überall streiten und beweisen müssen, daß sie die Stärkeren sind. Auch sie sind auf der Flucht vor der Mutter,
wollen sie überwinden und ihrer Kontrolle entkommen.
Es sind die sogenannt »männlichen Männer«, die von
Frauen »nicht viel halten«, sie aber gleichwohl zur Stär-
kung ihres Selbstbewußtseins und zur Versorgung ihrer
emotionalen und sexuellen Wünsche ganz selbstverständlich beanspruchen und mit »guten Gefühlen« *ausbeuten.*

Aber auch Männer, die jene »typisch männlichen«
Haltungen demonstrieren und leben, *werden nicht mit
ihnen geboren.* Daß der Gedanke von Simone de Beau-
voir »Wir werden nicht als Frauen geboren, sondern dazu
gemacht« kein Pendant auf Männerseite gefunden hat,
liegt nicht zuletzt daran, daß in allen Forschungen über
menschliche Entwicklung der »Normmensch Mann«
nicht motiviert war, den tatsächlichen Ursprung der
Inhalte seiner »sozialen Männlichkeit« zu untersuchen.
Es liegt wohl in der Natur der Sache, daß Angehörige
einer herrschenden, privilegierten Klasse nur selten

imstande sind, einen kritischen Blick auf sich selbst zu werfen.

Was sind das nun für Bedingungen, und welcher Prozeß ist es, der zur unterschiedlichen, arbeitsteiligen Gefühlsentwicklung führt, der die allmähliche Abspaltung und Verachtung von Gefühlen beim Jungen bewirkt, während das Mädchen auf eine Rolle als emotionale Versorgerin und Gefühlsexpertin vorbereitet wird? Wie kann das geschehen, da doch in den Lebensanfängen noch beide Geschlechter lebendig, offen, sensibel und emotional sind und sich dabei »richtig« fühlen?

Um Ansätze davon zu vermitteln, daß in unterschiedlichen Forschungsbereichen Antworten auf diese existentiellen Fragen erarbeitet wurden, möchte ich in einem Exkurs – der jeweils die Besonderheiten bei der Entwicklung der Frau und des Mannes berücksichtigt – wesentliche Grundgedanken vorstellen. Dabei ist nicht vermeidbar, daß einigen Leserinnen oder Lesern diese Gedanken bereits bekannt erscheinen mögen.

Auch individuelle Abweichungen positiver oder negativer Art können bei dieser Darstellung nicht berücksichtigt werden. Vielmehr handelt es sich um jene sozialen und psychischen Strukturen, Haltungen und Eigenschaften, die von einer Vielzahl von Frauen und Männern in dieser oder ähnlicher Weise im Lauf der Erziehung erworben und als »Geschlechtscharakter« erlernt werden.

2. Die Hand an der Wiege – oder: Wie alles anfängt

Die mütterliche Allgegenwart

Warum sind Mütter immer Frauen? Sind nicht auch kinderlose Menschen beiderlei Geschlechts in der Lage, Kinder zu pflegen und zu versorgen?

Mütterlichkeit ist keine spezifisch weibliche Eigenschaft, der Begriff beinhaltet gewisse Fürsorge-, Pflege- und Beziehungsqualitäten, die von allen Menschen erlernt und bei konkretem Bedarf praktiziert werden können.

Warum sind es trotzdem kulturübergreifend die Frauen, die für die Betreuung des Nachwuchses zuständig sind? Warum werden die alltäglichen Aufgaben der Elternschaft nicht ebenso »automatisch‹ von Männern wahrgenommen?

Die Klärung dieser Frage ist wichtig, weil das Muttern der Frauen von zentraler Bedeutung für die geschlechtsspezifische Arbeitsteilung ist und die gesellschaftlich definierte Mutterrolle tiefgehende Auswirkungen auf das Leben von Frauen und Männern hat. Frauen sind als Mütter Schlüsselfiguren im gesamten Bereich der sozialen Reproduktion, das heißt, durch ihre spezifische Art des Mutterns geben sie Sozialverhalten und psychische Strukturen in immer wieder typischer Weise an ihre weiblichen und männlichen Kinder weiter. Sie sind dadurch sowohl für die Persönlichkeit und Einstellung ihrer Söhne verantwortlich, für deren Frauenbild, als auch für die geschlechtsspezifische Arbeitsteilung, die ihre Töchter erneut an Haus und Kinder bindet. Dabei scheinen sich nur wenige Menschen kritisch und ernsthaft mit der Frage einer möglichen Veränderung zu befassen.

Nancy Chodorow schreibt in »Das Erbe der Mütter«: »Man nimmt an, daß es sozial, psychologisch und biologisch natürlich und sinnvoll ist. Aus diesem Grund wird auch die Reproduktion des Mutterns weder hinterfragt noch erklärt – nicht für unsere Gesellschaft und auch nicht im Vergleich zu anderen Kulturen.«

Die Vorstellungen von Weiblichkeit und Männlichkeit, das Wesen der Geschlechterrollen, so wie sie uns heute selbstverständlich, »natürlich« erscheinen, die Teilung von Verantwortung, Möglichkeiten und Privilegien, die zwischen männlichen und weiblichen Personen herrscht, und die damit einhergehenden Muster gegenseitiger Abhängigkeit wurzeln in den Anfängen der Menschheitsgeschichte. Frauen haben diesen Part, in erster Linie und allein für die Pflege und Betreuung der Säuglinge zuständig zu sein, nicht einfach gewählt. Es gab eine Zeit, in der dies körperlich, emotional und technisch notwendig schien, um das Überleben der menschlichen Rasse zu sichern.

Es ist bekannt, daß das menschliche Gehirn bei der Geburt noch relativ klein ist, damit überhaupt eine Entbindung stattfinden kann. Während zum Beispiel ein Affenjunge fähig ist, sich gleich nach der Geburt in das Fell seiner Mutter zu klammern, kommt das Menschenjunge als eine »physiologische Frühgeburt« in einem äußerst hilflosen und bedürftigen Zustand zur Welt. Erst im Verlauf seines ersten Lebensjahres eignet es sich Fähigkeiten an, die andere höher entwickelte Säugetiere kurz nach ihrer Geburt bereits durch ihren Instinktapparat zur Verfügung haben. Um zum Beispiel die Leistung des Klammerns erbringen zu können, muß das Zentralnervensystem in einem fortgeschrittenen Entwicklungsstadium sein. Zu der Zeit, als der Werkzeuggebrauch beim Menschen das größere Gehirn erforderte, wurde durch die zweibeinige Fortbewegung, durch den aufrechten Gang, der knochige Geburtskanal bei der Frau enger. Das hatte zur Folge, daß der Fötus in einem früheren Entwicklungsstadium entbunden werden mußte.

Die frühere Entbindung wurde nur deshalb möglich, weil die inzwischen aufrecht gehende Mutter ihre Hände nicht mehr zum Laufen benötigte und nun den hilflosen Säugling halten konnte. Selbstverständlich konnten die Frauen, die ein Kind hielten, nicht gleichzeitig jagen, da sie sich behutsam und langsam fortbewegen, bzw. länger an einem Ort bleiben mußten. Während so für die Frau die Verpflichtung entstand, für das sich langsam entwickelnde Kind zu sorgen, waren die Männer weiterhin als Jäger und Sammler unterwegs. Gleichzeitig mit dieser Art sozialer Organisation menschlichen Zusammenlebens entstanden die »Geschlechtsmuster«. Das ursprünglich Notwendige wurde so zu einem Teil der *conditio humana* und nicht mehr grundsätzlich in Frage gestellt.

Es erschien natürlich, daß die Frauen ihre Fähigkeiten und Kräfte bei der Pflege der Art einsetzten. Schließlich lautete die Argumentation, daß Frauen deshalb die primären Elternteile sind, weil es immer schon so war. Was aber die biologische Grundlage des Mutterns anbetrifft, haben Vergleiche unterschiedlicher Kulturen klargemacht, daß Frauen zwar durch Schwangerschaft und Stillen an die Rolle des primären Elternteils gebunden sind, nicht aber durch eine weitergehende, instinktiv festgelegte Fürsorglichkeit.

»Niemand konnte bisher beweisen, daß die Mütterlichkeit bei Menschen durch weibliche Chromosomen oder Hormone beeinflußt wird. Dagegen wurde oft bewiesen, daß auch Nicht-Mütter, Kinder und Männer die Elternrolle übernehmen können und ebenso fürsorglich und liebevoll wie biologische Mütter sind« (Nancy Chodorow).

Die Öffentlichkeit weigert sich, diese Fakten zur Kenntnis zu nehmen und Konsequenzen aus ihnen zu ziehen. Dorothy Dinnerstein meint in ihrem Buch »Das Arrangement der Geschlechter«, daß es vor allem der neurotische Versuch von beiden Geschlechtern ist, die tiefverwurzelten Ängste im Hinblick auf die Möglichkeiten, die Geschlechterrollen frei zu gestalten, die sie an der »alten Symbiose« festhalten lassen. Ihrer Ansicht nach gibt es keinen Grund, daß die Menschen heute – in einer völlig veränderten und hochtechnisierten Umwelt – an Verhaltensweisen aus den Anfängen der Menschheitsgeschichte festhalten.

Die bestehende Symbiose, die streng festgelegten Vorstellungen von Weiblichkeit und Männlichkeit bieten den Individuen zwar scheinbar emotionale Sicherheit und klare Orientierung, aber der Preis dafür ist mangelndes Verstehen und Destruktivität zwischen den Geschlechtern.

Unter den kulturell üblichen Bedingungen steht also für beide Geschlechter eine Frau als »erstes Liebesobjekt« am Lebensanfang. Die diesbezüglichen Erfahrungen werden allerdings von Mädchen und Jungen extrem unterschiedlich verarbeitet.

Die Kinder erleben die Mutter bei ihrer Liebes-, Beziehungs- und Fürsorgearbeit. Sie erfahren, wie diese sie nährt, pflegt, tröstet, zu Lernschritten ermutigt, wie sie den Alltag organisiert, einkauft, kocht, wäscht, saubermacht und versucht, ein Heim zu schaffen. Bei all dem erfahren die Kinder – selbst wenn die Mutter, was heute meistens der Fall ist, zusätzlich berufstätig ist – diese nicht als klar konturierte Person.

Die Verinnerlichung von Wertvorstellungen, durch die sich die Position einer Mutter auszuzeichnen hat, verführt die Frau zu grandiosen Anforderungen an sich selbst. Sie hat jederzeit für die Bedürfnisse und Wünsche anderer zur Verfügung zu stehen. Von ihr werden immer liebevolle und fürsorgliche Gefühle im Umgang erwartet. Sie hat eine Meisterin im Erahnen von Emotionen zu sein, von denen die Menschen in ihrer Umgebung noch nicht wissen, daß sie sie haben. Sie traktiert sich mit Selbstlosigkeit und Selbstverleugnung so erfolgreich, daß Mann und Kinder in ihr tatsächlich kein »Selbst« mehr sehen und respektieren müssen, sondern sowohl auf *ihre Angebote* eingehen, sich ausbeuten und benutzen, als auch abwerten zu lassen, so, als ob ihre Bemühungen und ihr Einsatz nichts wert seien. Da die mütterliche Nähe allgegenwärtig ist, sie wie ein Naturstoff alle Lebensräume der Kinder ausfüllt, kann sie tatsächlich *erst wahrgenommen werden, wenn sie fehlt.*

Für beide Geschlechter sind Männr die interessanteren Menschen. Der Vater scheint zu kommen und zu gehen, wann er will. Für ihn sind offensichtlich andere Belange als Familien- und Beziehungsfragen wichtiger. Er steht keineswegs zur Verfügung, ist mit beruflichen und sachlichen Aufgaben beschäftigt und erregt gerade durch seine Abwesenheit die Aufmerksamkeit. Auch das Verhalten der Mutter im Umgang mit dem Vater macht den Kindern deutlich, daß es sich um eine exklusive Person mit Sonderrechten handelt.

Natürlich sammeln Kinder auch anderswo Eindrücke, die ihre Wahrnehmung beeinflussen, ihr geschlechtliches Selbstverständnis prägen und ihnen nahelegen, daß die gesellschaftliche Bedeutung von Frauen und Männern keinesfalls gleichwertig ist.

Die Behauptung, daß Frauen liebesfähiger und emotionaler sind als Männer, beruht also einerseits auf der Tatsache, daß sie im Zusammenhang mit der Aufgabe des Mutterns konkrete Fähigkeiten und Gefühlsqualitäten ausbilden konnten (aber auch mußten), die im Umgang mit Säuglingen notwendig sind, damit diese überleben, andererseits auf dem Umstand, daß das Einüben dieser konkreten Fähigkeiten von männlichen Kindern nicht erwartet, sondern an die Mädchen weiterdelegiert wird.

Das Muttern der Frauen führt zu einer arbeitsteiligen Entwicklung, die alle Lebensbereiche umfaßt und nicht nur von konkreten Lernvorgängen bestimmt wird, sondern auch durch die Vermittlung bestimmter Wertvorstellungen. Traditionelle Frauen stützen durch ihre Haltung das Dogma von der Überlegenheit des Mannes und der Minderwertigkeit der Frau, welches im Patriarchat die Basis für alle weitere Wertorientierung ist und schließlich festlegt, was »richtig weiblich« und »richtig männlich« ist. Die entsprechenden Ideen und Denkmuster fließen wieder in Handlungsvorgänge und Aktivitäten von Frauen und Männern auf charakteristische Weise ein und zementieren auf diese Weise ebenfalls die bestehenden Rollen.

Auswirkungen auf die Entwicklung der Mädchen

Im Patriarchat trifft ein weibliches Kind bei seiner Geburt auf eine Frau/Mutter, deren erotisches Begehren auf den Mann gerichtet ist. Von diesem möchte sie geliebt, sexuell begehrt, beachtet und anerkannt werden. Die Mutter mag sich an ihrem kleinen Mädchen erfreuen und es lieb gewinnen – begehren tut sie es nicht. Die Tatsache der Gleichgeschlechtlichkeit zwischen Mutter und Tochter bewirkt, daß diese das Mädchen häufig als Fortsetzung ihrer eigenen Person empfindet, als »Teil von sich selbst«, was zwischen ihnen zu Intimität und Verschmolzenheit führt.

Daß dabei die Ich-Grenzen der beiden mitunter unklar und verschwommen sind, wird eher als erwünschte Innigkeit denn als Bedrohung erlebt. Mädchen machen so von Anfang an die Erfahrung, daß ihre Identitätsentwicklung in der Nähe und Verbundenheit zur mütterlichen Person stattfindet und daß es richtig zu sein scheint, sich als »Teil einer anderen Person« zu empfinden. Die Lernprozesse des weiblichen Kindes finden in der Kontinuität einer bestehenden, gleichgeschlechtlichen Beziehung statt, so daß das frühe Selbstbild des Mädchens nachhaltig von Gefühlen der Verbundenheit und Verschmelzung geprägt ist, die als wesentlicher Bestandteil der eigenen Person erfahren werden. Wie Carol Gilligan in »Die andere Stimme« beschreibt, erwerben sie in diesem Zusammenhang die Fähigkeit, sich in besonderer Weise in die Wünsche und Bedürfnisse anderer Menschen einzufühlen und nicht selten zu glauben, daß die Gefühle der anderen Person ihren eigenen entsprechen.

Im konkreten Umgang mit der Mutter und anderen Frauen erhalten Mädchen jene Lektionen, die ihnen das ganze Spektrum von Gefühlsqualitäten vermitteln, die für die weibliche Liebes- und Beziehungsarbeit notwendig sind. Es beobachtet die Mutter bei ihren täglichen Akten der Versorgung, sieht sie pflegen, trösten, ermutigen, nähren und wärmen, beobachtet, wie sie Beziehungsfäden zu anderen Menschen knüpft, auf diese eingeht und darum bemüht ist, »ein Heim zu schaffen«.

Während sich all dies abspielt, bewegt sich das Mädchen nicht in einem Freiraum. Es wird von der Mutter in deren Beziehungsarbeit einbezogen, wird von ihr angehalten, lieb und brav zu sein, Rücksicht zu nehmen, den Mund zu halten und dies und jenes ihr zuliebe zu tun oder zu lassen.

Das Mädchen wird zu selbstverleugnendem und nicht zu selbstbehauptendem Verhalten aufgefordert und nicht selten dazu gezwungen. Im Zusammenhang mit den täglich anfallenden Versorgungsarbeiten erlebt das Mädchen, daß diese meist völlig von der Mutter übernommen werden und diese offenbar Schwierigkeiten hat, eindeutige, klare Forderungen in bezug auf Unterstützung und Mithilfe zu stellen. Wenn überhaupt, richten sich diese an die Tochter und nicht an die Söhne und den Vater.

Im Umgang mit ihm beobachtet sie, wie sich die Mutter vorsichtig verhält, sich geduldig oder unterdrückt-unwillig abmüht, ihn zum Mitmachen oder bloß zum Sprechen zu bewegen. Von Anfang an ist die Beziehung zwischen Mutter und Tochter durch die Bezogenheit der Mutter/Frau auf den »höherwertigen Mann« gerichtet. Vielleicht ertappt sie die Mutter bei Unaufrichtigkeiten, weil sie den Vater nicht verärgern, den häuslichen Frieden nicht stören, weil sie keinen Streit mit ihm, keine Konflikte will.

Anscheinend muß »er« behandelt werden wie ein rohes Ei. Die Tochter sieht, wie die Mutter Kontakt und Harmonie um jeden Preis erhalten will, sich dabei in überfordernden, selbstzerstörerischen Akten abmüht und direkten, offenen Auseinandersetzungen aus dem Weg geht.

Bei anderen Frauen scheint es ähnlich zu sein. Wenn die Mutter mit ihnen zusammentrifft, wird gemeinsam herumgerätselt, wie seine merkwürdige Haltung in den letzten Tagen »richtig verstanden« werden kann. Da werden Sätze überlegt und Worte gesucht, mit denen man ihm dies und jenes vielleicht doch noch nahebringen könnte. Da werden auch ab und zu seine Schwächen und Fehler genannt, nur um sie gleich darauf wieder durch Akte von Einfühlung und Verständnis plausibel zu machen und zu revidieren. Gleichzeitig spürt das Mädchen, daß die Frauen sich etwas geben, Gefühle von Verständnis und Anteilnahme ausgetauscht werden und wechselseitig Kraft und Ermutigung gespendet wird.

Der, von dem die Tochter spürt, wie wichtig er für die Mutter ist, weil sie ständig mit ihm beschäftigt zu sein scheint, ist auch für sie selbst abwesend. Dabei ist er die einzige Person, die den Kummer des kleinen Mädchens, daß mit ihm irgend etwas nicht stimmt, »irgend etwas fehlt«, beheben könnte. Von ihm könnte als gegengeschlechtlicher Pol jene besondere Färbung kommen, die zwischen Mutter und Tochter fehlt.

Forschungen haben bewiesen, daß es die Situation des Säuglings als Neutrum nicht gibt und Frauen mit ihren weiblichen Kindern von Anfang an in einer Weise umgehen, die Mädchen deutlich benachteiligt. Um nur einige zu nennen: Mädchen haben kürzere Stillzeiten oder Fütterungszeiten, sie werden früher entwöhnt. Ihre Reinlichkeitserziehung verläuft strenger. Von ihnen wird früher als vom männlichen Kind erwartet, daß sie sauber sind.

Christiane Olivier meint, daß Mädchen aus einer Mangel- und Notsituation heraus früher sprechen lernen. Ihnen wird nicht die Aneignung des Körpers und ein Selbstbestimmungsrecht über diesen zugestanden. Das führt dazu, daß Mädchen sich selten in ihrem Körper wirklich »richtig und zu Hause« fühlen. Und kaum eine

Mutter macht ihr Mädchen auf ihr Geschlecht, die Klitoris, aufmerksam. Beim weiblichen Kind wird so getan, als ob da nichts wäre. Durch dieses Schweigen versperrt die Mutter das klitorale Lustempfinden. »Der vulvaklitorale Bereich ist sehr sensibel für die Liebkosungen der Mutter, wenn sie ihr Kind wäscht. Die Klitoris ist aber nicht das Begehren für die Mutter, die, kulturell bedingt, diesen Teil bei sich selbst sowieso nicht als typisch weiblich anerkennt und es vorzieht, ihre Vagina einzusetzen als den vom Mann für lustfähig erklärten Ort. Dem kleinen Mädchen wird so die eigene Sexualität verweigert. Es wird auf die zukünftige Frauensexualität verwiesen«, schreibt Olivier in »Jokastes Kinder«.

So entwickeln Mädchen starke Sehnsüchte nach der Erfahrung, »richtig« zu sein, und glauben, lebenslang unter Beweis stellen zu müssen, daß sie »wirklich Frauen« sind. In der Nähe ihrer Mütter machen sie die Erfahrung, daß weibliche Versorgung in den Beziehungen zwar überall stattfindet, von Frauen grandiose Gefühlsfähigkeiten erwartet werden, diese aber scheinbar *nichts wert sind,* denn sie erleben weder, wie die Mütter für ihre Arbeit bewundert werden und wirkliche Anerkennung erhalten, noch, daß diese selbst einen glücklichen, zufriedenen, selbstbewußten Eindruck machen.

Selbst wenn die hier nur sehr unvollständig skizzierten Basiserfahrungen im Einzelfall ganz anders aussehen, da sie von vielen verschiedenen Faktoren mitbestimmt werden, bleibt doch für eine Mehrheit von heranwachsenden Mädchen die Tatsache bestehen, daß sie auf solche oder ähnliche Bedingungen weiblicher Wertlosigkeit treffen. Bedingungen, die darin bestehen, daß eine mutternde Frau ihrer Tochter die Verantwortung für Beziehungs-

und Liebesarbeit weiter überträgt, sie mehr oder weniger mit Schuldgefühlen, Versagensgefühlen, Schamgefühlen und Überforderungsgefühlen infiziert und sie aus ihrer Beziehung nicht als eine klar konturierte Person mit deutlichem Selbstbewußtsein entläßt.

Das Gefühlsspektrum, welches sie sich im Lauf ihrer Entwicklung angeeignet hat, mag menschlich noch so reich und vielfältig sein, ihr »Selbstgefühl« sagt ihr nicht, daß all dies besonders schätzenswerte Fähigkeiten sind. Ihrem Gefühlsrepertoire fehlen all jene Gefühle, die ihr dabei helfen könnten, die männliche Vorherrschaft in Frage zu stellen und sie zu brechen: Gefühle der Selbstbehauptung, Gleichwertigkeit, Wehrhaftigkeit und Konfliktfähigkeit. Das Mädchen ist von der Mutter darauf vorbereitet worden, erneut zum »Fühlorganismus« und zur Beglückungsinstanz anderer, besonders männlicher Personen zu werden. Der Kreis schließt sich wieder.

Auswirkungen auf die Entwicklung der Jungen

Anders als beim Mädchen eröffnet die Geburt eines Sohnes der Frau die Möglichkeit, sich in ihm in männlicher Gestalt zu sehen. Olivier spricht in diesem Zusammenhang vom »Ganzheitsphantasma« der Frau, in dem diese das eigene »unvollständige Geschlecht« komplettiert.

Der Junge wird, wenn vielleicht auch nicht in jedem Fall von Anfang an, so doch sehr bald als männlicher Gegenpol erlebt. Er ist in vielfacher Hinsicht privilegiert. Laut Untersuchungen werden Jungen länger gestillt oder gefüttert, sie werden häufiger berührt, und daß sie erst später sprechen lernen, schreibt Olivier dem Umstand zu, daß der Junge – durch das weibliche Ganzheitsphantasma abgesichert – nicht, von der mütterlichen Abwesenheit geplagt, Abstand und Einsamkeitsgefühle in einer Weise empfinden muß wie das Mädchen.

Bei seiner Reinlichkeitserziehung verhält sich die Mutter deutlich nachsichtiger. Er darf die Hosen länger voll machen als das Mädchen, und auch später ist ihm erlaubt, schmutzig und dreckig zu werden.

Der Junge eignet sich seinen Körper selbstverständlich an: Sein Geschlechtsorgan ist zwar noch klein, weist aber bereits eindeutig Ähnlichkeiten mit dem Glied des Vaters oder anderer Männer auf. Er lernt, damit spielerisch und selbstbewußt umzugehen, sein Geschlecht im Wortsinn zu (be)greifen. In seinem Spielverhalten darf er expansiv und auch aggressiv sein. Wildheit und kämpferisches Verhalten werden von der Mutter mit Stolz registriert, »er ist eben ein richtiger Junge«.

Ebenso wie die Entwicklung des Mädchens findet auch die des Jungen in einer Situation statt, in der eine Frau muttert, während der Vater in der Regel an allen Pflege- und Beziehungsvorgängen relativ wenig beteiligt ist. Als Säuglinge und Kleinkinder befinden sie sich also ebenfalls in einer Mutter-Kind-Symbiose. Aber während das Mädchen sein Identitätsgefühl auch im weiteren Verlauf des Heranwachsens in der Kontinuität der Beziehung zur Mutter entfaltet, fordert die Entwicklung eines männlichen Identitätsgefühls vom Jungen, daß er sich trennt.

Für den Jungen stellt sich »Männlichkeit« als weniger verfügbar und unzugänglicher dar als die von der Mutter repräsentierte Weiblichkeit. Aufgrund der häufigen Abwesenheit oder Unzugänglichkeit ihrer Väter haben Jungen es in ihrer Identitätsfindung schwerer als die Mädchen. In Gesellschaften, die zwar männlich dominiert sind, in denen aber die Väter in den Familien kaum anwesend sind oder wenig am Familienleben partizipieren, lernen Knaben von Anfang an, geschlechtliche Verschiedenheit und Individuation miteinander zu verknüpfen.

Allmählich spüren sie, daß die zärtliche Intimität mit der Mutter, Situationen von Verschmelzung und Nähewünsche etwas »Nicht-Männliches« sind, denn kein Mann/Vater lebt ihnen in der Nähe diese Haltung als männlich/menschlich vor.

Die Einübung in seine Geschlechterrolle erfordert es, daß er trotz der anfänglichen Identifikation mit der Mutter seine starken Gefühle von Bedürftigkeit, Zuneigung und Anhänglichkeit abwehren und verleugnen muß. In gewisser Weise reißt der Junge sich von seiner »ersten Liebe« in einem Gewaltakt los, um sich auf den Weg der Männlichkeit zu begeben. Seine Mutter repräsentiert dabei zunehmend Behinderungen und Gefahren.

Die Einübung in die soziale Geschlechterrolle ist daher beim Knaben viel rigider als beim Mädchen. Ein Junge verdrängt die Eigenschaften, die er für weiblich hält, wehrt sie ab und wertet Frauen ebenso ab wie alles, was er in der Außenwelt für weiblich hält.

Auf diese Weise definieren Knaben die Männlichkeit und ihre Versuche, ein Männlichkeitsgefühl aufzubauen, in erster Linie negativ. Sie beginnen, die Eigenschaften, die sie als weiblich erlebt und zunächst auch selbst verinnerlicht haben, abzuwerten und Gefühle von Verachtung zu entwickeln, die sie nicht nur von der Mutter, sondern von der eigenen Fähigkeit, Gefühle lebendig zu empfinden, weit entfernen.

Während sich ein Junge in Abwehr und Trennungserlebnissen übt, spaltet er somit wesentliche Erfahrungen von Nähe, Intimität, Fürsorge und verletzbarer Sensibilität ab und verliert dabei den Schatz an menschlichen

Fähigkeiten, der für den Umgang mit sich selbst und anderen Menschen außerordentlich wichtig wäre.

Ebenso wie das Mädchen erlebt der Junge die Mutter als eine Art Sauerstoff, der grenzenlos und jederzeit zur Verfügung steht. Aber er lernt im Umgang mit ihr, daß er als männliches Kind das Recht hat, weibliche Hilfe und Unterstützung zu beanspruchen. Gleichzeitig kann er beobachten, daß der Vater die weiblichen Fähigkeiten zwar beansprucht, aber nicht ausdrücklich schätzt. Die Mutter ist offenbar nicht ebenso wichtig wie ein Mann. Die Mütter selbst führen die Väter bei den Kindern als wichtige Figuren ein, als von ihnen geliebte Personen, und bauen an der männlichen Dominanzposition, ohne daß die Kinder erkennen können, worin diese wirklich besteht.

Anders als beim Mädchen gestatten Frauen ihren Söhnen, »sie zu benutzen«, sie abzuwerten, auszubeuten, und bleiben dennoch für ihre Bedürfnisbefriedigung offen und zuständig. Sie konfrontieren Söhne nicht mit eigenen Grenzen und Wünschen und bleiben so als Person unrealistisch. Im Lauf der weiteren Entwicklung wird die mütterliche Nähe für den Knaben immer schwieriger und gefährlicher. Einerseits will er in ihre verwöhnende und versorgende Nähe, andererseits spürt er die Mangelgefühle aus der Beziehung zum Vater und die auf ihn gerichteten Liebeswünsche. Häufig erdrücken diese ihn, machen ihn unfrei und behindern ihn bei seinen Versuchen, sich von ihr zu trennen.

Da für die Frau ein Junge häufig das einzige männliche Lebewesen in ihrer Umgebung ist, über das sie (zumindest zunächst) wirklich Macht und Kontrolle haben kann, gibt sie ihn nur ungern frei. Sie umwirbt ihn, verführt ihn mit Verwöhnung, schmeichelt seinem Selbstgefühl und/oder plagt ihn gleichzeitig mit Vorwürfen, daß er sie nicht verlassen dürfe.

Aus meiner therapeutischen Arbeit mit Männern weiß ich, daß es gar nicht so selten ist, daß die Söhne von ihren Müttern mit der Aufgabe betraut werden, »sie zu retten« oder sie »glücklich zu machen«, und unter der Last dieser Aufgabe selten das Gefühl entwickeln, sich ihren eigenen Lebensaufgaben wirklich zuwenden zu dürfen. Geschwächt reagieren Söhne auf diese Anforderung mit depressiven Stimmungen und Gefühlen, während die über diesen Umstand wut- und haßerfüllten Söhne immer wieder durch neue Gewaltakte beweisen, daß sie sich getrennt haben.

In jedem Fall führt dieses Mutter-Sohn-Arrangement zu ambivalenten Gefühlen. Die unerfüllten Wünsche und Projektionen der Mutter überfordern den Sohn einerseits und binden ihn andererseits in Liebes- und Haßgefühlen an diese so machtvolle und gleichzeitig so schwache Person ihrer Kindheit. Hier wurzeln männliche Aggression, aber auch die Angst vor Frauen.

Chodorow schreibt: »Obwohl er sie fürchtet, findet der Knabe sie auch verführerisch und attraktiv. Er kann sie nicht einfach ablegen und ignorieren.

Knaben und Männer entwickeln psychologische und kulturell-ideologische Mechanismen, um mit ihren Ängsten fertig zu werden, ohne Frauen insgesamt aufzugeben.

Sie schaffen Märchen, Glaubenssätze und Gedichte, in denen sie die Angst durch Externalisierung und Objektivierung der Frauen zu meistern versuchen... Die Leugnung der Angst geht auf Kosten einer realistischen Ansicht über Frauen. Einerseits werden sie glorifiziert und bewundert, ... andererseits verunglimpft...«

Um der mütterlichen Kontrolle und ihrem »liebevollen Zugriff« entgehen zu können, entwickeln Jungen ein reiches Spektrum an Flucht- und Distanzmöglichkeiten: Sie verschanzen sich hinter Schweigen, sie sind wie besessen mit Dingen beschäftigt, sie müssen außer Haus, sie haben keine Zeit, und sie vertrösten sie auf später.

Während das Mädchen in seiner Entwicklung gut gelernt hat, auf unterschiedlichste Weise Verbundenheit zu Menschen herzustellen, hat der Junge gelernt, aus Sicherheitsgründen in Beziehungen auf Distanz zu gehen. Seinen Kindheitsgefühlen steht er meist abwertend und verächtlich gegenüber, aber an ihre Stelle sind männliche Gefühle getreten: »Ich muß kämpfen«, »Ich muß aufpassen«, »Ich bin bedroht«, »Ich soll vereinnahmt werden«, »Ich muß überlegen sein«, »Ich muß mich abgrenzen« usw.

In einer späteren Partnerschaft mit einer Frau wird er immer versuchen, diese zu kontrollieren. Nie mehr soll eine Frau so viel Macht über ihn gewinnen. Anders als das Mädchen trifft er als Mann in einer Liebesbeziehung auf den vertrauten Körper einer Frau und findet quasi seine »erste Liebe« wieder. Dieses Mal steht sie ihm ganz zur Verfügung, aber er hat gelernt, was er ihr auf gar keinen Fall zu geben hat: sich selbst.

Und wo bleibt der Vater in diesem Spiel?

Die Abwesenheit des Vaters durchzieht wie ein roter Faden die Entwicklung beider Geschlechter. Von seiner Mutter ist der Mann auf die spätere Aufgabe des Vaterns nicht vorbereitet worden, und in seiner Partnerschaft trifft er meist auf eine Frau, die sich trotz Überforderung diesen Machtbereich erhalten will und sich hier für kom-

petenter hält. Selbst die Männer, die sich an den Für-
sorge- und Pflegearbeiten beteiligen wollen, erleben mitunter, daß ihre Frauen sie durch bestimmte Manöver
fernhalten, bis sie ihre zaghaften Versuche freiwillig aufgeben.

Dem kleinen Mädchen fehlt so ein Vater, welcher
durch konkrete Fürsorge, durch Zuneigung und liebevol-
les Interesse an ihrer Person vermitteln könnte, daß es
»ganz« ist. Er könnte dem Mädchen als geschlechtlicher
Gegenpol die Akzeptanz der eigenen Geschlechtlichkeit
ermöglichen. Statt dessen bewirkt seine Unzugänglichkeit und Ferne eine Wunde, stimuliert eine meist lebens-
längliche Sehnsucht, wenigstens einmal im Leben die
Erfahrung zu machen, in den Augen eines Mannes »richtig« zu sein.

»Ein kleines Mädchen, das seinen Vater dazu gebracht
hat, eine Zeitung beiseite zu legen, das auf seine Knie
geklettert ist, beweist mit seinem ganzen Körper, daß es
den Ort erreicht hat, an dem all seine Unsicherheit aufhört: beim Vater endet die Sinnlosigkeit, durch ihn kann
es lernen, seinen kleinen Mädchenkörper als gut zu
akzeptieren. Der Vater ist das Ziel«, schreibt Olivier in
»Jokastes Kinder«.

Neben dem Schmerz über den Mangel an Aufmerksamkeit und Bedeutung besteht die Möglichkeit, daß das
Mädchen einem väterlichen Begehren ausgesetzt ist, welches sich nicht an der Freude über die Existenz des Kindes erschöpft, sondern mißbräuchliche, eigene Interessen
und Bedürfnisse ausdrückt.

Bereits der emotionale Mißbrauch, der häufig in Mut-
ter-Tochter-Beziehungen stattfindet, schädigt das Selbstbewußtsein des weiblichen Kindes. Sexueller Mißbrauch
als »Preis« für väterliche Nähe und Interesse zerstört das

Selbstgefühl bis in den Kern der Persönlichkeit und hinterläßt fast immer lebenslänglich Spuren, welche die Lebensfähigkeit der gesamten Person massiv beeinträchtigen. Derartige Erlebnisse und Erfahrungen führen nicht selten zu suizidalem Verhalten, zu Sucht, Selbstzweifel und Selbsthaß.

In der Nähe eines aufmerksamen, liebevollen Vaters aufzuwachsen, stellt für Mädchen einen wirksamen Schutz dar vor ausbeuterischen und zerstörerischen Liebesbeziehungen. Die Orientierung an einem Vater, der seinem Mädchen Interesse und Achtung geschenkt hat, läßt diese als erwachsene Frau jene Männer meiden, die Frauen nur als Objekte und nicht als Personen behandeln können.

Wenn der Vater der »große Unbekannte«, der Unberührbare, Unansprechbare und Unerreichbare in ihrer Kindheit blieb, wird sie es in einer Beziehung schwer haben, sich diesen Fremden vertraut zu machen. Ohnehin sind viele Töchter von ihren Müttern darauf vorbereitet worden, daß sie von Männern in Gefühls- und Beziehungsfragen kaum etwas erwarten können und im Zweifelsfall diesbezüglich für sich selbst sorgen müssen.

Ein Vater ist also in der Regel jener ehemalige Junge, der aus der symbiotischen Beziehung zu seiner Mutter mit der bereits beschriebenen Gefühlsambivalenz allem Weiblichen gegenüber entlassen wurde und Kinder- und Gefühlspflege für »Frauenkram« hält, für den er nicht zuständig ist.

Wenn es um solche Themen geht, wittert er Gefahr und ist stets auf der Hut, nicht in die alten Fallstricke früherer Abhängigkeit zu tappen. Frau und Kinder dürfen ihm nicht zu nahe kommen. Er hat seine Lektionen bezüglich des Sicherheitsabstands gelernt. »Der Mann in der Paarbeziehung strebt nach einem Grad von Freiheit, der seine Gefährtin, die sich nie als seine Feindin verstand und die vom Einssein träumte, schmerzhaft überrascht« (Olivier).

Der Junge sehnt sich nicht weniger als das Mädchen nach einem Vater, der ihm helfen könnte, seine männliche Identität zu finden. Mit dem er sprechen, spielen, zärtlich sein und sich auseinandersetzen könnte. Der ihm die Chance bieten würde, in einer konkreten Vater-Sohn-Beziehung, mit einer Fülle von Erfahrungen – statt mit abstrakten Vorstellungen über Männlichkeit – in eine Männerwelt hineinzuwachsen.

Ein solcher Vater, der seine geschlechtliche Identität nicht aus der Verleugnung von Abhängigkeit und Abwertung der Frauen ziehen müßte, der auch in den alltäglichen Hausarbeiten, in der Organisation des Lebens präsent wäre und ebenso kompetent in sozialen und emotionalen Belangen, würde es seinem Sohn ersparen, daß dieser seine kindliche Vergangenheit leugnen müßte, um Mann zu sein. Ein solcher Vater würde dabei helfen, daß männliche Identität nicht mehr »negativ« definiert wäre, nicht durch Verneinung der gesamte emotionale Erfahrungsschatz der Kindheit abgespalten – sondern in die heranwachsende Person integriert werden könnte.

Statt dessen erleben Söhne, daß ihre »traditionellen Väter« sich ihnen gegenüber konkurrenz- und leistungsorientiert verhalten, wenn sie überhaupt in Kontakt mit ihren Jungen treten. Sie hören von ihnen Anweisungen und Zensuren für Leistungen; Gespräche werden zu Prüfungssituationen, in denen sie miteinander zu kämpfen beginnen. Körperliche Berührungen, Umarmungen, Zärtlichkeiten gibt es in solchen Vater-Sohn-Beziehungen so gut wie nie. Die Homophobie des Vaters überträgt sich auf den Sohn. Es ist unmännlich, einander Gefühle zu zeigen.

Gleichzeitig erleben Söhne, wie ihre Väter eine Sonderbehandlung durch die Frauen in der Familie erfahren, wie sie ihre Frustrationen und den Arbeitsstreß zu Hause einfach abreagieren, muffelig und aggressiv sein können und trotzdem Nachsicht und Verwöhnung erfahren. Ihren Sonderstatus haben sie längst begriffen. Wenn dieser auch innerhalb der Familie noch vom Vater besetzt ist, teilen sie doch inzwischen bereits gewisse Privilegien.

»Selbst wenn Frauen und Männer in die jeweils andere Sphäre hinüberwechseln, unterscheiden sich ihre Rollen. Es besteht innerhalb der Familie ein großer Unterschied zwischen dem Ehemann/Vater und der Ehefrau/Mutter; Frauen beschäftigen sich zusehends mehr mit der Familie, Männer immer weniger... Die Hauptverantwortung eines Vaters ist die finanzielle ›Versorgung‹ seiner Familie. Sein emotionaler Beitrag wird nur selten als gleichermaßen wichtig betrachtet... Väter beziehen sich zwar auf ihre Kinder, aber um sie ›unabhängig‹ zu machen... Ebenso wie Kinder ihre Väter als ›unter der Herrschaft des Realitätsprinzips‹ stehend erleben, erleben auch Väter eher als Mütter ihre Kinder als separate Menschen« (Chodorow, »Das Erbe der Mütter«).

Dank der Frauenbewegung und einer kleinen Schar »bewegter Männer« gibt es heute zunehmend Männer, die ihre Position als Vater mit wirklichen Kompetenzen und Beziehungsqualitäten füllen – und die Entfremdung von ihren Kindern nicht einfach mehr hinnehmen wollen. Gemessen an der Gesamtbevölkerung, stellen sie immer noch die Ausnahme dar.

Während ich im Sommer 1994 an diesem Buch schrieb, hatte ich Besuch von meiner Nichte Judith, ihrem Mann Peter und dem zehn Monate alten Adrian. Für Wilfried und mich war es eine große Freude, zu erleben, wie problemlos und selbstverständlich sich die beiden jungen Leute in ihrer Elternschaft abwechselten und unterstützten.

Im Umgang zwischen dem dreiundzwanzigjährigen Peter und seinem kleinen Sohn war weniger von dem typischen Vaterstolz auf den Nachwuchs zu spüren, sondern echtes Interesse und Neugier an den Lebensäußerungen der kleinen Person, fürsorgliche, zärtlich-humorvolle Bezogenheit auf ihn und erstaunliche Geduld bei Unmutsäußerungen, die nicht gleich auf die dahinterliegenden Bedürfnisse schließen ließen.

In der Innigkeit und Bezogenheit auf das Kind, aber auch in der konkreten Kompetenz gab es keinen Unterschied zwischen Judith und Peter. Adrian selbst machte einen absolut zufriedenen und fröhlichen Eindruck und signalisierte deutlich Gefühle von Geborgenheit und Wohlbefinden bei beiden Elternteilen. Auch wenn wir in der großen Hitze des Sommers bei unseren Besichtigungstouren seine Mahlzeiten nicht rechtzeitig einhalten konnten und sich die Nahrungsaufnahme für ihn dadurch um mehr als eine Stunde verschob, blieb er freundlich und ruhig, seine Eltern gelassen und unaufgeregt.

Obwohl Adrian sich entwicklungspsychologisch angeblich in der etwas kritischen Zeit des »Fremdelns« befand und wir ihn gerade erst kennenlernten, waren keine Anzeichen von Furcht und Distanz bei ihm zu bemerken. Bereits nach einem Tag konnten Wilfried und ich uns ebenfalls um ihn kümmern und bekamen statt ängstlichem Mißtrauen freundliche Neugier und glucksende Lebendigkeit geschenkt.

Solche und ähnliche Beispiele berechtigen zu der Hoffnung, daß Frauen und Männer vermehrt die gesamten Aufgaben der Elternschaft zu teilen beginnen, so daß im Kontakt mit solchen Erwachsenen neue Orientierungen für eine geschlechtliche Identität möglich werden, die beide Geschlechter nicht mehr klischeehaft und normiert auf Rollen festlegen, sondern ihnen jeweils eine differenzierte Ausgestaltung ihrer Fähigkeiten ermöglichen. Notwendige gesellschaftliche Arbeitsteilung könnte dann unter anderen als nur geschlechtlichen Aspekten erfolgen und würde nicht mehr zwangsläufig die Höherwertigkeit des einen und die Abwertung des anderen Geschlechts festschreiben.

3. Gibt es keine Auswege aus der Gefühlsfalle?

Viele Paare sind – besonders im Stadium der Verliebtheit, in der Phase des Kennenlernens und der Annäherung – davon überzeugt, daß es ihnen gelingen wird, »ihre Liebe« zu leben und *die schönen Gefühle füreinander* zu erhalten.

Diejenigen unter ihnen, die zudem Liebe für ein *Naturereignis* oder Zufall halten, werden, sobald größere Schwierigkeiten auftauchen, annehmen, daß sie *falsch gewählt* haben, und sich nach einer mehr oder weniger schmerzlichen Trennung erneut auf die Suche nach dem oder der *Richtigen* begeben.

Andere, die zu akzeptieren bereit sind, daß sich Glück in der Liebe nicht einfach von selbst einstellt, sondern meist erarbeitet werden muß, hoffen, daß es ihnen durch ihre Bereitschaft zu Bemühungen möglich sein wird, ein gemeinsames Glück dauerhaft zu gestalten.

Bei Paartherapien in meiner Praxis begegne ich Frauen und Männern mit dieser Haltung und erlebe oft, wie unglücklich und verstört beide darüber sind, daß sie trotz Zuneigung, trotz erotischen Begehrens und dem wirklichen Wunsch, einander lieben zu wollen, sich dennoch immer wieder in rätselhaften Mißverständnissen und zugespitzten Streitsituationen wiederfinden. Nur wenigen von ihnen ist klar, daß viele ihrer Probleme und Konflikte nicht einmalig für ihre Beziehung sind, sondern Ausdruck einer *Gefühlsfalle*, die durch die geschlechtsspezifische, arbeitsteilige Entwicklung vorprogrammiert wurde.

In ihren Bemühungen um die Partnerschaft fühlen sich beide vom anderen nicht richtig gesehen und anerkannt:

Während der Mann seinen Einsatz bei der Erledigung und Bewältigung von Sachproblemen (Reparaturen in der Wohnung oder im Haus, Wartung und Pflege des Autos, Behörden- und Finanzfragen usw.) und sein Engagement bei der beruflichen Tätigkeit nicht ausreichend gewürdigt fühlt: »Nun mache ich schon so viel, und immer ist sie noch nicht zufrieden«, fühlt die Frau sich emotional vernachlässigt und bei ihren Bemühungen um Gespräch und Beziehungspflege überfordert und im Stich gelassen: »Er läßt mich nicht an sich heran, ist immer mit irgendwelchen Dingen beschäftigt und sieht gar nicht, daß wir den Kontakt zueinander verlieren, wenn ich nicht immer dran bleibe.« Beide verhalten sich ihren Geschlechterrollen entsprechend »richtig« und verstehen deshalb nicht das Mißlingen der Aktivitäten, die nicht zum Erfolg führen, sondern zu Frustrationen werden.

Charakteristische Gefühlskonflikte entstehen so fast immer im Zusammenhang mit unterschiedlichen Nähe- und Distanzbedürfnissen, dem weiblichen Wunsch nach emotionalem Austausch und Gespräch und dem Wunsch vieler Männer, »einfach in Ruhe gelassen zu werden und schweigen zu können«. Sie entstehen in Verbindung mit weiblichen Harmoniewünschen und verdrängten Konflikten, im unterschiedlichen Umgang mit sexuellen Wünschen, und bewirken Mangelgefühle auf seiten der Frau und Bedrängnisgefühle auf seiten des Mannes, der stets befürchtet, festgehalten und vereinnahmt zu werden.

Nachfolgend möchte ich einige Beispiele charakteristischer Fühlweisen von Frauen und Männern in Paarbeziehungen vorstellen, die deutlich machen können, daß letztlich nur eine kritische Auseinandersetzung mit den Einseitigkeiten und Begrenztheiten des eigenen Geschlechts zu einer wirklichen Verständigung führen kann.

In einem Gespräch mit Bruno und Vera, einem Paar, welches schon seit Monaten in einer sprachlosen, mit Frustration und Groll angefüllten Stimmung nebeneinanderher lebt, fordere ich beide auf, einmal jeweils für die eigene Person die Vorstellung von Geliebtwerden zu entwickeln, frage erst Vera und dann Bruno, wann sie in der Beziehung das Gefühl spüren, vom anderen geliebt zu werden.

Vera beginnt zu schildern, daß sie sich von Bruno geliebt fühlt, wenn sie spürt, daß er wissen möchte, wie es ihr wirklich geht, sie nach ihren Gefühlen fragt, sich für ihre Ideen (sie ist Architektin) interessiert und ihr Anerkennung dafür gibt, wie sie den Alltag, den Beruf und die Erziehung der kleinen Tochter bewältigt. Wenn er ihr bei Hausarbeiten hilft, aber auch wenn sie traurig sein und überhaupt eigene Gefühle ausdrücken darf und er zwischendurch einmal zärtliche, liebevolle Gesten und Berührungen für sie hat, sie sich einmal bei ihm anlehnen und ausruhen darf.

Vera entwickelt in diesem Zusammenhang also einen breitgefächerten Katalog von Wünschen und Bedürfnissen. Bruno beantwortet meine Frage zunächst mit einem einzigen Satz. Er sagt: »Ich fühle mich geliebt, wenn Vera Lust zur Sexualität hat, wenn ich bei ihr spüre, daß sie mich will.«

Vera hat in verschiedenen Gesprächen ausgedrückt, daß sie überhaupt kein sexuelles Begehren fühlt, wenn sie sich nicht auch umfassender von Bruno gesehen und angesprochen fühlt. Sie sagt: »Die ganze Woche oder tagelang leben wir nebeneinander her. Jeder macht seine Arbeit. Wenn du abends nach Hause kommst, setzt du dich meist noch an den Computer, und das ist für mich wie ein Signal, daß du deine Ruhe haben willst. Ich weiß überhaupt nichts von dir und du auch nichts von mir, und dann kommst du auf einmal und willst mit mir schlafen. Ich kann das nicht. Das kränkt mich, diese Art. Ich fühle mich dann einfach nur benutzt.«

In dem hier erwähnten gemeinsamen Gespräch wird beiden zum ersten Mal wirklich klar, wie sehr ihre Vorstellungen und Gefühle aneinander vorbeigehen und daß es darum geht, Wege zu finden, Situationen herzustellen, in denen sie sich aufeinander zubewegen und wirklich treffen können, damit das Gefühl von Nichtgeliebtwerden aufgelöst werden kann.

Bruno sagt an einer Stelle: »Und ich fühle mich von dir zurückgewiesen wie von meiner Mutter, der man nichts recht machen konnte. Ich fühle mich verunsichert, weil ich dann nicht an dich herankomme.«

In vorangegangenen Gesprächen wurde deutlich, daß Vera dazu tendiert, in kritischen Situationen jene Gefühle in Bruno hineinzuprojizieren, die sie in ihrer Kindheit dem autoritären und für sie unzugänglichen Vater gegenüber empfand. Vera hatte sich lange vergebens um seine Aufmerksamkeit und Zuneigung bemüht, war gescheitert und hatte schließlich begonnen, in erbitterter Weise mit ihm um Positionen zu kämpfen. Ihre Mutter, die an Krebs starb, als sie fünfzehn war, stellte kein Gegengewicht für sie dar, weil ihr ebenfalls die gute Stimmung des Vaters wichtiger war als die Bedürfnisse ihrer Tochter. Vera hatte in dieser Konstellation eine Haltung erworben, mit der sie gerade in jenen Momenten, in denen sie sich besonders verletzlich und bedürftig fühlt, sich hart macht und zu kämpfen beginnt.

In der Beziehung zu Bruno hat diese Schutz- und

Abwehrhaltung fatale Folgen, weil sie sich auch ihm nicht in offener, verletzbarer Weise zeigen, sich von ihm etwas wünschen und erbitten kann, sondern stets wütend und enttäuscht vorwegnimmt, »daß von ihm ja doch nichts kommt«.

Bruno hat aber durchaus den Wunsch, etwas für Vera zu tun. Er selbst möchte auch einmal die Erfahrung machen, daß er imstande ist, ihr etwas zu geben, reagiert aber auf die Vorwürfe von Vera mit Unsicherheit, Rückzug und Ratlosigkeit. In besonders verfahrenen Situationen wird dann Vera in seiner Optik zu seiner ewig klagenden, bitter vor sich hin schweigenden Mutter, die alle Bemühungen, sie aus ihrer Säuernis zu holen, zurückweist und die in ihm Ohnmacht, aber auch Wutgefühle auslöst.

Gefühlsversorgung, wie findet sie statt?

Obwohl jede Paarbeziehung einmalige, unverwechselbare Züge aufweist, gibt es, was die weiblichen und männlichen Vorstellungen von Geliebtwerden anbelangt, bei einer Vielzahl von Paaren Übereinstimmungen. Viele Frauen drücken in ihren Wunschvorstellungen nicht primär das Verlangen nach Sexualität aus, sondern sie wünschen sich zunächst all jene fürsorglichen Handlungen und Erfahrungen, die sie selbst anderen zu geben bereit sind. Sie wollen das Gefühl haben, als »ganze Person« gesehen zu werden und auch mit ihren Bedürfnissen nach Gespräch und Gefühlsaustausch richtig zu sein. Der Mann muß in der Regel diese Wünsche nicht bewußt fühlen, weil diese von der Partnerin meist befriedigt werden. Für ihn ist der ganze Bereich von emotionaler Versorgung durch ihre Liebesarbeit abgedeckt.

Während die Frau sich in Basisgefühlen oft unversorgt fühlt und es de facto auch ist, können Männer sich auf das konzentrieren, was darüber hinausgeht. Das ist zum Beispiel der Bereich der Sexualität, in dem die Frau ihm zeigen kann, daß er als Mann für sie richtig und begehrenswert ist. Für ihn ist es auch der erlaubte Bereich, in dem er Gefühle zeigen und Nähe ausdrücken darf. Hier darf er weiche Gefühle zeigen, zärtlich, verspielt, verschmolzen und verbunden sein, Gefühle zeigen, die ihm gesellschaftlich sonst nicht erlaubt sind und seine männliche Identität gefährden. In der Sexualität darf er Berührungen zulassen und lebendig sein.

Bei Frauen wird erotisches, sexuelles Begehren dagegen häufig erst durch Versorgungsakte stimuliert. Sie muß sich quasi erst mit Hilfe des Partners vervollständigen, erst durch liebevolle Worte von ihm aus ihrem »Ich bin nicht richtig«-Gefühl, »Ich bin nicht ganz bei mir«-Gefühl herausgeholt werden, während der Mann durch das weibliche sexuelle Begehren aus seinem »Ich fühle mich gar nicht-Ich fühle mich getrennt«-Gefühl in eine gemeinsame Nähe geholt werden kann.

Wenn beide Geschlechter diese Besonderheiten im Umgang miteinander berücksichtigen lernen, bietet dieser Bereich wunderbare Möglichkeiten der Erlösung aus dem Kummer, einander nicht das geben zu können, was der/die andere wünscht und braucht, was der/die andere anscheinend nicht will. Das Wissen um die jeweiligen Eigenheiten der Annäherung an Sexualität könnte bei Umsetzung in die Praxis die Entfremdung aufheben und ein lustvolles, gemeinsames Lebendigsein ermöglichen.

Frauen sind oft ratlos oder verblüfft darüber, wie unterschiedlich der Zustand der Beziehung von ihnen und ihrem Partner wahrgenommen und gefühlt wird.

Während sie gedanklich damit beschäftigt sind, gemeinsame Erlebnisse einzuordnen und zu bewerten, sie in den Kontext der Beziehungsgeschichte zu stellen, nach Übereinstimmungen und/oder Divergenzen suchen, nach Disharmonien und Störquellen fahnden, dabei häufig Unsicherheitsgefühle und Selbstzweifel empfinden, stellen sie – wenn der Versuch unternommen wird, dies zur Sprache zu bringen – häufig fest, daß der Partner längst unbekümmert mit seinen eigenen Angelegenheiten beschäftigt ist und überhaupt alles ganz »in Ordnung« findet. Ihm geht es noch gut, wenn sie schon längst, von Bangigkeit oder Mangelgefühlen geplagt, an der Beziehung zweifelt und sich in ihr nicht mehr sicher und heimisch fühlt.

In den Therapiegesprächen gibt es für dieses Phänomen immer wieder Beispiele. So erzählt mir Ines: »Am Sonntag haben Pit und ich einen Ausflug gemacht. Wir sind über eine Stunde mit der S-Bahn in die Umgebung gefahren. Ich hatte mich so darauf gefreut, daß wir endlich einmal wieder etwas zusammen unternehmen. Während wir in der Bahn saßen, hat Pit kaum mit mir gesprochen. Er hat aus dem Fenster geguckt und schien ganz zufrieden. Es war so schönes Wetter, ein erster sonniger Frühlingstag, aber meine Stimmung wurde immer schlechter. Als wir dann endlich den Spaziergang am See gemacht haben, war in mir alles duster. Abends, als wir dann zurück waren, habe ich ihn gefragt, wie er denn den Tag fand, und er meinte, es sei doch sehr schön gewesen.«

Das Schweigen ihrer Männer wird für viele Frauen zu einem Projektionsraum für eigene kritische Gefühle, für Unsicherheit und Mißbehagen. Ines hat das Schweigen ihres Mannes in der Bahn *nicht* als Ausdruck seiner Zufriedenheit, vielleicht auch seines Bedürfnisses, nach einer Arbeitswoche Ruhe und Entspannung zu finden, interpretiert, sondern als Ablehnung und Desinteresse an ihrer Person. So wird das erlernte Unvermögen des Mannes, über sich zu sprechen, für manche Frauen zur Kritik an ihrer eigenen Person.

Solange keine offensichtliche Störung vorliegt, kein »sachlicher Grund«, empfinden die meisten Männer tatsächlich keine Veranlassung, über Beziehungsinhalte zu sprechen. Und so wenig ihre Frauen das verstehen mögen, die Männer fühlen sich wohl, so wie es ist. Es fehlt ihnen an nichts. Sie haben alles, was sie brauchen.

Häufig versäumen es Frauen, wie Ines, für sich die Verantwortung zu übernehmen und in so einem Fall die eigenen Gefühle zur Sprache zu bringen, um die Situation zu klären und sich nicht weiter unnötig anstrengen zu müssen.

Eine andere Frau, Elsa, drückt ebenfalls ihre Verwunderung über das aus, was sich zwischen ihr und ihrem Partner in der Freizeit abspielt. »Max fährt gern mit dem Fahrrad und ich eigentlich auch. Aber wie das Ganze dann abläuft, stört mich. Wir fahren los, und erst ist noch alles ganz wunderbar, aber dann wird es kritisch. Ihm macht es nur Spaß, wenn wir stundenlang – ohne eine Pause zu machen – fahren. Einmal abgesehen davon, daß ich so lange Touren nicht immer schaffe, ich will mich ja auch ein bißchen dabei erholen und entspannen, möchte ich doch auch einmal Pause machen können. Mal absteigen vom Rad und ein bißchen die Gegend angucken oder irgendwo einen Kaffee trinken. Aber das kommt für Max überhaupt nicht in Frage. Das macht er nicht. Mir kommt das so vor wie ein Leistungs- und Zwangsprogramm, aber ihm scheint das echt nur Spaß zu machen. Ich habe jetzt vor, ihm zu sagen, daß er diese

Gewalttouren mit anderen Leuten oder allein machen soll. Ich mache da nicht mehr mit. Das ist mir zu stressig, und ich sehe keinen Sinn darin.«

Frauen möchten offensichtlich auch bei gemeinsamen Freizeitaktivitäten den Beziehungsaspekt mit einbeziehen, möchten neben der sportlichen oder anderen Betätigung auch noch mehr von ihm spüren und fühlen, während Männer in diesen Situationen, wie auch sonst im Leben, Kräfte erproben und Spaß an Wettkämpfen haben, Normen und Leistungslimit gern steigern wollen und sich für sie in der gemeinsamen Aktivität auch »ihre Nähe« ausdrückt.

Bei Wanderungen oder Spaziergängen sind ebensolche Phänomene zu beobachten. Es geht nicht um das Miteinander, der Mann läuft voran. Er läuft schneller und muß als erster einen Punkt erreichen. Mitunter geht er über seine Kraftgrenzen hinaus und verliert seine Partnerin dabei aus dem Blick und Gefühl. Frauen schildern häufig solche Situationen. Ihre Erwartungen an Ferien- oder Freizeitaktivitäten sind über diese hinaus immer noch mit emotionalen Wünschen an den anderen geknüpft. Für sie sind Aktivitäten häufig nur ein Mittel für die Gemeinsamkeit. Für den Mann ist das Mittel der Inhalt. Für ihn geht es in erster Linie um die Aktivität und darum, sich zu erproben.

Dabei ist weder das eine noch das andere falsch oder negativ zu bewerten. Die Haltungen liegen eben nur ziemlich weit auseinander und führen ohne Verständigung darüber oder dem Suchen nach Kompromissen nicht zur Erfahrung von Gemeinsamkeit. Männer sind meist mit der Erprobung ihrer Besonderheit beschäftigt, während Frauen fast immer auf der Suche nach Gemeinsamkeiten sind.

Männer beanspruchen einerseits die Fürsorgegefühle ihrer Frauen, andererseits sind diese auch eine stete Quelle von Bedrohung für sie. Ihre Intervention: »Du arbeitest zuviel« wird von ihnen häufig nicht als Besorgtsein um ihre Gesundheit oder Kraftgrenzen interpretiert, sondern als Gefahr, daß die Partnerin ihnen etwas Wichtiges abschneiden, Möglichkeiten der Selbsterfahrung, der Kraft, des Könnens, im weitesten Sinne Potenz behindern will.

Bei vielen Männern weckt die Haltung unbewußt Assoziationen an die Beziehung zur Mutter und löst Gefühle aus, auf die sie meist panisch, mitunter auch mit Gewalt reagieren. Oder sie interpretieren die Sorge als Kritik und einen Mangel an Anerkennung für ihre Bemühungen und Leistungen. Wie auch immer, weibliche Fürsorgegefühle lösen starke Ambivalenzen aus. Natürlich kommt es auch vor, daß Frauen über diese »erlaubte Haltung« versteckte Machtgefühle transportieren oder eigene Wünsche, die sie nicht offen auszudrücken imstande sind.

Ansteckung mit Gefühlen

Menschen, die im Kontakt stehen, fordern sich zum Fühlen auf und *machen einander Gefühle*. In gewisser Weise zielen viele Handlungen und Haltungen im Umgang miteinander darauf ab, die andere Person von der eigenen Gefühlsoptik zu überzeugen bzw. sie mit eigenen Stimmungen, Empfindungen und Gefühlen *anzustecken*. Bei Paaren ist das nicht anders.

Wenn wir uns noch einmal vor Augen führen, daß das Besondere in der weiblichen Art, mit Gefühlen umzugehen, die starke Tendenz ist, Gemeinsamkeiten zu finden und Verbundenheit herzustellen – während der Mann eher darauf bedacht ist, Trennendes wahrzunehmen, um emotional Grenzen ziehen zu können –, wird sehr deutlich, daß ein selbstverständliches und harmonisches Zusammenklingen dieser beiden Fühlwelten eher die Ausnahme als die Normalität sein kann.

Stellen wir uns ein Paar vor, bei dem die Frau sich in einer relativ ruhigen inneren Zufriedenheit und Ausgeglichenheit befindet, indes der Mann angestrengt und spannungsvoll mit einer Aufgabe beschäftigt ist, von der er noch nicht genau weiß, ob er sie lösen wird. Selbst wenn er seine kämpferischen Impulse nicht gegen die Partnerin direkt richtet, ist es wahrscheinlich, daß der *gemeinsame Gefühlsraum* nach kurzer Zeit von den männlichen Gefühlen und Affekten besetzt ist, es sei denn, die Frau setzt sich aktiv zur Wehr.

Häufiger ist es so, daß Frauen Schwierigkeiten haben, angesichts solcher Situationen ihr anderes inneres Klima aufrechtzuerhalten. So kann es passieren, daß sie nach einer gewissen Zeit ebenfalls Unruhe und Spannungen spürt, ohne daß es ihre eigenen Gefühle wären. Normalerweise versuchen Frauen, beruhigend und besänftigend auf die gereizten, wütenden, unruhigen Gefühle ihrer Partner einzuwirken. Sie tun das keinesfalls nur seinetwegen, sondern meist, um Konflikten aus dem Weg zu gehen, und auch, weil sie auf diese Weise eine Atmosphäre zu schützen versuchen, in der sie selbst sich wohler und heimischer fühlen.

Für die gegenseitige Gefühlsansteckung gibt es im Beziehungsalltag ständig positive und negative Beispiele, und es existiert kein Lebensbereich, der davon ausgeschlossen wäre.

Wir alle wissen, daß freundliche Gesten, Lächeln, ein

anerkennendes Wort, ein liebevoller Blick unserer Stimmung guttun und diese aufhellen können. Begegnen wir statt dessen nörgelnder Unzufriedenheit, stichelnder Kritik, boshaften Bemerkungen und Aggressionen, bleiben diese *Gefühle* auch *in uns hängen* und können die Stimmung eines Tages empfindlich oder nachhaltig belasten. Je nachdem, wie anfällig eine Person dafür ist, sich die eigenen Gefühle wegnehmen, die eigene Befindlichkeit kaputtmachen zu lassen, heißt es dann: »Er (oder sie) hat mir den ganzen Tag verdorben.«

Meist sind es die Frauen, die in dieser Hinsicht störanfälliger sind als die Männer, aber es gibt auch Ausnahmen: Daniel besucht gemeinsam mit seiner Partnerin Lara eine Vernissage. Er freut sich sehr auf den Abend, weil er Lara etwas Interessantes bieten will und sowohl den Galeristen als auch den Maler der Ausstellung gut kennt. Er schätzt dessen Bilder, und eines gefällt ihm besonders gut, so daß er auf Laras Einschätzung sehr gespannt ist.

Diese reagiert auf die Bilder mit großer Zurückhaltung; besonders das Lieblingsbild von Daniel gefällt ihr gar nicht. Im Gegenteil, sie empfindet es frauenfeindlich, es löst unangenehme Assoziationen in ihr aus, die sadomasochistischen Symbole machen ihr angst. Als Daniel, ohne es zu bemerken, Lara durch Argumente zwingen will, ihre Meinung zu ändern, kommt es zwischen beiden zum Konflikt, der Abend endet in Groll und Streit. Lara beharrt auf dem Recht, ihre eigenen gegensätzlichen Empfindungen zum Ausdruck bringen zu dürfen, und Daniel beharrt darauf, daß sie ihm durch ihre negative Kritik seine Freude und Empfindungen für die Bilder zerstört habe.

Sie brauchen beide eine Weile, um zu klären, daß

Daniel Lara die Rolle seiner Mutter zugeschoben hat, in deren Nähe er nur an Empfindungen festhalten durfte, wenn sie mit den Gefühlen der Mutter übereinstimmten. Aufgrund seiner Situation als Einzelkind und vaterloser Muttersohn fällt es ihm außerordentlich schwer, gegensätzliche Gefühle in der Partnerschaft als Ausdruck eines individuellen Standpunkts aufrechtzuerhalten. An dem Beispiel dieses Abends wird ihm klar, daß er es üben muß, auf diese Art falscher Harmonie zu verzichten, weil er es der Partnerin an anderer Stelle wieder *heimzahlt,* wenn diese ihm angeblich seine Gefühle enteignet.

Oft ist Menschen diese emotionale Suggestion nicht bewußt.

Da es immer noch nicht selbstverständlich ist, daß die Sorge für ein gutes Klima in der Partnerschaft von beiden getragen wird, sollten Frauen aufhören, über die emotionalen Unfähigkeiten ihrer Männer zu lamentieren und dennoch die eigene Gefühlsarbeit weiter auszubauen, sondern statt dessen darauf bestehen, daß der Mann ebenfalls Verantwortung übernimmt und seinen Beitrag leistet. Er sollte wissen, daß, wenn er Stimmungen leichtfertig und mutwillig zerstört, er den Schaden auch selbst beheben muß.

Eine gute Möglichkeit, die Aufgabe der gemeinsamen Verantwortung konstruktiv anzupacken, sind sogenannte *Zwiegespräche.* Diese haben nichts mit den unfruchtbaren, nervenstrapazierenden Endlosdebatten zu tun, bei denen sich Mann und Frau im Kreis von Anklagen, Vorwürfen und Rechtfertigungen drehen. Zwiegespräch meint, daß sich ein Paar regelmäßig zu einem möglichst festen Termin zusammensetzt und beide jeweils mindestens zwanzig bis dreißig Minuten (oder auch länger) dem anderen, ohne unterbrochen zu werden, erzählen, was einen gerade besonders beschäftigt, wie man sich selbst und den anderen derzeit erlebt und in welchen Gefühlen, Phantasien und Wünschen man sich gerade aufhält usw.

Dabei lernt das Paar nicht nur einander zuzuhören und wirklich über die eigene Person zu sprechen, sondern erfährt auch Ungeahntes vom jeweiligen Gegenüber. In solchen Zwiegesprächen können Vorurteile abgebaut und die Sichtweise: »Ich weiß ja schon, was der andere denkt und fühlt« revidiert werden.

Es lohnt, solche Gespräche zum festen Bestandteil der Beziehungsgestaltung werden zu lassen, weil sie wirklich Wege zum Verständnis der Gefühlswelt des anderen eröffnen und aus Distanz und Fremdheit herausführen.

V. Kapitel

Gefühle und Psychotherapie

1. Warum Therapie nicht »nur für Verrückte« ist

»Therapie und Psychologie ist doch nur was für Leute, die nicht ganz richtig sind. Für solche, die Probleme haben und nicht mehr durchblicken.« So lauten Kommentare, wenn das Thema einmal in Gesprächen auftaucht. Nicht selten ist bei Spekulationen über die Frage, was das eigentlich für Menschen sein mögen, die »so was nötig haben«, eine Gefühlsatmosphäre aus Überlegenheit, Abwehr, Ekel oder sensationslüsterner Neugier auszumachen.

Zu jedem Zeitpunkt bleibt in solchen Gesprächen zweifelsfrei klar, daß die Frager selbst zu jener Spezies von Menschen zählen, die als »normal« und »gesund« gelten. »Man soll mir bloß mit diesen Seelenklempnern vom Leibe bleiben, die wühlen doch nur im Anormalen herum und bohren so lange, bis sie was finden. Sobald du dich in deren Nähe begibst, wird alles schwierig und bedeutungsvoll. Diese sind es doch, die einem erst die Probleme machen.« »Diese Psychogurus drehen dich durch die Mangel und machen dich total abhängig, bis du allmählich selbst nicht mehr weißt, wer du bist. Du fühlst dich immer mehr ›falsch‹, und deren Kontostand wird immer erfreulicher.« Varianten solcher Aussagen umreißen annähernd das Spektrum gängiger Meinungen gegenüber Psychologie und Psychotherapie.

»Wer die Psychologie liebt, hat oft Anlaß, sich der Psychotherapie zu schämen«, beginnt Klaus Grawe, Professor an der Berner Universität, sein Buch »Psychotherapie im Wandel«. Seit einiger Zeit ist psychotherapeutische Arbeit in die öffentliche Kritik geraten. Neben Fällen von Fehldiagnosen, sexuellen Übergriffen und Mißbrauch, von denen gehäuft die Rede ist, wird auch über die Unverhältnismäßigkeit zwischen therapeutischem Aufwand und erzieltem Erfolg heftig diskutiert.

Zwischen Kompetenz und Nachfrage klafft eine enorm große Lücke. Statistisch gesehen wird jeder zweite Bundesbürger einmal in seinem Leben psychisch krank, und jeder vierte klagt zumindest gelegentlich über Störungen, die eigentlich einer Behandlung bedürften. Trotzdem ist es immer noch für die meisten Menschen reine Glückssache, ob sie in dem unübersehbar gewordenen Dschungel von einigen seriösen und Hunderten sogenannter Therapiemöglichkeiten wirklich einen Platz und eine Person finden, die imstande ist, ihnen die Hilfe anzubieten, die sie wirklich benötigen.

Neben diesen Menschen, die ernsthafte Probleme haben, die oft monatelang auf einen Therapieplatz warten müssen oder bereits seit Jahren frustriert von einem Therapeuten zum anderen irren, existiert aber auch eine Schar von Personen, die Psychotherapie für eine moderne Art der Freizeitbeschäftigung, für einen konsumierbaren Artikel halten. Sie finden es einfach schick und trendy, stets die allerneuesten Methoden auszuprobieren. Das Angebot mag noch so obskur und exotisch sein – um innerer Leere und Langeweile zu entfliehen, lassen sie sich auf alles ein.

In einem vom »Spiegel«-Magazin veröffentlichten Artikel, der sich unter dem Titel »Das Dasein wird seziert« mit der wachsenden Kritik an der Psychotherapie befaßt, heißt es an einer Stelle: »Der eigentliche Fortschritt, die Bewußtwerdung und Behandlung von seelischen Problemen, ist verkommen zu einer massenhaften Übertherapeutisierung vor allem der wohlhabenden Schichten ... Wie ein riesiger Treppenhaus-Klatsch hat sich das Gerede über Glück und Unglück, Depression und Beziehungsstörungen, Körpervergessenheit und seelische Abgründe auf die westliche Welt gelegt. Keine Zeitung ohne Psychoberatung, keine TV-Serie ohne Seelenkrise, kaum ein Gespräch unter Freunden ohne ein paar vermeintliche Fachbrocken (›Du bist total blockiert‹) – ein jeder quatscht wie Hans Meiser.«

Aufgrund meiner Erfahrungen in der nun fast zwanzigjährigen Tätigkeit als Psychotherapeutin kann ich nicht umhin, eine Reihe der angeführten Kritikpunkte für berechtigt zu halten. Mir scheint es dringend erforderlich, daß jede Person, die mit einer Therapie beginnen möchte, durch eine neutrale Stelle oder die Krankenkassen gründliche Informationen über verschiedene Heilverfahren erhalten könnte, um kritisch prüfen zu dürfen, auf was und wen sie sich einläßt. (Wenn der Leidensdruck und die Not eines Menschen groß ist, bleibt zu einer solchen Prüfung erfahrungsgemäß wenig Kraft und Bereitschaft.)

Mein Dilemma – und auch das von ernsthaften Kollegen und Kolleginnen, die ich aus persönlichem Kontakt oder aus ihren Veröffentlichungen kenne – ist, daß neben den zu Recht erhobenen Vorwürfen auch Meinungen und Bilder entstanden sind, die auch engagierte und gewissenhafte therapeutische Arbeit verzerrt darstellen. Damit werden letztlich die Menschen Schaden nehmen, die hierdurch entmutigt und abgeschreckt werden, sich Hilfe zu suchen.

In Filmen werden Therapeuten bestenfalls als komische Figuren und Sonderlinge, meist jedoch als kühl sezierende Analytiker dargestellt, die emotionslose und konturlose Projektionsflächen in einem sterilen Raum bleiben. Vielleicht erteilen sie auch mit aufgesetzt munterer Stimme »gute Ratschläge«, die angesichts der krisenhaften Verfassung ihres Gegenübers grotesk oder gemein wirken. Oder aber sie sind eindeutig selbst so verstört, daß die Hilfesuchenden daneben wie ein Ausbund an Lebenstüchtigkeit und Gesundheit wirken, die schleunigst das Weite suchen sollten.

Ich muß zugeben, daß mich diese Karikaturen nicht immer nur amüsieren und zum Lachen bringen, sondern mitunter auch ärgern, weil Gegenbilder, die der Realität nahe kommen, noch zu selten sind. Aus diesem Grund möchte ich die Gelegenheit nutzen, in diesem Teil des Buches nicht nur über die therapeutischen Möglichkeiten von Gefühlsentwicklungen und Gefühlsveränderungen zu berichten, sondern wenigstens auch ansatzweise darzulegen, wie ich meine therapeutische Arbeit sehe und zu praktizieren versuche.

Da auch im Therapiezusammenhang von Menschen immer wieder die Frage gestellt wird: »Ist das denn normal, daß ich so fühle, daß ich so reagiere, so wahrnehme?«, und offenbar in ihnen eine Erwartung vorhanden ist, bestimmten Standards oder einem Gesundheitsbegriff entsprechen zu müssen, möchte ich zunächst einen Blick auf die scheinbar so objektiven Begriffe wie »Normalität« und »Krankheit« werfen.

»Der Terror der sogenannten Normalität ist allumfassend und läßt keine Abweichungen zu. Ein vorgeschriebener Idealzustand namens Glück wird zur Pflicht. Wenn es um die Psyche geht, sind die westlichen Industriegesellschaften, die freiesten Gesellschaften seit Menschengedenken, die reinsten Gleichschaltungsregime: Schüchtern, sensibel, faul, pessimistisch, beziehungsgestört, verschlossen, ehrgeizig, oberflächlich, grüblerisch – diese und noch ein paar tausend Facetten menschlichen Daseins gehören therapiert« (»Spiegel«, Nr. 30/25. Juli 1994).

Meiner Ansicht nach werden im Inhalt dieses Zitates Prozeduren von »Gehirnwäsche« und Therapien verwechselt oder mit Absicht gleichgesetzt. Denn es wird der Eindruck erweckt, daß das Ziel jeder Therapie ein funktionierendes, stromlinienförmiges Individuum ist, dessen Eigenheiten »wegtherapiert« werden. Nun kommt es zwar hin und wieder vor, daß Menschen eine Therapie mit unrealistischen Glücks- und Heilserwartungen beginnen, aber es ist Aufgabe eines verantwortungsbewußten Therapeuten, diese unlebendigen, normierten Vorstellungen nicht zu verstärken, sondern sie zu korrigieren, indem ein Verständnis dafür geweckt wird, daß die Abwesenheit von Problemen noch kein Zeichen seelischer Gesundheit ist.

In meiner eigenen Arbeit ist der Begriff der »Norm« keine besonders hilfreiche Kategorie. Er besagt zunächst einmal nichts anderes als »Durchschnitt«, so daß »Normalität« die Angepaßtheit an die sozialen Wertvorstellungen, Sitten und Gebräuche einer Kultur und Gesellschaft definiert. Da diese aber historischen und kulturellen Wandlungen unterworfen sind, kann es keine objektive und endgültige Bestimmung geben.

Normalität ist daher in erster Linie Ausdruck dessen, worauf sich Menschen zu einem bestimmten historischen Zeitpunkt, in einer bestimmten Gesellschaft, in einem Verhaltens-, Sitten- und Handlungskodex geeinigt haben, wobei diejenigen, die über die meiste Macht verfügen, letztlich auch bestimmen, was als normal zu gelten hat. Alles, was hiervon abweicht und anders ist, kann im Sinne einer solchen gängigen Normalitätsideologie als krank und anormal eingestuft und entsprechend sanktioniert werden.

In der Ideologie unserer patriarchalen Gesellschaft gelten zum Beispiel Männer als normal, wenn sie es akzeptieren, über Jahrzehnte morgens zu einer Arbeit zu gehen, die sie abends in einem Zustand nach Hause kehren läßt, in dem sie entleert und ohne innere Beziehung zu sich selbst, also weitgehend unfähig sind, noch Kontakt zu ihren Frauen und Kindern herzustellen. Männer sind nicht normal, wenn sie sich zum Beispiel weigern, bei männlichen Zerstörungsplänen mitzuwirken, und das Recht für sich beanspruchen, ein Leben führen zu wollen, das nicht nur im Einsatz von Arbeitskraft und Leistungen besteht, sondern ihnen Kraft, Raum und Zeit läßt, weniger entfremdet und beziehungsvoller zu sein.

Bekanntlich gelten Frauen immer noch als normal, wenn sie sich damit begnügen wollen, Hausfrau und Mutter zu sein, wenn sie ihren Mann zu höheren Leistungen und Karriere antreiben und sie sich, obwohl geistig und körperlich bei Kräften, von ihm materiell und finanziell versorgen lassen möchten. Als anormal wird bei ihnen zum Beispiel angesehen, wenn sie keinen Kinderwunsch haben, nicht einen Mann, sondern eine Aufgabe in den Mittelpunkt ihres Lebens stellen, wenn sie an gesellschaftlicher Macht teilhaben wollen, um Einfluß auf die Gestaltung von Lebensmöglichkeiten nehmen zu können.

In unserem modernen westlichen Lebensstil gibt es zahlreiche Haltungen und Eigenheiten, die bei näherer

Betrachtung das krasse Gegenteil von Gesundheit ausdrücken, die aber als normal gelten, weil es Gewohnheiten und Gepflogenheiten sind, die fast alle teilen. Diese betreffen das Konsum- und Freizeitverhalten ebenso wie die alltäglichen Lebensbedingungen, eine Wirklichkeit, die immer abstrakter, leerer und damit unwirklicher wird.

»Während jene als ›verrückt‹ gelten, die den Verlust der menschlichen Werte in der realen Welt nicht mehr ertragen, wird denen ›Normalität‹ bescheinigt, die sich von ihren menschlichen Wurzeln getrennt haben, und diese sind es, denen wir die Macht anvertrauen und die wir über unser Leben und unsere Zukunft entscheiden lassen. Wir glauben, daß sie den richtigen Zugang zur Realität haben und mit ihr umgehen können. Aber der ›Realitätsbezug‹ eines Menschen ist nicht der einzige Maßstab, um seine geistige Krankheit oder Gesundheit festzustellen, sondern man muß auch fragen, inwieweit menschliche Gefühle wie Verzweiflung, menschliche Wahrnehmungen wie Empathie und menschliches Erleben wie Begeisterung möglich oder eliminiert sind«, schreibt Arno Gruen in »Der Wahnsinnn der Normalität«.

Der Philosoph Peter Sloterdijk äußerte sich über den Zustand der Gesellschaft in einem Gespräch mit der Zeitschrift »Stern« im März 1994 zu der Haltung von sogenannten Realpolitikern: »Helmut Schmidt und Genscher waren bislang die letzten verkehrsfähigen Hochleistungsmonstren mit menschlichem Antlitz. Stellen Sie sich vor, Franz Josef Strauß wäre noch am Leben oder Herbert Wehner, beides Prototypen für das politisch begabte Ungeheuer – sie konnten konkret menschlich, allzu menschlich sein und *unmenschlich abstrakt*. An beiden sah man das Lächeln der Sphinx, die in steinerner Ruhe den Untergang der anderen betrachtet.«

Auf die Frage des Journalisten, wie er die Situation junger Menschen in unserer Gesellschaft sieht, äußerte Sloterdijk die Sorge, daß diese zunehmend verwahrlosen und mit einem ungeheuren Gewaltpotential in diese Welt hineingestoßen werden. »Eine beseelende Wiederholung des Menschen durch den Menschen kann eigentlich nur in der kleinen Gruppe wirklich gelingen. Aus den großen Schulen kommen die jungen Leute wie Landsknechte aus einer aufgelösten Armee. Der Kapitalismus will solche Söldner, *verwendungsfähige, halbentseelte Mehrzweck-Menschen*. Sie werden fast von Anfang an auf ein unmenschliches Funktionieren vorbereitet, und dann wundert sich die Gesellschaft über deren barbarische Wendung.«

Eine entwickelte Emotionalität, welche die Individuen bei persönlichen, aber auch sozialen und gesellschaftlichen Mißständen störanfällig macht, zählt ganz offensichtlich nicht zu den üblichen Kriterien von geistig-seelischer Gesundheit. Vielmehr wird zweckorientiert und pragmatisch definiert: »Gesund ist, wer sich den gesellschaftlichen Vorstellungen und Normen anpassen und unterwerfen kann.«

Hans-Joachim Maaz, Chefarzt einer psychotherapeutischen Klinik in Halle, hat in seinem Buch »Der Gefühlsstau – Ein Psychogramm der DDR« über die Folgen der Anpassung an die damalige gesellschaftliche Normalität und die damit verbundene Blockierung der Emotionalität geschrieben. »Die wesentlichen Gefühlsqualitäten (Angst bei Bedrohung der Befriedigung und Befriedigungsstau, Wut bei Behinderung der Befriedigung, Schmerz bei Mangel an Befriedigung, Trauer bei Verlust der Befriedigungsquelle und Lust bei erfolgter Befriedigung) waren allesamt tabuisiert. ›Negative‹ Gefühle waren zu meiden, Freude war zu kontrollieren – nur ja keine ungezügelte und ausgelassene Lebenslust zulassen! Gegenüber dem spontanen Ausdruck wurden Beherrschung und Zurückhaltung verlangt ... In der Volksmeinung bestand eine grundlegende Fehlhaltung gegenüber den Gefühlen: Als wesentliche Ideale galten Beherrschung und Unterdrückung. Die Menschen, die ihre Gefühlsprozesse am besten ›im Griff‹ und zu verdrängen gelernt hatten, galten als Empfehlung für einen Aufstieg in der Partei, im Staatsapparat, im Militär, beim Staatssicherheitsdienst und in die hohen Leitungsfunktionen.«

Welche Folgen der vom Staat definierte Begriff von »Normalität« in der Zeit des Nationalsozialismus hatte, wurde von Adolf Eichmann am Ende seines Prozesses 1962 in Jerusalem in seinem Schlußwort deutlich: »Ich betone auch jetzt wieder, meine Schuld ist mein Gehorsam, meine Unterwerfung unter Dienstpflicht und Kriegsdienstverpflichtung ... Ich klage die Regierenden an, daß sie meinen Gehorsam mißbraucht haben. Gehorsam ist damals verlangt worden, so wie er auch in Zukunft von den Untergebenen gefordert werden wird ... Meine Lebensnorm, die man mich früh schon lehrte, war das Wollen und Streben zur Verwirklichung ethischer Werte. Von einem bestimmten Augenblick an wurde ich jedoch von Staats wegen daran gehindert, nach dieser Forderung zu leben ... Ich hatte mich der staatlicherseits vorgeschriebenen Umkehrung der Werte zu beugen gehabt...«

Umfassender und realitätsnäher, als es in den meisten Fachbüchern der Psychopathologie festgehalten ist, beschreibt ein Gedicht von Erich Fried, worum es bei der

Frage von »Normalität« und »Krankheit« eigentlich wirklich geht.

Erich Fried widmete dieses Gedicht David G. Cooper, einem ehemaligen Mitarbeiter von Ronald Laing, beide Vertreter der Anti-Psychiatrie. Cooper untersuchte Familienstrukturen und bezeichnete diese als Systeme zur gegenseitigen emotionalen Erpressung von Individuen. Seiner Ansicht nach hat die Familie als gesellschaftliches System die Funktion, echte und uneigennützige Spontaneität in menschlichen Handlungen zu unterbinden.

Krank

Wer gegen die Gesetze dieser Gesellschaft
nie verstoßen hat und nie verstößt
und nie verstoßen will
der ist krank

Und wer sich noch immer nicht krank fühlt
an dieser Zeit
in der wir leben müssen
der ist krank

Wer sich seiner Schamteile schämt
und sie nicht liebkost und die Scham
derer die er liebt nicht liebkost ohne Scham
der ist krank

Wer sich abschrecken läßt
durch die die ihn krankhaft nennen
und die ihn krank machen wollen
der ist krank

Wer geachtet sein will
von denen die er verachtet
wenn er den Mut dazu aufbringt
der ist krank

Wer kein Mitleid hat
mit denen die er mißachten
und bekämpfen muß um gesund zu sein
der ist krank

Wer sein Mitleid dazu gebraucht
die Kranken nicht zu bekämpfen
die um ihn herum andere krank machen
der muß krank sein ·

Wer sich zum Papst der Moral
und zum Vorschriftenmacher
der Liebe macht
der ist so krank wie der Papst

Wer glaubt daß er Frieden haben kann
oder Freiheit
oder Liebe
oder Gerechtigkeit

ohne gegen seine eigene Krankheit
und die seiner Feinde und Freunde
und seiner Päpste und Ärzte zu kämpfen
der ist krank

Wer weiß daß er weil er gesund ist
ein besserer Mensch ist
als die kranken Menschen um ihn herum
der ist krank

Wer in unserer Welt
in der alles nach Rettung schreit
keinen einzigen Weg sieht zu retten
der ist krank

Erich Fried

Emotionen als geistige Störung

Während ein Dichter auf diese Weise die Unfähigkeit von Menschen, bestimmte Emotionen zu empfinden, opportunistisches und selbstgerechtes Verhalten als »Krankheitssymptome« ausmacht, werden in der traditionellen Psychopathologie vor allem solche Menschen als krank klassifiziert, die trotz aller Widrigkeiten versuchen, die Verbindung zu ihrer eigenen Gefühlswelt aufrechtzuerhalten. Jene, die sich statt dessen dieser Verbindung entledigen, die mit einem angepaßten, aber entfremdeten, aller echten Eigenheiten entleerten Selbst »funktionieren«, bleiben unauffällig und gelten so als »normal«.

Über diese Art Gesundheit sagte Henry Miller einmal: »Wir sind so ›gesund‹, daß, würden wir uns selbst auf der Straße begegnen, wir uns nicht erkennen würden, weil uns ein Selbst gegenüber steht, das uns angst macht.« Der Grad der Selbstentfremdung kann so groß sein, daß der Verlust von Gefühlen überhaupt nicht mehr wahrgenommen wird und keinerlei Anzeichen von Trauer oder Schmerz darüber zu erkennen sind.

Andererseits kommt es vor, daß Menschen sogar eine Therapie beginnen, weil sie ihre Emotionalität als Behinderung empfinden und sich dieser störenden und lästigen menschlichen Reaktionen entledigen wollen. Es sind häufig Menschen, die davon berichten, wie ihre Fühl- und Reaktionsweisen schon in der Familie als störend, weil »zu empfindlich«, »übertrieben« oder einfach als »nicht normal« deklariert wurden.

Lisa, eine fünfunddreißigjährige Arzthelferin, hatte in ihrer Familie eine solche Position inne. Während ihre drei anderen Geschwister sich dem militärischen Ton in der Familie und den rigiden katholischen Moral- und Lebensvorstellungen weitgehend anpaßten, drückte Lisa ihren Kummer über die Abwesenheit von Wärme und echten Gefühlen aus. Ihre Fähigkeit, Ungerechtigkeiten und Unwahrhaftigkeiten wahrzunehmen und aufzudecken, wurde von den anderen Familienmitgliedern als Verstoß gegen die familiären Spielregeln empfunden und führte dazu, daß Lisa als »Sensibelchen« bespöttelt und gehänselt wurde. Ihre Versuche, sich gegen Quälereien und Abwertungen – »die muß man ja nicht ernst nehmen«, »die Heulsuse kann keinen Spaß verstehen« – zur Wehr zu setzen, scheiterten. Schließlich lernte sie, sich hinter einer Fassade von Unbeeindruckbarkeit und Stärke zu verstecken und ihr Leben so zu arrangieren, daß sie ihre Verletzbarkeit und Empfindungsfähigkeit unter ständiger Kontrolle halten konnte. Lange Zeit lebte sie in dem Bewußtsein, alles »perfekt im Griff zu haben«.

Allerdings bringen sie Schwächesituationen aller Art in Zustände höchster Verzweiflung und Panik. Als sie nach der Trennung von ihrem Mann, der sie, dem Gefühlsmuster ihrer Familie folgend, »immer für hysterisch hielt« und sie »nie ernst genommen hat«, mit fast 40 Grad Fieber und Durchfällen ihren Umzug allein bewältigt hat, bricht sie in einer Sitzung wütend und weinend zusammen: »Ich hasse mich, wenn ich so bin. Ich hasse diese Schwäche. Ich kann damit nicht umgehen.«

Für Lisa, aber auch für viele andere Frauen und Männer, hat ihr »Richtigsein« etwas mit der präzisen Funktion einer Maschine zu tun. Deshalb ist ihr Anliegen in der Therapie eigentlich der Wunsch, noch besser funktionieren zu lernen, alle »Schwächen« loszuwerden, und nicht, diese zum Beispiel als Ausdruck von Kraftgrenzen zu verstehen und zu akzeptieren und als eine Möglichkeit, sich von anderen helfen und unterstützen zu lassen.

Arno Gruen berichtet in »Der Verrat am Selbst« über ähnliche Erfahrungen in seiner therapeutischen Arbeit und läßt einen männlichen Patienten zu Wort kommen, der seine Fähigkeit zu fühlen offenbar als enorme Belastung empfand, weil sie sein Anpassungsvermögen beeinträchtigte. Er drückte dies mit folgenden Worten aus: »Meine Empfindsamkeit bringt mir nichts ein..., sie belästigt mich nur... Jener Mann (er sprach von einem Industriellen, den er in den Ferien getroffen hatte und den er bewunderte) spielt Tennis und baut sich sein Imperium auf. Was tut's, wenn er keine Gefühle hat? (!) Ich habe nicht den Eindruck, daß der weiß, was Magenschmerzen sind. Ja, ich bewundere ihn, weil es sein Ziel im Leben ist, weder Empfindsamkeit zu besitzen noch darunter zu leiden.«

In seinen weiteren Ausführungen schlußfolgert Gruen, daß in unserer Gesellschaft die wirklich Schwachen eigentlich die am erfolgreichsten angepaßten Menschen sind, die Menschen, die Angst vor ihren Gefühlen haben und Angst davor, zu leiden. In ihrem Dienst steht der Mythos, daß Empfindsamkeit keine Stärke und Ausdruck von Lebendigkeit ist, sondern eine störende Schwäche, ein persönliches Defizit und somit ein Makel.

Kürzlich erhielt ich den Anruf einer Frau, die mir am Telefon erklärte, daß sie dringend einige Gespräche oder überhaupt Therapie benötige, weil sie völlig verzweifelt sei und wahrscheinlich in die Klinik müsse. Glücklicherweise war es mir ziemlich bald möglich, eine freie Stunde anzubieten. Frau A. kam, eine wache und lebendige Person, ungefähr dreißig Jahre alt und ungewöhnlich gut aussehend. Sie erzählte mir, daß sie bereits in der dritten Ehe lebe, drei Kinder habe, davon ein sieben Monate altes Baby. Sie beteuerte, daß ihr jetziger Mann »ein guter Mann« sei, sie aber trotzdem nicht wisse, ob die Beziehung weitergehen könnte. Sie sei seit einiger Zeit völlig durcheinander. Ihr sei plötzlich bewußt geworden, daß sie seit vielen Jahren überhaupt kein eigenes Leben führe. Jahrelang habe sie sich an die Vorstellungen und Erwartungen, eine »gute Frau und Mutter« sein zu müssen, angepaßt und jetzt das Gefühl, daß von ihrer Person gar nichts mehr übrig sei. Sie sei so wütend, daß sie am liebsten alles kaputtschlagen würde und dies auch manchmal täte. Äußerlich sei ihre Situation perfekt. Alle würden ihr sagen, daß sie mit ihrer Wut und Unzufriedenheit nicht normal sei.

An einer Stelle des Gesprächs zeigte sie auf meinen Teppich und sagte: »Sehen Sie, da liegen Blätter auf dem Boden, und auch der Teppich ist nicht ganz sauber. Das hätte es bei mir nicht gegeben. Wir hatten einen Marmorboden, der war immer wie geleckt, von dem hätten Sie essen können. Meine Kinder haben nie eine Dose gesehen. Ich habe in all den Jahren immer für sie gekocht.«

Frau A. war mehr als erstaunt darüber, als ich ihr zu verstehen gab, daß ich ihren Zorn und ihre Wut nicht für »krank« hielte, sondern eher für ein Hilfesignal, für einen Ausdruck ihrer erschreckenden Selbstentleerung, und daß diese Gefühle angesichts der existentiellen Not berechtigt wären. Ein Zeichen dafür, daß ihre Person die

Unterdrückung von vitalen eigenen Interessen nicht mehr ertrage und der Druck inzwischen zu groß geworden sei. Ich schlug vor, daß wir an die Arbeit gehen sollten, um nach Veränderungen zu suchen, aber auch zu fragen, was sie auf diesen Weg gebracht hatte.

Dies ist nur ein Beispiel dafür, daß bereits bei der ersten Begegnung der weltanschauliche Standpunkt des Therapeuten eine entscheidende Rolle bei der Einschätzung der vorgetragenen Problematik spielt. Als feministisch orientierte Therapeutin waren mir die von Frau A. vorgetragenen Schwierigkeiten und die Schilderung ihrer Gefühlslage nicht unverständlich und fremd, sondern unmittelbar nachvollziehbar. In der Arbeit mit Frauen vergesse ich niemals, daß nicht die Lebens-, Beziehungs- und Arbeitsbedingungen, die die Frauen daran hindern, ihre Fähigkeiten und Kräfte zu entfalten, als empörend unerträglich empfunden werden, sondern ihre Auflehnung dagegen.

Insofern brachte Frau A. in ihr erstes Gespräch nicht nur ihre vehemente Verzweiflung, sondern gleichzeitig den eigenen kraftvollen Impuls, sich aus dieser Lage befreien zu wollen. Es ist nicht undenkbar, daß eine andere Therapeutin oder ein männlicher Therapeut, die mit den verinnerlichten Vorstellungen eines traditionellen Frauenbildes an das Gespräch herangegangen wären, zu völlig anderen Schlüssen tendiert hätten. Denn diesem Bild entspricht es, daß eine Frau keinen Grund hat, wegen ihres Hausfrauendaseins und ihrer Tätigkeit als Mutter hochgradig unzufrieden und panisch wütend zu werden. Eine solche Reaktion legt dementsprechend eher nahe, diese Frau für nicht normal zu erklären, ihr eventuell beruhigende Medikamente zu verabreichen oder sie gar in die Klinik einzuweisen.

Statt dessen sah ich es als meine Aufgabe an, Frau A. dabei zu helfen, die Energie, die hinter ihrem Zorn steckte, für sie selbst nutzbar zu machen und mit ihr gemeinsam schrittweise zu klären, was an ihren konkreten, alltäglichen Lebensbedingungen sofort und was später geändert werden könnte, damit sie, statt ohnmächtig weiterzuwüten, wieder ein Gefühl für sich selbst und dafür bekäme, die Situation zu verändern.

Nicht die Abwehr oder die Beschwichtigung der Wutgefühle könnten zu einer *echten Beruhigung* führen, sondern nur die Erfahrung, daß ihre Gefühle berechtigt waren und ihre Kraft dafür genutzt werden konnte, die bis dahin passiv erlittenen Lebensbedingungen wirklich umzugestalten. Darüber hinaus galt es natürlich auch Hilfestellung dabei zu geben, ihren eigenen Beitrag zu der Misere aufdecken und erkennen zu lernen, um zu wissen, welche Fähigkeiten und Haltungen auf Dauer einen wirksamen Schutz vor Wiederholung bieten würden. Soweit es erforderlich war, wurde auch der Ehemann von Frau A. in diese therapeutische Zusammenarbeit einbezogen.

Zu derartigen Therapiesituationen schreibt Arno Gruen: »In dieser Frage unterscheiden sich Psychotherapien fundamental, nämlich jene, die die Spaltungstendenzen in der Kultur unterstützen, und jene, die auf der Suche nach der umfassenden Wahrheit des Individuums und seiner Welt sind. In letzter Instanz ist jede Psychotherapie ein moralischer Eingriff, denn das Übel im Menschen fängt damit an, daß manche von uns die Erfahrungen ihrer Kindheit und Jugend, die zu den Spaltungstendenzen im Bewußtsein führen, nicht verarbeiten können.

Die moralische Herausforderung der Psychotherapie ist dann die Frage, ob die Psychotherapie dem Patienten zu der Kraft verhelfen soll, jene schmerzlichen Erfahrungen zu integrieren, oder ob die Therapie ein subtiles Mittel ist, ihn sich weiterhin verleugnen zu lassen, seine Empfindsamkeit, die ihn zum Rebellieren brachte – auch da, wo er sich dessen gar nicht bewußt war –, wieder zu verdrängen?«

Der Verlust von Realitätssinn führt in der herkömmlichen Psychiatrie und Psychologie fast immer dazu, daß eine Geisteskrankheit diagnostiziert wird. Allerdings wird in diesem Konzept Realität ausschließlich als äußere Realität verstanden. Das Beispiel von Frau A. macht jedoch sehr deutlich, daß ein solches Schema unzulänglich ist, weil es verdeckt, daß es noch eine andere Art von Krankheit gibt, die viel gefährlicher ist als die, die mit dem Verlust des Realitätsbezugs zu tun hat.

In den ganzen Jahren, in denen sich Frau A. bemühte, sich auf die Realität in der Weise zu beziehen, daß sie eine »perfekte Hausfrau und Mutter« sein wollte, dabei ihr inneres Selbst immer mehr verlor, während äußerlich alles in bester Ordnung war, wäre wohl kaum ein Mensch auf den Gedanken gekommen, sie zumindest als gestört zu bezeichnen. Erst als sie zu begreifen beginnt, daß diese Art Realität ihr nicht gestattet, sie selbst zu sein, und sie zu rebellieren anfängt, also in gesunder Weise eine andere, wichtige Dimension von Realität in ihr Leben einbeziehen will, scheint sie ihrem Umfeld »nicht mehr normal« zu sein.

Wenn nun die Funktions- und Anpassungsfähigkeit eines Menschen, sein Realitätsbezug und mögliche Symptomfreiheit, allein noch keine Aussage über den Zustand von Krankheit oder Gesundheit zulassen, wenn sich zudem die Vorstellungen von dem, was als »normal« oder »anormal« gilt, ständig wandeln, gibt es dann überhaupt Kriterien zur Orientierung, die verbindlich sein könnten, oder ist alles beliebig?

Selbstverständlich kann kein Therapeut arbeiten, ohne ein Konzept und Vorstellungen von einem Gesundheitsbegriff zu haben, gleichzeitig dürfen seine Standards den Hilfesuchenden nicht in ein fertiges Klischee zwängen.

Ich betrachte den Menschen in meiner Arbeit als ein offenes, das heißt unfertiges und sich ständig weiterentwickelndes Lebewesen und orientiere mich weniger an den üblichen psychopathologischen Kategorien, sondern an Kriterien, die mir nicht so sehr historischen und gesellschaftlichen Wandlungen unterworfen zu sein scheinen. Zu diesen zählen:

1. Die Balancefähigkeit zwischen Selbstgefühl und Gemeinschaftsgefühl einer Person.
2. Das Interesse an und die Beziehungs- und Kontaktfähigkeit zu allem Lebendigen.
3. Die Fähigkeit zu innerer und äußerer Bewegtheit – die Balance zwischen Festhalten- und Loslassenkönnen.
4. Die Fähigkeit, sich einerseits offen zu halten und andererseits abgrenzen und kritisch auseinandersetzen zu können.
5. Die Lernbereitschaft und Verantwortungsbereitschaft.
6. Der Umgang mit Zeit. Die Bedeutung von Vergangenheit, Gegenwart und Zukunft im Leben einer Person.

2. Therapie, was ist das überhaupt?
Möglichkeiten und Gefahren

Ein junger Mann, Mitte Zwanzig, arbeitet als Experte für moderne Malerei in einer international bekannten Auktionsfirma mit Verkaufsräumen in London und New York. Da er in seiner Tätigkeit brillant ist, sagt man ihm eine große Karriere voraus. Aber eines Tages wacht er auf und ist blind. Der Augenarzt, den er konsultiert, stellt nach eingehenden Untersuchungen fest, daß im organischen Bereich keine Ursachen für die Erkrankung zu finden sind. Schließlich sagt er ihm: »Sie haben Bilder aus allzu großer Nähe betrachtet. Warum tauschen Sie sie nicht gegen ein paar weite Horizonte?«

Nach diesem Hinweis des Arztes gibt der junge Mann seine Arbeit und seine bisherigen Lebensgewohnheiten auf und reist sehr bald zunächst einmal nach Afrika, in den Sudan. Seine Augen sind in dem Augenblick wieder gesund, als er am dortigen Flughafen eintrifft.

Bei dem Mann, der dies erlebte, handelt es sich um den Engländer Bruce Chatwin, der in den darauffolgenden Jahren, bis zu seinem frühen Tod, vielen Menschen durch seine faszinierenden Bücher bekannt werden sollte.

»Traumpfade« ist eines von ihnen. In ihm beschreibt er nicht nur seine Reise durch den australischen Kontinent, seine Versuche, die Mythen der Aborigines (Ureinwohner) entdecken und verstehen zu lernen, sondern auch seine philosophischen Fragen, die Suche nach Antworten auf die Frage nach dem Sinn und den Besonderheiten menschlicher Existenz.

In diesem Buch erzählt er auch von der eingangs erwähnten Augenerkrankung, die für ihn zum persönlichen

Ausgangspunkt von innerer und äußerer Bewegtheit und einer lebenslänglich suchenden Haltung wurde.

Indem er bereit war, seiner psychosomatischen Erkrankung eine existentielle Bedeutung zu geben, die Frage: »Für was bin ich blind geworden?« als Aufgabe anzunehmen, schlug er den für ihn richtigen Weg ein. Er ließ seine einseitig und verengt gewordene Weltsicht los, um sich auf Reisen, in wechselnde Weiten zu begeben, in komplexe, sinnliche Lebenszusammenhänge, um hierbei Antworten und letztlich sich selbst zu finden. Darin bestand seine Therapie, die er selbst in die Hand nahm.

Bruce Chatwin schreibt, wie er gelebt hat. Seine Bücher, eine Melange aus Landschaftsbeschreibungen, Abenteuergeschichten, Notizen- und Aphorismensammlungen, vermögen dem Leser auf mitreißende Weise ein Bild von dem nomadenhaften Lebensstil des Autors zu vermitteln. In ihnen atmet der Respekt vor allem Fremden, Unbekannten, die Verbundenheit mit dem Lebendigen. Sie sind neben aller Ruhelosigkeit genau in der detaillierten Beschreibung entlegenster Orte, ungewöhnlicher menschlicher Charaktere und Schicksale. Dabei sind sie auch eindrucksvolle Dokumente seiner eigenen Bemühungen, sich lernend zu verändern und seine Persönlichkeit zu erweitern.

Ich erwähne dieses Beispiel, weil es mir hervorragend geeignet erscheint, Therapie, wie ich sie verstehe, anschaulich zu machen. Anders als bei akuten Kriseninterventionen, aktuellen Entscheidungshilfen und kurzfristigen Beratungen, um die es in meiner Praxis auch gehen kann, handelt es sich bei einer Psychotherapie um einen intensiven, längeren Prozeß, der mitunter zwei bis drei Jahre, in besonderen Fällen aber auch länger dauern kann.

Ein solcher Prozeß ist in der Tat mit einer abenteuerlichen Reise vergleichbar, die ohne innere und äußere Bewegung der Beteiligten nicht möglich ist, in deren Verlauf im Gespräch Begegnungen mit Menschen, Orten und Ideen stattfinden, sich Zielvorstellungen, Lebensperspektiven und Gangarten verändern.

In diesem Zusammenhang scheint mir der Streit therapeutischer Schulen, welche Methode die bessere ist, ein Versuch zu sein, von der Tatsache abzulenken, daß es »die richtige Methode« für alle Menschen selbstverständlich nicht geben kann. Sie mag in den Köpfen von Theoretikern und egozentrischen Praktikern existieren, aber in Wirklichkeit konfrontiert jede hilfesuchende weibliche oder männliche Person mich in meiner Arbeit mit ihrer Einmaligkeit und Unverwechselbarkeit. Es entsteht jeweils neu die gemeinsame Aufgabe, herauszufinden, was die konkrete Person *braucht,* in welchen Bereichen sie unter Störungen und Blockierungen leidet. Man kann Konzepte und Methoden klassifizieren, nicht aber lebendige Menschen, es sei denn, man nimmt die Einseitigkeiten und die dadurch wieder neu entstehenden Behinderungen in Kauf.

Was möchte die Frau oder der Mann ändern, verstehen, anders erleben oder gestalten können? Was möchten sie loslassen – und was neu aufnehmen lernen? Bei dieser Suche können unterschiedliche Methoden als Werkzeug dienen, aber der Prozeß selbst findet in einer Beziehung zwischen zwei oder in einer Gruppe zwischen mehreren Personen statt. Von Ludwig Feuerbach stammt der Satz: »Zwei Menschen zur Erzeugung des Menschen gehören – des geistigen so gut wie des physischen: die Gemeinschaft des Menschen mit dem Menschen ist das erste Prinzip der Wahrheit.«

Lange Zeit war Psychotherapie der Bereich, in dem von Männern entwickelte psychiatrische Theorien und therapeutische Methoden nicht zuletzt dazu verwandt wurden, Frauen in das für sie gesellschaftlich vorgesehene Korsett zu pressen, statt ihnen zu helfen, sich aus Entfremdungen und Abhängigkeiten zu befreien.

Es gibt eine Fülle von literarischen Zeugnissen, die beschreiben, wie Frauen aufgrund ihrer bloßen Unangepaßtheit und Eigenwilligkeit von Ehemännern und Familienangehörigen zu »Verrückten« erklärt und zu ambulanten oder stationären Behandlungen gezwungen werden.

Zu ihnen zählen zum Beispiel die Schriftstellerinnen Zelda Fitzgerald und Janet Frame, die Dichterinnen Anne Sexton und Sylvia Plath, die Bildhauerin Camille Claudel, um nur einige wenige zu nennen. Empörenderweise gehören solche unrühmlichen Praktiken auch heute noch keineswegs der Vergangenheit an, wie das Beispiel von Kate Millett, aber auch namenlosen anderen Frauen, zeigt.

Die streitbare amerikanische Feministin, Autorin und Künstlerin schildert in ihrem Buch »Der Klapsmühlentrip« ihre alptraumartigen Erfahrungen und ihren verzweifelten Überlebenskampf in der amerikanischen Psychiatrie. 1973 wurde sie gegen ihren Willen in eine psychiatrische Klinik eingewiesen. »Ich kannte also das Grauen solcher Orte, aber es wäre mir nie in den Sinn gekommen, daß man mich als Erwachsene eines Tages selbst dort einweisen könnte, als unabhängige, etablierte Schriftstellerin, die mehrere Bücher veröffentlicht hat. Nach meiner Entlassung wurde ich zutiefst depressiv, mein Selbstvertrauen war durch den Freiheitsentzug gebrochen.«

Von da an galt sie in ihrer Umwelt als »verrückt«. Ihr Buch, an welchem sie über acht Jahre arbeitete, ist nicht nur ein leidenschaftliches Plädoyer gegen die herkömmlichen Kategorien von »Normalität« und die zwangsweise Behandlung von »Wahnsinnigen«, sondern auch ein wild entschlossener Versuch, sich selbst, den eigenen Verstand zu retten und die Odyssee zu überleben.

Während sie an ihrem Schlußwort arbeitet, hinterfragt sie die Diagnose »Depression« und schreibt: »Warum nennst du es Depression? – Warum nicht Trauer? Du hast zugelassen, daß deine Trauer und deine Entrüstung zu einer Krankheit gemacht wurden. Du hast zugelassen, daß dein gigantischer, scheinbar unerklärlicher Kummer über das, was dir angetan wurde – das Trauma und die Schande der Einweisung in eine geschlossene Anstalt – zu einer geheimnisvollen Psychose erklärt wurde. Wie konntest du nur?«

Jahrelang nahm sie Lithium und lebte in der Angst, daß sie ohne das Medikament nicht leben könnte und gefährdet war, wieder »abzustürzen«. Als sie schließlich 1988 den Entschluß umsetzte, das Lithium niedriger zu dosieren, und es schließlich nach sieben Jahren Einnahme ganz absetzte, geschah gar nichts.

»Um diese Integrität des Geistes geht es mir, um seine Heiligkeit und Unverletzbarkeit. Natürlich läßt sich das Elend und der Druck des Lebens nicht leugnen: das Leiden des Geistes unter dem Ansturm der Gefühle, Umstände, die uns gegeneinander aufbringen, Trennungen und Feindseligkeiten in den menschlichen Beziehungen, Schwärme von Angstzuständen, das Abblocken von Vertrauen, Entscheidungsschwäche und Krisen der Urteilskraft. Das sind die Dinge, die wir ertragen oder an denen wir scheitern, wo wir Rat suchen und sogar das unausweichliche Machtgefälle riskieren, das einer Therapie innewohnt – sie sind das Wesen und die Substanz der menschlichen Existenz.«

»Ich habe den ›Klapsmühlentrip‹ teilweise geschrieben, um mich selbst wiederherzustellen, meinen Verstand und meinen Anspruch auf geistige Gesundheit. Aber auch in der Hoffnung, dieses Vexierbild normal/abnormal abzuschütteln... Der conditio humana geht es am besten, wenn sie respektiert wird.«

Angesichts der Entwicklungsverläufe und Erlebnisse hilfesuchender Personen habe ich oft Anlaß, zu staunen und mit Respekt zu bewundern, wie Menschen trotz aller Widrigkeiten und mitunter grauenvoller Lasten, trotz Strapazen und einsamer Verzweiflung, die Hoffnung nie ganz aufgeben, daß ein anderes, sinnvolles Leben und eine Beziehung möglich sein muß, die nicht leer, destruktiv oder kalt ist. Menschen kommen und bringen fest umrissene Vorstellungen mit, was sie für sich in einer Therapie erreichen möchten, aber es kommt auch vor, daß Personen zunächst nicht oder nur diffus benennen können, was sie in die Therapie führt, und die Hilfe dann darin bestehen muß, erst einmal einen Zugang zu eigenem klaren Fühlen und Wissen zu eröffnen.

Arno Gruen meint: »Mit defizitären Gefühlen therapeutisch zu arbeiten, das setzt voraus, daß man erst einmal erkennt, daß die Person, die man vor sich hat, überhaupt unfähig ist zu *fühlen*. Sie zu dem zurückzuführen, was sie vor langer Zeit weggestoßen hat, heißt, sie auf einer Reise begleiten, auf der sie sich so schmerzhaft mit sich selbst konfrontiert, daß eine Psychose ausbrechen oder etwas anderes Schlimmes passieren könnte. Jede andere Annäherung ist leeres Gerede, mit dem ein Therapeut seine eigene Hilflosigkeit zu verbergen versucht.«

Solche Menschen, die emotional »wie leere Schalen« in die Therapie kommen, stellen in der Tat für die Zusammenarbeit eine besondere Herausforderung dar, bei der nie feststeht, ob sie gelingen wird.

Unbeteiligte Aussagen wie »Ich fühle gar nichts« auf die Frage nach möglichen Empfindungen und die Gegenfrage an den Therapeuten: »Was soll ich denn Ihrer Meinung nach fühlen?«, die emotionslosen Schilderungen von Erfahrungen, die schablonenhafte Selbstdarstellung und die Abwesenheit von jeglichem echten Gefühlsausdruck konstellieren zunächst fast immer eine Situation, in der zumindest Ratlosigkeit und Skepsis, wenn nicht sogar Ohnmachtsgefühle auf therapeutischer Seite auftauchen können.

Für mich ist bei solchen Ausgangsbedingungen von vornherein klar, daß ein hohes Maß an Intuition, Geduld, aber auch Phantasie und Humor notwendig ist, um *Wiederbelebungs- und Auftauversuche* zu wagen, wobei ich den Gedanken zu beherzigen versuche: *»Wir werden es probieren, aber es muß nicht gelingen«*. Das Wissen darum, daß es anmaßend und unrealistisch ist, anzunehmen, daß in jedem Fall die eigenen therapeutischen Bemühungen fruchten, erweist sich dabei als wirksamer Schutz vor Höhenflügen. Bei der Suche nach Antworten auf die Frage: »Wie vermittelt man einem Menschen Gefühlserlebnisse, die er oder sie nicht kennt, wie füllt man emotionale Leere auf?« ist vor allem Bescheidenheit angesagt.

Für mich lautet hier die Regel, daß es keine Regel gibt. Einmal abgesehen davon, daß es in solchen Fällen besonders wichtig ist, meine eigenen Gefühle als emotionales Echo auf die Person und ihre Erlebnisse unmittelbar mit einzubeziehen, quasi an ihrer Stelle Gefühle von Schmerz,

Trauer, Wut, Schwäche, aber auch Bedürftigkeit auszu-drücken, Gefühle, die sie noch nicht empfinden kann, vorzuleben, können auch ungewöhnliche, unerwartete Gesten und Handlungen stimulierend wirken.

Es kann erfolgversprechend sein, »symbolhaft« auf verdrängte Bedürfnisse und Wünsche einzugehen. Die konkrete Lebenssituation und den Gesprächen zu ent-nehmende Hinweise auf Lieblingsnahrung, Musik, Bücher bieten Anhaltspunkte, durch kleine Aufmerksam-keiten Interesse und Anteilnahme an der Person für diese »sinnlich erfahrbar« zu machen, ein persönliches Schrei-ben oder Anrufe bei besonderen Anlässen oder als Über-raschung »einfach so« sind ebenfalls Möglichkeiten, den *emotionalen Beatmungsvorgang* zu unterstützen. Doch was die eine Person wirklich anrührt, läßt die andere kalt oder bewirkt erneuten Rückzug. Der Versuch, eine leben-dige Beziehung herzustellen, bleibt eine Gratwanderung.

Es gibt offene und verdeckte Anliegen, und es kommt vor, daß das geäußerte Ziel Ablenkung von etwas ande-rem ist. So kann hinter der Absicht, die Schwierigkeiten in einer Partnerschaft beheben und sie stabilisieren zu wollen, auch der »unerlaubte« Wunsch stecken, Unter-stützung und Ermutigung für eine Trennung zu bekom-men. Wenn zunächst berufliche Konflikte der Anlaß sind, kann es eigentlich darum gehen, einen Ort zu fin-den, um eine Suchtproblematik offenzulegen und sich davon zu befreien. Jemand, der scheinbar lernen möchte, noch perfekter und leistungsstärker zu funktionieren, sucht möglicherweise nach Akzeptanz und Verständnis für die ganz anderen Aspekte seiner Person. Hinter psy-chosomatischen Beschwerden werden nicht selten lange verdrängte »Familiengeheimnisse« aufgedeckt, Erfah-rungen von Gewalt, Demütigungen und Mißbrauch.

Ich erhielt eines Tages einen Brief von einem einundvierzigjährigen Mann, der auf diesem Weg um einen Therapieplatz bat und unter anderem folgendes schrieb: »Ich habe gerade einen stationären Entzug wegen Alkohol- und Medikamentenmißbrauchs hinter mir und brauche dringend weitere therapeutische Unterstützung. Durch die großen Mengen an Medikamenten, die ich verkonsumiert hatte, verlief mein Entzug verzögert und besonders schwierig. Ich hatte mehrere ›Grand-mal‹-Anfälle und wußte nicht mehr, wo ich war und wie meine Anschrift lautete. Durch die chronische Vergiftung und die Immunschwäche kam noch eine Pneumonie hinzu. Das Ganze war kurz gesagt: Einmal barfuß durch die Hölle. Die Alltäglichkeit des Todes als persönlich-betreffende Möglichkeit hat mich besonders intensiv beeindruckt. Es war eine interessante Erfahrung, daß alles wie immer ist, man muß nicht einmal starke Schmerzen haben, nur, daß man plötzlich sterben kann. Ich muß noch sagen, daß ich vor meinem Zusammenbruch beruflich sehr erfolgreich war. Ich bin Mediziner, habe promoviert und eine ganze Reihe von Veröffentlichungen geschrieben. Man hat mir an einem großen Krankenhaus eine Chefstelle angeboten. Im Hintergrund hatte ich immer den Gedanken: In spätestens fünfzig Jahren ist alles vorbei. Alles wird genauso bunt, so nah, so sein wie jetzt – nur, daß ich dabei sterbe. Schließlich habe ich von einem auf den anderen Tag alles hingeworfen und habe angefangen, mir den Wunsch zu erfüllen, Informatik zu studieren. Das Studium kam mir aber seltsam vor, und außerdem sind die Typen dort eine Klasse für sich. Ich habe noch nie Feten erlebt, wo alle einfach stumm zusammensaßen und sich scheinbar wohl fühlten – eben Informatiker. Irgendwann habe ich doch wieder eine Stelle als Arzt an einer Klinik angenommen, war ungeheuer erfolgreich und beliebt bei den Patienten und meisten Kollegen. Aber der Streß war so groß, daß ich Tranquilizer genommen habe, um zu funktionieren. Als dann meine Frau noch schwer krank wurde, war es irgendwann aus. Mein behandelnder Arzt nach dem Entzug meint, daß ich bei der nächsten Belastungssituation gefährdet bin, wieder zu Drogen zu greifen. Außerdem stellte er richtigerweise fest, daß ich in den letzten Jahren nie irgendwie zu mir selbst gefunden hätte. Damit lief er bei mir im Grunde offene Türen ein. Ich möchte nicht, daß das Leben einfach an mir vorübergeht – von Arbeitserfolg gekrönt oder nicht.«

Bei unserem ersten Gespräch erscheint ein Mann wie ein Fels, groß, kräftig und beeindruckend, der seine Person hinter einer Fassade von Witz und ironischer Distanz versteckt. Im Lauf der darauffolgenden Zeit entwickelt er seine Geschichte. Sein Medizinstudium hat er »nur wegen der Mutter« gemacht: »Ich habe es von klein auf so empfunden, als ob sie mir einen Auftrag dazu erteilt hat.« Nach dem Tod seiner Mutter erfolgt sein Zusammenbruch. Von dem Zeitpunkt an, als die Person, der alle seine Bemühungen galten, nicht mehr da war, gibt es für ihn nur noch Sinnlosigkeit und Desorientiertheit, die er aber aufgrund seiner »Gefühlsabgespaltenheit« nicht ausdrücken kann. Mit Hilfe von Drogen und Alkohol gelingt es ihm, das Image aufrechtzuerhalten, »in allem glänzend zu sein, keine Schwächen zu zeigen und die Dinge im Griff zu haben«. Als schließlich noch seine Frau an Krebs erkrankt, ist es aus. Er beginnt zu sehen, daß seine ganze Identität und Lebensvorstellung auf angespanntes Leisten- und Funktionierenmüssen aufgebaut ist und er damit seine Furcht vor Leere und Stille, die ihn in Berührung mit Erinnerungen an seine Vergangenheit und verdrängten Wünsche bringen könnte, zu unterdrücken und kontrollieren versucht.

Da er auch in der Therapiesituation die Gespräche so »umfunktionieren« möchte, daß die Ebene »rational« bleibt und ihm nichts »zu nahe« kommen kann, beginne ich, angeleitete Tagträume in die Arbeit einzubeziehen, indem ich ihn anleite, in einem körperlich entspannten Zustand Bilder aus seiner Kindheit aus bestimmten Beziehungs- und Erlebnissituationen zu imaginieren. Erfreulicherweise stellt sich dabei heraus, daß wir damit tatsächlich eine Möglichkeit gefunden haben, »seinen Zensor« etwas zu umgehen und Zugang zu finden zu dem vom jähzornigen Vater mißhandelten und gedemütigten und von der Mutter überforderten und emotional im Stich gelassenen Kind.

Nach einer solchen »Phantasiereise«, bei der eine Begegnung zwischen seinem kindlichen Ich und der erwachsenen, jetzigen Person stattfand, meinte er sichtlich bewegt: »Ich hatte solche Angst davor, weil ich mich immer so unmöglich und häßlich fand, aber der Kleine hat mir so leid getan, wie er da stand und mich angesehen hat, als ob ich sein Vater sein solle. Es hat mir auch geholfen, zu spüren, daß sich doch etwas verändert hat seit damals. Ich muß mir das noch klarer machen.« Einen ersten deutlichen Hinweis, daß etwas angekommen und in Bewegung geraten ist, erhalte ich, als er für sich angesichts eines beruflichen Angebots keine erneute streßvolle Karriere anvisiert, sondern statt dessen nach beruflichen Möglichkeiten sucht, bei denen er gleichzeitig weiter lernen kann, mehr zu fühlen und umfassender zu leben.

Eigentlich keine Probleme

Simone B., eine beruflich erfolgreiche, verheiratete junge Frau mit zwei Kindern, sagt in ihrem ersten Gespräch: »Es ist wie verrückt. Ich habe jetzt alles, was ich mir immer gewünscht habe, und ich bin überhaupt nicht glücklich. Im Gegenteil, die Stimmung zwischen meinem Mann und mir, aber auch in mir selber, ist so unsicher und angespannt, daß bloß ein Wort fallen muß, und ich könnte schon losschreien.

Manchmal denke ich, daß ich alles, was wir uns aufgebaut haben, kaputtmachen werde, und ich weiß nicht, warum. Ich kann mich nicht dagegen wehren.

All die Jahre, in denen wir uns mächtig angestrengt haben, uns das Leben schön einzurichten, und immer noch dies und jenes fehlte, da gab es dieses Problem nicht. Ich verstehe es nicht, und mein Mann auch nicht, aber der fühlt sich auch nicht so wie ich.«

Am Telefon hatte Simone sich mit den Worten vorgestellt: »Eigentlich gibt es nichts Konkretes, warum ich die Therapie machen möchte. Es ist nur so, daß ich wohl mal aufräumen muß mit meiner Geschichte. Irgend etwas gibt es da, aber ich weiß nicht, was. Ich muß das mal auf die Reihe kriegen, was eigentlich los war, und wahrscheinlich schaffe ich das allein nicht.«

Unter Einbeziehung der Tagtraumarbeit wird nach einigen Sitzungen deutlich, daß Simone B., inzwischen zweiunddreißig Jahre alt, seit ihrem achten Lebensjahr das Erlebnis verdrängt hatte, von ihrer Mutter zum damaligen Zeitpunkt ohne jede Vorbereitung verlassen worden zu sein. Über die plötzliche Abwesenheit der Mutter wurde weder vom Vater noch von den drei Brüdern je gesprochen. »Es war, als ob nie eine Mutter existiert hätte.« Kurze Zeit später heiratet der Vater wieder, und es entwickelt sich eine bedrückende, gewalttätige Situation. Der Vater beginnt zu trinken, und Simone empfindet das Leben zu Hause als Hölle. »Mit siebzehn habe ich zum ersten Mal geheiratet, bloß um wegzukommen.«

Allmählich wird klar, daß es besonders jene Situationen sind, in denen ihr jetziger Mann mit seiner früheren Frau und dem Sohn aus seiner ersten Ehe Kontakt aufnimmt, die sie zur rasenden Verzweiflung bringen und davon überzeugt sein lassen, daß ihr Mann sie verlassen wird. Es wird klar, daß die Tatsache, daß die Mutter sie verlassen hat, ihr Selbstgefühl dahingehend prägte, »mich kann man einfach verlassen«, »ich bin es eigentlich nicht wert, geliebt zu werden«. Es kommt häufig vor, daß Kinder für unerträgliche Erfahrungen in ihrer Lebenssituation Erklärungen suchen, die nicht selten dazu führen, daß das Kind die Schuld bei sich sucht und davon überzeugt ist, irgend etwas falsch gemacht zu haben!

Simone beginnt zu spüren, daß ihre Angst- und Panikgefühle nicht aus der aktuellen Lebenssituation kommen, sondern sich jetzt, in einer Lebensphase, die eigentlich ruhig sein könnte, Raum schaffen. Wir wenden uns intensiv den Gefühlen zu, die mit dem plötzlichen Verlust der Mutter, dem Verlassenwerden durch sie zusammenhängen, Trauer, Zorn, Wut und Enttäuschung, die damals, als das Erlebnis aktuell war, nicht gefühlt und ausgedrückt werden konnten, weil daraus ein tabuisiertes Familiengeheimnis gemacht wurde.

Zu dem verinnerlichten Selbsthaß, dem Gefühl, »Ich bin nicht wert, daß man bei mir bleibt«, paßt ein Ehemann, der ihr seine Liebe und Wertschätzung versichert, *nicht.* Nach einigen Stunden drückt Simone B. aus, wie unendlich erleichtert sie sich fühlt, daß sie allmählich eine Ahnung davon bekommt, die Dinge in ihrem Leben dahin zu ordnen, wo sie hingehören, obwohl der Prozeß des genauen Hinschauens auch sehr schmerzhaft ist.

Sie sieht, daß ihre gigantischen Wutgefühle nicht ihrem Mann selber und nicht in die Gegenwart gehören, sondern einen Platz in der Vergangenheit benötigen. Aber keinen »toten«, »verschwiegenen« Platz und auch keinen, an dem ein unberechenbares, wildes Tier im Hintergrund lauert, welches plötzlich und unvorhersehbar ausbrechen und alles vernichten kann, sondern einen belebten Platz, von dem sie weiß und den sie hin und wieder besuchen kann, falls es notwendig ist, Gefühle zu klären und zu ordnen.

Wir lassen auch die »Unperson« der Mutter in unser Gespräch, und plötzlich tauchen Erinnerungen auf. »Ich glaube, sie hat mir für meine Puppen Kleider gemacht.« Und ein Teil toter Vergangenheit beginnt sich zu beleben. Fast nach jeder Stunde verabschiedet sich Simone B. mit den Worten: »Ich weiß nicht, was es ist. Aber ich spüre jedesmal, daß ich ruhiger werde, und gleichzeitig bewegt sich was. Ich glaube, ich bin jetzt wirklich an den richtigen Sachen dran.«

Und plötzlich sind sie wieder da

Von Wiederholungsgefühlen aus der Kindheit ist in therapeutischen Gesprächen sehr oft die Rede. Menschen spüren, daß bestimmte Gefühlserlebnisse eigentlich nicht in die konkrete Realität hineinpassen und dennoch vorhanden sind. Natürlich irritieren sie die aktuelle Befindlichkeit erheblich und führen auch zu Folgereaktionen und Handlungen, die nach Aussagen der Betroffenen »scheinbar gar nicht passen«.

So erzählt Solveig: »Wenn mir Joachim versprochen hat, mich anzurufen, und er ruft dann nicht an, passiert etwas ganz Merkwürdiges. Ich rutsche gefühlsmäßig in ein Loch, fühle mich ohnmächtig wie ein Kindchen. Wie jemand, die man einfach nicht beachten muß.« Wir stellen einen Zusammenhang her zwischen frühkindlichen Erlebnissen von Trennung. Mit einem Jahr bewirkt die Mutter einen Krankenhausaufenthalt zur Beobachtung, weil Solveig so viel schreit. Später gibt es Heimaufenthalte wegen Untergewicht. Auch dort nimmt sie nicht zu. Als Erwachsene wird sie betont vernünftig, ist ungewöhnlich tüchtig, aber sehr ungeduldig mit sich selbst. Sie wird eine gewissenhafte Juristin.

Beim Bildern während der Tagtraumreise sieht sie sich als einsames kleines Mädchen auf einer Bank. Wir sehen, daß im Elternhaus zwar äußere Versorgung vorhanden war, aber es kein emotionales Echo auf ihre kindlichen Gefühle und Bewegungen gab. Der Kummer und die Trauer über die frühkindliche Trennung von der Mutter, ohne einen Zeitbegriff zu haben, der in tröstlicher Weise wissen lassen könnte, ob und wann diese aufgehoben wird, ist im Körper festgehalten, *Gefühle werden eingeleibt.* Und so rufen bestimmte Reize die »alten Gefühle« hervor, obwohl die erwachsene Person heute über Kompetenzen verfügt, das alte Ohnmachtsgefühl aufzuheben, zum Beispiel den Partner selbst anzurufen, Ärger auszudrücken oder auch die Forderung, nicht so mit ihr umzugehen.

Auch Bruno gerät, selbst wenn Situationen mit der Partnerin, Sexualität und Gespräche schön waren, in eine tiefe Dunkelheit, wenn er allein ist. Früher pflegte er diese Gefühle mit Alkohol und Fernsehen zuzumachen. Das Gefühl, nicht mehr leben zu können, sich nicht bewegen zu können, wird dann unerträglich. Auch bei ihm stoßen wir auf früheste Trennungserlebnisse. Monatelang blieb er als Säugling nach seiner Geburt im Krankenhaus. Sobald er sich verlassen fühlt, hat er kein Selbstgefühl mehr und leidet unter Wahrnehmungsstörungen.

Diese Wiederholungsgefühle, von denen hier die Rede ist, lassen sich nur verändern, wenn auf Dauer das »alte Lernprogramm« unterbrochen wird. Dazu gehört einmal Verständnis für und Nachvollzug der kindlichen Erlebnisinhalte, aber auch das Hineinwachsen in die Gegenwart, in der das erwachsene Ich dem kindlichen Ich mit Potentialen und Kompetenzen zu Hilfe kommen kann.

Keine bloße Inselzeit

Natürlich gibt es auch Menschen mit dem unbewußten Anliegen, sich in einer Therapie zu bestätigen, daß keine Hilfe möglich ist. Wenn der Therapeut mitspielt, kann diese mühelos als Alibi mißbraucht werden, so daß der Eindruck entsteht: »Das nützt alles nichts. Ich gehe einmal oder mehrmals in der Woche dahin, aber es ändert sich gar nichts.« Der therapeutische Raum muß und darf ein geschützter Ort sein, um neue Erfahrungen machen zu können, aber die Wirksamkeit des Erlernten muß sich im konkreten Lebenszusammenhang erweisen. Erfahrungen und Einsichten müssen im Alltagsleben umgesetzt, geübt und erprobt werden. Von dieser mühevollen Kleinarbeit, dem geduldigen Vorangehen Schritt für Schritt schrecken Menschen mitunter zurück.

Therapie darf nicht bloße »Inselzeit« sein, sondern

muß in sehr direkter Verbindung zum Leben der Betroffenen stehen. Unabhängig vom individuellen Anliegen der Personen gelten bestimmte Aspekte in jeder Zusammenarbeit:

1. *Klärung* des Anliegens und der Problemaktualisierung.
2. Ein *therapeutischer Verstehensprozeß,* der Aufschluß und Kenntnis über die Gewordenheit der eigenen Person, ihre Motive, Eigenheiten und Handlungsweisen vermittelt.
3. *Ressourcenaktivierung,* das heißt Freisetzung der vorhandenen Fähigkeiten, Kräfte und Möglichkeiten, aber auch unterstützender Potentiale, die im sozialen Umfeld vorhanden sind.
4. *Begleitende Hilfe* bei der Problembewältigung und konkreten Lernversuchen.

Die Aufgabe einer solchen Zusammenarbeit besteht nicht darin, Menschen anzupassen, sondern ihnen bei dem Abbau von Entfremdung und dem Streben nach Selbstverwirklichung zu helfen.

»Es gibt keine Methode oder Technik, die zu einem Selbst führen. Die Erwartung einer solchen Lösung entspricht schon einem Selbst, das ohne Bewußtsein in der Annahme gefangen ist, daß ein Mensch wie eine Maschine auf Knopfdruck funktioniere. Die *Einstellung* ist der Schlüssel zur Autonomie. Wenn man sein Mitgefühl und seine Liebe zu anderen wirken läßt, wird man sie finden. Die Mannigfaltigkeit der Wege zu ihr entspricht der Einzigartigkeit des einzelnen. Deswegen muß man seinen Weg allein finden. Begleitung und Freunde sind dabei nötig, aber die Verantwortung für die Wahl des Weges muß die eigene sein« (Arno Gruen, »Der Verrat am Selbst«).

Nur wenige Menschen bringen in eine Therapie die

Erfahrung mit, daß ein Gespräch mehr sein kann als ein bloßer Austausch von Worten. Oft sind sie gewöhnt, daß ihnen nicht wirklich zugehört wurde und man sie nicht ernst genommen hat. Sie haben erlebt, daß Sprache zu Machtmißbrauch und Verschleierungszwecken benutzt wurde und kein Interesse an einem genauen, tieferen Austausch über Erlebnisinhalte bestand.

Daß Gespräche klären, ermutigen, entlasten, aber auch zu wärmen vermögen, daß sie zu einem Verständnis der eigenen Person führen können, blockierte Gefühle freisetzen, daß solche Gespräche Ereignisse sein können, die tatsächlich Veränderungen in Gang setzen können, bedarf meist erst einer kontinuierlichen emotionalen Erfahrung.

Mit dem Versuch, einen solchen Gesprächsraum zu schaffen, in dem sich eine Beziehung zum anderen Menschen entwickeln kann, schaffe ich die Basis für die Zusammenarbeit. Diese muß für mein Gegenüber sicher und verläßlich sein und die emotionale Erfahrung ermöglichen, daß es in einer zwischenmenschlichen Beziehung einmal nicht um die Vorstellungen und Ansprüche anderer Personen geht, zum Beispiel die der Eltern, Partner, Kinder, Vorgesetzten, auch nicht der Therapeutin, sondern um die eigenen Gefühle, Wünsche und Bedürfnisse.

Eine solche »Reise« ist ohne Interesse, Zuneigung, ja sogar Liebe von meiner Seite nicht denkbar. Es ist eine Liebe, die auf Mitgefühl und dem Bemühen um Verstehen beruht. Sie hat nichts mit verkitschten Vorstellungen zu tun, nichts mit Sex und auch nicht mit Freundschaft. Es ist der emotionale Nährboden der Arbeit, der im Verlauf der therapeutischen Begleitung in jeder Beziehung anders und neu entsteht, ein Produkt des Vertrauens, der Offenheit und Hoffnung, die mir geschenkt wird, aber auch meiner eigenen Neugier und Faszination von der Vielfalt menschlicher Daseinsweisen.

Mitunter fragen Freunde oder auch andere Menschen, ob diese Tätigkeit nicht furchtbar anstrengend und deprimierend sei. Für mich wüßte ich keinen anderen Beruf, der ähnlich spannend, abwechslungsreich und vielseitig wäre, der es mir erlauben würde, auf so intensive und dichte Weise an unterschiedlichsten Leben teilnehmen zu dürfen, und mir dabei gleichzeitig ständig Anstöße und Herausforderungen für Entwicklung bietet, mich mit eigenen Schwächen, Grenzen und Fehlern konfrontiert.

Die Befriedigung, einen Beitrag dazu leisten zu können, daß die gestörten, behinderten Fähigkeiten eines Menschen wieder frei und lebendig werden, daß verstummte Gefühle wieder eine Sprache gewinnen und ins Fließen kommen, wiegt so manche Krisen, Konflikte und Schwierigkeiten während der gemeinsamen Arbeit auf. Die Freude darüber, wenn es gelingt, daß ein Mensch wieder Vertrauen zu sich selbst, dem Leben und anderen Menschen faßt, ist ein Glückserlebnis, das viele Mühen lohnt.

Es sind also keine »selbstlosen«, sondern im Gegenteil sehr egoistische Motive, die mich an diese Arbeit binden. Wobei ich mir der Gefahren, die mit dieser Tätigkeit verbunden sind, sehr wohl bewußt bin.

Das therapeutische Vertrauensverhältnis darf nicht zu jener kindlichen Abhängigkeit führen, wie sie viele Menschen in der Beziehung zu ihren Eltern oder anderen Autoritäten erlebt haben. Die Beziehung muß immer wieder derart gestaltet werden, daß sie, anders als die Elternbeziehung, »real« wird und bleibt. Das heißt, daß von einem Therapeuten keine Wunder zu erwarten sind, daß er ein menschliches Wesen mit Vorzügen, Eigenheiten und Schwächen ist wie viele andere Menschen auch *und trotzdem* hilfreich sein kann.

Ortega y Gasset schrieb einmal: »Das Leben ist seinem inneren Leben nach ein ständiger Schiffbruch. Aber schiffbrüchig sein heißt nicht ertrinken ... Das Gefühl des Schiffbruchs, da es die Wahrheit des Lebens ist, bedeutet schon die Rettung. Darum glaube ich einzig an die Gedanken Scheiternder.«

Mir scheint eine Therapie erfolgreich verlaufen zu sein, wenn es gelingt, daß die Menschen etwas von diesem Gedanken umsetzen lernen, der letztlich beinhaltet, daß es keine konfliktfreie menschliche Existenz geben kann.

Insofern wird auch die Erweiterung von Emotionalität nicht in erster Linie nur zu Stabilität führen, sondern die Fähigkeiten stärken, Unsicherheit, Spannungen und stete Veränderungen als Bewegung des Lebens mitzuvollziehen und zu akzeptieren.

VI. Kapitel

Leben heißt Fühlen – was sonst?

Eines Tages erhalte ich den Anruf von Dörthe, die um ein Gespräch bittet und gleichzeitig betont, daß sie nur vorübergehend in Berlin ist und ohnehin nicht weiß, ob sie überhaupt therapeutische Hilfe benötigt oder vielleicht bloß eine Entscheidungshilfe bei der Klärung beruflicher Fragen.

Zum vereinbarten Zeitpunkt erscheint eine noch mädchenhafte, perfekt im Stil junger Unternehmerinnen gekleidete Frau, die mich mit ungewöhnlich festem Händedruck und noch festerer Stimme begrüßt.

Sie ist neunundzwanzig Jahre alt und erzählt, daß sie derzeit in Berlin für ein großes Unternehmen als Beraterin arbeitet, bei dieser Tätigkeit viel herumreisen müsse und sehr interessante berufliche Aufgaben zu bewältigen habe. Sie habe bereits ausgezeichnete Schulen und ein Wirtschaftsstudium erfolgreich absolviert, nun aber noch zusätzlich Gelegenheit, in Frankreich eine für diesen Bereich spezielle Eliteschule zu besuchen. Gleichzeitig habe ihr das Unternehmen angeboten, als Managerin einer Filiale nach Moskau zu gehen.

»Und nun weiß ich gar nicht, wie ich mich entscheiden soll. Ich bin überhaupt unsicher geworden, ob ich in Zukunft weiter so angestrengt arbeiten soll. Es bleibt einfach gar keine Zeit für irgend etwas anderes. Und in der letzten Zeit bin ich innerlich so angespannt und nervös und überhaupt nicht mehr zufrieden. Innerhalb der Woche geht es noch, aber am Wochenende, wenn ich allein bin, da geht es mir irgendwie sehr schlecht. Ich halte das Alleinsein nicht aus. Da gerate ich richtig in Panik und muß raus.«

Mir hat sich gleich bei der Begrüßung eine enorme Spannung und Anstrengung mitgeteilt, die Hand, die Dörthe mir reicht, ist eiskalt, aber auch die ganze Person wirkt wie von einer Kühle umgeben. Obwohl es in meinem Praxisraum wohlig warm ist, scheint sie ständig zu frösteln, so daß ich ihr eine von meinen Decken anbiete. Etwas erstaunt nimmt sie diese mit den Worten: »Ach, wissen Sie, ich friere immer. Das liegt wahrscheinlich am Blutdruck. Der ist wohl viel zu niedrig.«

Da ich ein Gefühl nicht los werde, daß die beruflichen Fragen vielleicht nur ein Aufhänger für ein anderes Thema sind, spreche ich diesen Eindruck, um ihn zu überprüfen, an. Daraufhin seufzt sie laut und vernehmlich und lockert zum ersten Mal ihre bis dahin starre, kontrollierte Körperhaltung.

»Es stimmt. Da gibt es wirklich noch etwas, mit dem ich überhaupt nicht klarkomme. Eigentlich ist das noch viel komplizierter als die beruflichen Angelegenheiten. Es geht um die Männer. Meine Beziehung zu denen ist eine Katastrophe, und ich habe keine Ahnung, ob ich damit jemals klarkommen werde. Ich habe eigentlich Angst vor Beziehung und mich bisher immer wieder getrennt.«

Auf meine Frage, ob es denn derzeit einen Mann in ihrem Leben gibt, erwidert sie: »Das ist ja das Problem. Es gibt hier einen gleichaltrigen Kollegen. Wir haben jetzt fast drei Monate eng zusammengearbeitet, und er hat mir eigentlich die ganze Zeit über Signale gegeben, daß er sich für mich mehr als nur kollegial oder freundschaftlich interessiert. Wir haben so einen Frozzelton miteinander und sprechen natürlich nicht über Gefühle.

Nun habe ich mich wohl auch verliebt und weiß gar nicht, was ich machen soll. Ich erzähle Ihnen jetzt etwas, das werden Sie wahrscheinlich kaum für möglich halten. Vor wenigen Wochen hat er mich zu einem Wochenendausflug eingeladen, und ich dachte natürlich, das ist die Gelegenheit, jetzt kommen wir uns wirklich näher. Und was ist passiert? Ich kann es immer noch nicht fassen, wir haben drei Tage in einem Zimmer übernachtet, und es ist nichts geschehen. Können Sie sich das vorstellen? Tagsüber war alles ganz nett und locker, aber abends im Bett gab es von seiner Seite nicht den geringsten Annäherungsversuch, keine Küsse, kein Streicheln, gar nichts. Das ist so blöde und peinlich.«

Natürlich erkundige ich mich, warum sie selbst nicht die Initiative ergriffen hat. »Das ist es ja. Ich lag da wie tot. Das könnte ich niemals, meine Gefühle so offenlegen und mich bloßstellen. Ihm vielleicht noch sagen, daß ich verliebt in ihn bin. Gefühle ausdrücken, das kann ich überhaupt nicht. Mir hat auch noch nie jemand gesagt: ›Ich hab dich lieb.‹ Das ist das Schlimmste, was ich mir vorstellen kann, jemandem zu sagen: ›Ich liebe dich‹, und man ist dem anderen völlig egal.«

Als ich meine: »Können Sie sich vorstellen, daß der Kollege vielleicht von Ihrem perfekten Auftreten eingeschüchtert war und ebenfalls darauf gewartet hat, daß Sie ihm ein Zeichen geben, damit er nicht die Furcht haben muß, übergriffig zu sein oder bei einem Annäherungsversuch von Ihnen abgelehnt zu werden«, reagiert sie betroffen und nachdenklich: »Aber ich fühle mich überhaupt nicht perfekt. Das müßte er doch merken. Ich bin nur ständig auf der Hut, keine Fehler zu machen und mir keine Blößen zu geben.«

In dem Bewußtsein, daß wir vielleicht nur dieses eine

Gespräch zur Verfügung haben, bitte ich sie, mir etwas über ihre Entwicklung und die Familie zu erzählen, um besser verstehen zu können, wo ihre panische Furcht vor Gefühlen herrührt. Zögernd beginnt sie: »Hm. Das ist eine ziemlich unerfreuliche Geschichte. Wissen Sie, ich bin in einer Diplomatenfamilie aufgewachsen. In meinen ersten Lebensjahren sind wir ständig umgezogen, und ich hatte nie Freunde. Dafür blieb gar keine Zeit, und vielleicht lag es auch an mir. Ich war sehr schüchtern und ängstlich mit anderen Menschen. Die längste Zeit habe ich in Belgien gelebt. Dort sind meine Eltern noch heute. Angeblich war ich ein schreckliches Kind. Ich weiß bis heute nicht richtig, warum.

Bei meiner Mutter konnte ich machen, was ich wollte, es war nie richtig. Unser Verhältnis war ganz furchtbar. Ist es eigentlich heute noch. Zu der kriegt man keinen Kontakt. Äußerlich ist natürlich alles ganz toll und in Ordnung. Es wird Konversation betrieben, aber dafür, wie es mir wirklich geht, interessiert sich niemand – und für Gefühle schon gar nicht. Meine Mutter ist irgendwie kalt.

Berührungen und so was gibt es nicht. Als ich noch klein war, da war das Verhältnis zu meinem Vater nicht schlecht. Das war sogar ganz schön, und ich hatte den Eindruck, der mag mich. Aber als ich sechs Jahre alt war, wurde mein Bruder geboren, und von da an war ich Luft für ihn. Interessiert haben zu Hause eigentlich immer nur meine Leistungen. Wichtig war, daß ich gute Noten von der Schule bringe und bei gesellschaftlichen Anlässen einen guten Eindruck mache, die Umgangsformen beherrsche und nicht gegen irgendwelche Etiketten verstoße.

Wenn ich so zurückdenke, eigentlich wollte ich bloß

immer weg. In der Pubertät war es besonders schlimm. Grauenhafte Szenen zwischen meiner Mutter und mir, wegen nichts. Ich glaube, ich war magersüchtig, beim Essen wurde mir immer schlecht.

Das ist auch heute noch nicht viel anders, wenn ich zu Besuch bin. Mir wird regelmäßig schlecht, und ich bin froh, wenn ich wieder fahren kann. Eigentlich weiß ich gar nicht, was ich da soll, aber immerhin ist es ja meine Familie. Die kennen nur Äußerlichkeiten von mir. Im Grunde kennen die mich gar nicht. *(Lacht bitter)* Na ja, ich halte ja auch meine Gefühle gut unter Kontrolle, anders geht es nicht. Wahrscheinlich warten die darauf, daß ich endlich mal den passenden Mann anbringe, damit sie einen Schwiegersohn vorzeigen können.«

Und plötzlich sitzt nicht mehr eine perfekt wirkende, ehrgeizige junge Frau vor mir, sondern ein kleines, verletztes Mädchen, das gelernt hat, die Furcht vor Zurückweisung, ihre Gefühle von Bedürftigkeit und Schwäche hinter einer arroganten Fassade zu verstecken, plötzlich wird in den raschen Sätzen der Schmerz fühlbar.

Ich frage sie, ob sie wissen möchte, welcher Eindruck bei mir während des Gesprächs entstanden ist. Als sie bejaht, meine ich: »Ich habe das Gefühl gewonnen, daß es wohl nicht in erster Linie berufliche Fragen sind, die Ihnen wirklich Schwierigkeiten machen. Es wird so deutlich, wie ungeborgen und einsam Sie sich fühlen und wie groß Ihre Furcht davor ist, Gefühle offen mitzuteilen. Natürlich bewirkt so eine Gefühlsverhaltenheit letztlich auch Orientierungs- und Entscheidungsschwierigkeiten im Zusammenhang mit dem Beruf. Es sind ja nicht nur sachliche Erwägungen, die da eine Rolle spielen, sondern auch die Frage, welche Art Leben Sie führen wollen, wie Sie sich Ihre Zukunft vorstellen. Bei dieser Klärung spielen doch Ihre ganz persönlichen Gefühle und Lebenswünsche, Ihre Vorstellungen von Glück eine wesentliche Entscheidungshilfe, oder?«

Darauf erwidert sie: »Die traue ich mich nicht zu haben, weil ich gar nicht weiß, wie das gehen soll. Mir graut bloß immer vor dem Gedanken, und deswegen schiebe ich ihn auch immer wieder weg, daß ich eines Tages, weil ich das Alleinsein nicht mehr aushalte, in irgendeiner schrecklichen Ehe lande. Der Beruf ist noch der sicherste Bereich, das stimmt. Können Sie mir denn etwas raten?«

Natürlich erwartet sie eine Antwort, und ich versuche es: »Was ich Ihnen jetzt sage, ist kein Rat, damit habe ich so meine Schwierigkeiten, und ich bezweifle auch, daß das für Sie hilfreich wäre. Vielleicht nehmen Sie es als meine Resonanz auf den Inhalt des Gespräches und den Kontakt heute mit Ihnen.

Ich möchte Ihnen nicht raten, aber wünschen, daß Sie Ihre Lebenssituation so, wie Sie sie beschrieben haben, nicht einfach hinnehmen, passiv erleiden und quasi zuschauen, wie der Mangel in Ihnen immer größer wird. Ich kann mir vorstellen, daß Menschen in Ihrer Umgebung, Frauen und Männer, im Umgang mit Ihnen den Eindruck gewinnen, daß niemand an Sie herankommen kann. Der Schutzpanzer und die Distanz, die Sie sich ursprünglich zugelegt haben, um mit diesen Kränkungen und Verletzungen fertig zu werden, der hält Sie heute davon ab oder behindert Sie zumindest dabei, wirkliche Beziehung zu anderen Menschen zu spüren.

Man kann nicht erwarten, daß die anderen Hellseher oder Meister im Einfühlen sind und daß sie trotz Ihrer Abwehr Möglichkeiten haben, Sie wirklich als Person zu spüren, geschweige denn zu ahnen, daß dahinter Wünsche und Bedürfnisse verborgen sind und eine große Furcht vor Verletzungen. Es könnte sein, daß die Menschen in Ihrer Nähe eher so einen kritischen Blick bei Ihnen wahrnehmen, diese angestrengte Bemühung um Perfektion, und sich davon abgeschreckt fühlen. Das ist wie ein unseliger Circulus vitiosus, und ich kann nach einem Gespräch mit Ihnen nicht einschätzen, ob Sie sich da allein herausarbeiten können, selbst wenn Sie es wollen.

Ich habe heute im Gespräch ganz unterschiedliche Signale von Ihnen aufgenommen. Einerseits wirken Sie so angespannt und erfroren, daß der Impuls entsteht, Sie entlasten und wärmen zu wollen, andererseits signalisieren Sie durch die Art des Sprechens und durch Gesten ständig: ›Komm mir bloß nicht zu nahe. Ich will nicht berührt werden‹, so daß eigentlich gar keine Bewegung auf Sie zu möglich ist.

Die Gefühlskontrolle wirkt wie eine Art Absperrung. Der niedrige Blutdruck, von dem Sie sprachen, drückt ebenfalls diesen Mangel an Gefühlsbewegung aus. Das scheint mir wie eine seelische Durchblutungsstörung zu sein. Wie ein allmähliches Absterben von Leben im Leben. Sie haben offenbar so viel Energie und Kreativität in den Aufbau Ihrer Karriere gesteckt. Wenn Sie sich erlauben würden, einen Teil davon in Ihre persönliche Entwicklung fließen zu lassen, wäre das sehr vielversprechend.

Es erfordert natürlich Mut, sich diesem vernachlässigten Teil Ihrer Person noch einmal zuzuwenden, aber ich halte das für die wirksamste Möglichkeit, aus diesem Gefühlsgefängnis herauszukommen und eine andere Lebensperspektive zu entwickeln, zumindest was Ihre Beziehungen anbelangt. An einer Stelle vorhin, als ich Sie zum Lachen gebracht habe, da war etwas von dieser ungelebten Lebendigkeit zu spüren, da haben Sie für einen Moment die Kontrolle aufgegeben und etwas von sich gezeigt. Ich wünsche mir, daß Sie aus diesem Gespräch vielleicht einen Impuls mitnehmen können, der Ihnen die Klärung der Frage gestattet, ob Sie nicht jedes Recht haben, die Weichen für Ihre weitere Entwicklung noch einmal anders, noch einmal neu zu stellen. Wenn Sie sich dafür entscheiden, kann eine Therapie dabei helfen.«

Als wir uns voneinander verabschieden, hoffe ich sehr, daß ich diese junge Frau wenigstens so weit erreicht habe, daß sie imstande sein wird, aus diesem »ersten Ansatz« etwas für sich zu machen. Beim letzten Händedruck sagt sie: »Ich muß über alles in Ruhe nachdenken. Vielleicht kann das wirklich ein Wendepunkt werden.«

Fünf Wochen später erhalte ich einen Anruf von ihr. Ich hatte ihr angeboten, die Adresse einer Kollegin in der anderen Stadt zu vermitteln, und nun ruft sie an, um sich diese Auskunft zu holen. »Ich habe zwar ziemliche Angst«, sagt sie, »aber ich will es wenigstens probieren.« Dörthe hat eine Entscheidung getroffen.

Der Inhalt des Gespräches scheint mir ein gutes Beispiel dafür zu sein, daß es ein Irrtum ist, anzunehmen, daß lebenswichtige Entscheidungen in Berufs- oder Beziehungsfragen, Schritte von Veränderungen und die Umgestaltung von Lebensperspektiven nur eine Frage sachlicher Erwägungen, eine Frage des Verstandes sind und nicht auch der Gefühle und emotionaler Bewertungen.

»Ohne Gefühle können wir uns nicht erhalten und erweitern, aber nicht alle beliebigen Gefühle sind der Erhaltung und Erweiterung unseres Ichs angemessen«, schreibt Agnes Heller. Das heißt, daß wir bestimmte Gefühle auswählen und diejenigen bevorzugen, die zu unserem Selbst und unserer eigenen Welt passen. In dieser Wahl drücken sich auch persönliche ethische Wertmaßstäbe aus, die den eigenen Gefühlsstandort charakterisieren.

Ich bin nun am Ende dieses Buches angelangt. Mein Anliegen war es unter anderem, Leserinnen und Leser auf die Gefahren aufmerksam zu machen, denen die Fähigkeit, zu fühlen und zu empfinden, durch unsere sogenannte »moderne Lebensweise« ausgesetzt ist.

In einem Essay, der unter dem Leitfaden »Gefängnisse, in denen wir freiwillig leben«, veröffentlicht wurde, schreibt Doris Lessing: »Wir sind unempfindlich gemacht worden. Abend um Abend, Tag um Tag, Jahr um Jahr haben wir die Schreckensmeldungen der ganzen Welt gesehen, und das hat uns unempfindlich gemacht; genauso wie diese Soldaten, die absichtlich brutalisiert wurden. Uns wollte niemand brutalisieren, gefühllos machen; aber genau das sind wir in zunehmendem Maße. Dies ist nicht das Ergebnis eines zynischen Experten der Manipulation, der bewußt die Erkenntnisse der Psychologie benutzt, sondern eine nahezu zufällige Folge unserer Technologie.«

An diesen Zufall glaube ich nicht. Lethargische, emotional abgestumpfte Menschen sind leichter zu beherrschen und in ihrem Verhalten zu manipulieren als solche, die den Kampf um ein lebendiges, eigenes Selbst nicht aufzugeben bereit sind.

Daher war mir wichtig, den Gewöhnungseffekt dieser »normalen Brutalisierung«, dem wir täglich ausgesetzt sind, ins Bewußtsein zu heben, aufzuzeigen, daß, wenn wir fühlen lernen, das Erlernte bei mangelnder Wachheit und Pflege auch vergessen werden und es absterben kann, während wir uns noch für berührbare, gefühlvolle Menschen halten.

Ich wollte schildern, wie weitreichend die Bedeutung der Gefühle in unserem Leben ist und daß es möglich ist, das »Gefühlserbe« der Kindheit nicht einfach hinzunehmen, sondern es zu verändern, zu erweitern und umzugestalten. An Beispielen versuchte ich zu zeigen, wie Gefühle in Lebensgeschichten eingeschrieben werden, wie sich individuelle »Gefühlsstile«, aber auch geschlechtsspezifische Ausprägungen und Muster erkennen lassen.

Vielleicht hat die Parole: »Sie haben ein Recht darauf«, die uns täglich eingetrichtert wird und Kaufqualität und nicht Seinsqualität meint, dazu beigetragen, daß eine Vorstellung von Selbstverwirklichung entstanden ist, bei der aus dem Auge verloren wurde, daß die Fähigkeit, Leben zu fühlen, nicht auf behagliches Wohlgefühl und herausragende Glücksgefühle beschränkt werden kann, sondern immer auch mit Schmerzfähigkeit zu tun hat.

Wir müssen akzeptieren, daß Schmerz und Leid zum Leben dazugehören, und gleichzeitig sehen, daß wir nicht jedem Leid so unvermeidlich ausgesetzt sind wie dem Tod. Die Abschaffung von Leid, das aus Ungerechtigkeit und Machtmißbrauch, das aus der Fühllosigkeit und Gleichgültigkeit von Menschen anderen Menschen gegenüber entstanden ist, bleibt eine Herausforderung, eine gemeinschaftliche Aufgabe, damit die *Idee einer menschlichen Gemeinschaft* nicht abstrakt bleibt und sich in gefühlsduseligem Betroffenheitsgewäsch erschöpft.

Insofern heißt Fühlen auch immer Mitfühlen.

Als ich mich mit siebzehn Jahren in der Ausbildung zur Kindergärtnerin befand, existierte in der Umgangssprache noch ein Begriff, der heute aus unserem Vokabular verschwunden scheint. Der Begriff »Gemüt« dient inzwischen allenfalls dazu, etwas Merkwürdiges, Angestaubtes zu beschreiben. Wir lernten dieses Wort »Gemüt«, mit dem der Bereich benannt wurde, in dem in jeder Person die seelischen Empfindungen und Kräfte, die Eindrucksbereitschaft und der Sinn für Gefühlswerte lebendig sind, nicht nur theoretisch kennen.

Unsere Aufgabe als angehende Kindergärtnerinnen war es, den Kindern Eindrücke und Erlebnisse zu vermitteln, die ihr »Gemüt« wecken, anregen und pflegen sollten. Neben dem Vorlesen und Erzählen von Geschichten, dem gemeinsamen Singen und dem Spiel mit Orffschen Instrumenten gehörte auch das Anlegen eines kleinen Gartens dazu. Dieser bot den Kindern die Möglichkeit, zu säen, die Verantwortung für »ihre Samen« zu übernehmen, während sie bei der Pflege staunend das Wachstum der Pflanzen beobachten konnten. Daneben gab es regelmäßig Übungen, in denen die Sinne spielerisch geschult wurden, das Sehen, Hören, Schmecken und der Tastsinn Anregungen und Aufgaben erhielten.

All dies diente der Entfaltung der kindlichen Sinnes- und Gefühlswelt, der Unterstützung, einen authentischen Zugang zum Leben zu eröffnen, ihr Gespür für Lebendiges zu entwickeln und zu stärken. Es waren keine »Second-hand-Erlebnisse«, sondern unmittelbare, sinnlich-emotionale Erfahrungen, welche die Kinder aufnehmen konnten.

Heute laufen unsere Kinder und Jugendlichen Gefahr, daß ihre »Gemütspflege« von technischem Spielzeug und Apparaten übernommen und ihre Wirklichkeit an echtem Erlebnisgehalt immer leerer wird, wenn nicht die Beziehung zu den Erwachsenen und der von ihnen gestaltete Lebensalltag auch *andere Nahrung* bietet.

Mit dem Schreiben des Buches ist auch der Wunsch verbunden, in Leserinnen und Lesern Lust und Neugier zu wecken, einmal wieder der Frage nachzugehen: »Was kann ich tun, um mehr mit meinen Gefühlen in Kontakt zu kommen?« Denn es ist nicht nur für Kinder, sondern auch für erwachsene Menschen wichtig, zu prüfen, wie es mit ihren Fähigkeiten und Möglichkeiten der emotional-sinnlichen Welterfahrung bestellt ist. Ob diese sich im Lauf ihrer Entwicklung erweitert oder verengt hat, ob sie offen für Neues blieb oder längst einseitig festgelegt ist.

Wie immer gibt es keine einheitliche Antwort auf die Frage, was Frauen und Männer tun können, um in ihrem konkreten Leben die Pflege von Gefühlen nicht zu vernachlässigen, beeindruckbare und berührbare Menschen zu bleiben, »unerlaubte Gefühle« zu erlernen und mit ihrer Hilfe Grenzen zu überschreiten.

Meine eigenen diesbezüglichen Bemühungen sind auch immer mit Fragen an mich selbst verbunden, zum Beispiel: Wie aufmerksam gehe ich im Alltag mit meinen und anderen Gefühlen um? Wo liegen meine emotionalen Einseitigkeiten und Behinderungen? Gibt es Gefühle, die ich nicht kenne, aber noch empfinden lernen möchte? Weiß ich und interessiert es mich, welche Gefühle ich Menschen im Kontakt mache? Weiß ich, wie sich mein Partner und meine Freunde mit mir fühlen, welche Situationen und Erlebnisse mir guttun und welche mir schaden, welche mich lähmen oder entleeren? Sind meine Gefühle beschränkt oder offen? Wieviel Welt kommt in ihnen zum Ausdruck?

Mir hat die Beschäftigung mit dem Thema »Gefühle« außerordentlich gut getan, mir dabei geholfen, Haltungen und Gewohnheiten zu überprüfen. Ich fühle mich wacher und sensibler als vorher und zu keinem Zeitpunkt, auch nicht, während ich schrieb, vom Leben ab- oder ferngehalten.

Zum ersten Mal hatte ich beim Schreiben dieses Buches die Erfahrung der entlastenden Hilfe, daß die Endfassung des Manuskripts nicht von mir auf meiner alten Schreibmaschine, sondern von Kirsten Müller-von der Heyden in ihren Computer getippt wurde. Dafür danke ich ihr sehr. Ein lieber Dank geht auch an Wilfried, der mich nachdrücklich ermunterte, diese Hilfe, die er schon länger schätzengelernt hat, in Anspruch zu nehmen. Kirsten war auch meine erste Leserin. Als ich eines Tages mit ihrem Arbeitstempo nicht Schritt halten und ihr kein neues Material mitgeben konnte, meinte sie lachend: »Schade, daß du heute nichts hast, was ich mitnehmen kann. Ich war so neugierig, wie es weitergeht. Es macht mir nämlich gute Gefühle, das zu schreiben.«

Dieses Echo von ihr läßt mich hoffen, daß es auch anderen Frauen und Männern beim Lesen ähnlich ergehen kann.

Literatur

Die nachfolgend aufgeführten Bücher waren mir bei meinem Thema Anregung und Hilfe. Wörtliche Zitate aus ihnen sowie aus verschiedenen Zeitschriftenartikeln sind jeweils im Text vermerkt.

Alfred Adler: Praxis und Theorie der Individualpsychologie, Frankfurt am Main 1984.

Ingmar Bergman: Mein Leben, Hamburg 1987.

Paul Bowles: Rastlose Erinnerungen eines Nomaden, München 1990.

Bruce Chatwin: Traumpfade, München 1987.

Nancy Chodorow: Das Erbe der Mütter, München 1985.

Helen Epstein: Die Kinder des Holocaust. Gespräche mit Söhnen und Töchtern von Überlebenden, München 1990.

Kaj Fölster: Sprich, die du noch Lippen hast, Marburg 1993.

Marilyn French: Das blutende Herz, Hamburg 1980.

Sigmund Freud: Vorlesungen zur Einführung in die Psychoanalyse. Angst und Triebleben. Band I, Frankfurt am Main 1969.

Sigmund Freud: Psychologie des Unbewußten. Band III, Jenseits des Lustprinzips, Frankfurt am Main 1975.

Erich Fried: Vorübungen für Wunder, Berlin.

Germaine Greer: Daddy – Die Geschichte eines Fremden, Düsseldorf 1990.

Arno Gruen: Der Verrat am Selbst. Die Angst vor Autonomie bei Mann und Frau, München 1986.

Arno Gruen: Der Wahnsinn der Normalität, München 1987.

Agnes Heller: Theorie der Gefühle, Hamburg 1980.

Hermann Hesse: Die Märchen, Frankfurt am Main 1975.

Ruth Klüger: Weiter leben. Eine Jugend, Göttingen 1992.

H. J. Maaz: Der Gefühlsstau. Ein Psychogramm der DDR, Berlin 1990.

Alice Miller: Am Anfang war Erziehung, Frankfurt am Main 1980.

Alice Miller: Du sollst nicht merken, Frankfurt am Main 1981.

Kate Millett: Der Klapsmühlentrip, Köln 1993.

Paul Moor: Das Selbstporträt des Jürgen Bartsch, Frankfurt am Main 1972.

Jan Myrdal: Kindheit in Schweden, Marburg 1990.

Christiane Olivier: Jokastes Kinder, Düsseldorf 1987.

Horst-Eberhard Richter: Patient Familie, Reinbek 1972.

Peter Sichrovsky: Schuldig geboren. Kinder aus Nazifamilien, Köln 1987.

Stefanie Viereck: Hinter weißen Fassaden, Reinbek 1988.

Wilfried Wieck: Söhne wollen Väter, Hamburg 1992.

Irmgard Hülsemann

Mit Lust und Eigensinn

Die weibliche Eroberung des Glücks

◆

Frauen müssen die Liebe neu bestimmen, wenn Sie ihr Glück finden wollen. Irmgard Hülsemann räumt endgültig auf mit der sturen und noch immer weitverbreiteten Ansicht, eine Frau verwirkliche sich am besten im liebevollen Dienst an Mann und Kind. Sie entwickelt ein überzeugendes Programm für Frauen, die bereit sind, aus der Rolle zu fallen und persönliche Erfüllung für sich zu reklamieren. Ein mutiges, konsequentes und zutiefst frauenfreundliches Buch.

256 Seiten, gebunden

HOFFMANN UND CAMPE